拓殖大学第一高等学校

〈収録内容〉

2024 年度 ……………………………………一般（数・英・国）

2023 年度 ……………………………………一般（数・英・国）

2022 年度 ……………………………………一般（数・英・国）

2021 年度 ……………………………………一般（数・英・国）

2020 年度 ……………………………………一般（数・英・国）

2019 年度 ……………………………………一般（数・英・国）

平成 30 年度 ………………一般（数・英）

便利な DL コンテンツは右の QR コードから

⇒ 

※データのダウンロードは 2025 年 3 月末日まで。
※データへのアクセスには、右記のパスワードの入力が必要となります。 ⇒ 897220

〈合格最低点〉

	普通コース
2024年度	150点
2023年度	171点
2022年度	161点
2021年度	157点
2020年度	155点
2019年度	150点
2018年度	152点

本書の特長

実戦力がつく入試過去問題集

- ▶ 問題 …………… 実際の入試問題を見やすく再編集。
- ▶ 解答用紙 …… 実戦対応仕様で収録。
- ▶ 解答解説 …… 詳しくわかりやすい解説には、難易度の目安がわかる「基本・重要・やや難」の分類マークつき（下記参照）。各科末尾には合格へと導く「ワンポイントアドバイス」を配置。採点に便利な配点つき。

入試に役立つ分類マーク

基本 確実な得点源！
受験生の90%以上が正解できるような基礎的、かつ平易な問題。
何度もくり返して学習し、ケアレスミスも防げるようにしておこう。

重要 受験生なら何としても正解したい！
入試では典型的な問題で、長年にわたり、多くの学校でよく出題される問題。
各単元の内容理解を深めるのにも役立てよう。

やや難 これが解ければ合格に近づく！
受験生にとっては、かなり手ごたえのある問題。
合格者の正解率が低い場合もあるので、あきらめずにじっくりと取り組んでみよう。

合格への対策、実力錬成のための内容が充実

- ▶ 各科目の出題傾向の分析、合否を分けた問題の確認で、入試対策を強化！
- ▶ その他、学校紹介、過去問の効果的な使い方など、学習意欲を高める要素が満載！

解答用紙ダウンロード 解答用紙はプリントアウトしてご利用いただけます。弊社ＨＰの商品詳細ページよりダウンロードしてください。トビラのＱＲコードからアクセス可。

UD FONT 見やすく読みまちがえにくいユニバーサルデザインフォントを採用しています。

拓殖大学第一高等学校

普通科
生徒数　1456名
〒208-0013
東京都武蔵村山市大南4-64-5
☎042-590-3311・3559（入試部）
西武拝島線・多摩都市モノレール
玉川上水駅拓大一高口　徒歩3分

GMARCH以上に多数合格
充実した施設で楽しい学園生活
幅広い視野の国際理解教育

URL	https://www.takuich.ed.jp/

「世界」を視野に国際人の育成

1948年、学制改革により、拓殖大学予科を改編。新制高等学校：紅陵大学高等学校として小平市花小金井に開校した。1961年、現校名に改称。2004年玉川上水に移転。

「拓殖」とは、未開の地を開拓すること。この校名には、生徒が自分の可能性に挑戦し、自らの力で未来を切り拓いていって欲しいという願いが込められている。「心身共に健全で、よく勉強し、素直で思いやりある青年を育成する」が教育方針。

緑に囲まれた最新の教育環境

西武拝島線&多摩都市モノレール「玉川上水」駅から徒歩３分の好立地。閑静で豊かな自然に囲まれた地に最新の施設を備えた未来型の校舎だ。

ゆとりのある図書室をはじめ、500名収容の多目的ホール、最新設備のコンピュータ室、自習室など、随所に学習スペースがあり、勉学に集中できる環境が整っている。また、体育館では、すべての室内競技の公式試合を行うことができる。人工芝のグラウンドとテニスコートがあるほか、カフェテリアやウッドデッキのパティオなどもあり、楽しい高校生活が満喫できる。

進路希望に沿った2コース制

特進コースでは、国公立大学および最難関私立大学を第一志望として一般選抜で現役合格を目指す。

○最難関私立大学を目指すカリキュラムに加えて、２年次以降は国公立大学を目指すのか、旧帝大系まで視野に入れているのかなど、生徒のニーズに合わせた必要科目をプラスで履修可能。

○年間スケジュールの見直しや進学コースと終礼の時間が統一されたことにより、特進コースにおいても部活動も全力で取り組みやすいカリキュラムを展開。

○大学受験への意識を高めるために、特進コースOBOGからの体験談の共有や各自での第一志望届の作成を指導。

○特進コースのみを対象とした奨学生制度あり（2023年度は特進コース３学年全体で13名を認定）。

進学コースでは、難関私立大学への現役合格を目指す。

○難関私立大学から拓殖大学まで…多様化する生徒の志望に合わせて、２年次には４種類のクラスに分かれ、一人ひとりの志望に応じた授業展開および進路指導を行う。

○進路に対応した選択科目…それぞれの志望に対応できるように、選択科目を設定。

○第一志望をしっかり考えさせる進路指導…２年次の後半に生徒一人ひとりが第一志望届を提出。

○クラブも最大限…大学受験を目指しながら、積極的にクラブ活動に参加する生徒を全力で応援。

盛んなクラブ活動 国際理解教育

行事やクラブ活動での体験が、友だちとの絆を深め、心と身体を大きく育てることから、行事も充実。文化祭・体育祭・合唱コンクールなどが年間スケジュールを埋める。

クラブ活動は、どのクラブも活発に活動しており、結果も出ている。2017年度は陸上競技部長距離が関東高校駅伝に14年連続出場、サッカー部が都大会に進出。チアダンス部は全国大会JAZZ部門で第１位。

拓殖大学の建学精神を引き継ぎ、国際理解教育にも力を入れている。１年次の12月と３月には、全員参加で外国人講師の指導のもと、少人数でのディスカッションとプレゼンテーションに取り組むディスカッションプログラムを実施している。また、夏季休暇には希望者を対象とした語学研修を実施している。

毎年８割を超える現役合格率

2023年度春の進学実績は、医学部医学科を含む国公立大学23名、早慶上智理科大50名、GMARCH209名合格。

2024年度入試要項

試験日　1/22（推薦Ⅰ・Ⅱ）
2/10（一般Ⅰ）　2/12（一般Ⅱ）

試験科目　作文＋面接（推薦Ⅰ）　適性検査〈国・数・英〉＋面接（推薦Ⅱ）
国・数・英＋面接（一般）
※推薦Ⅰの特進コースと進学コース奨学生審査希望者は適性検査＋面接

2024年度	募集定員	受験者数	合格者数	競争率
推薦Ⅰ/Ⅱ	160	122/41	122/40	1.0/1.0
一般Ⅰ/Ⅱ	240	736/393	697/323	1.1/1.2

過去問の効果的な使い方

① **はじめに**　入学試験対策に的を絞った学習をする場合に効果的に活用したいのが「過去問」です。なぜならば，志望校別の出題傾向や出題構成，出題数などを知ることによって学習計画が立てやすくなるからです。入学試験に合格するという目的を達成するためには，各教科ともに「何を」「いつまでに」やるかを決めて計画的に学習することが必要です。目標を定めて効率よく学習を進めるために過去問を大いに活用してください。また，塾に通われていたり，家庭教師のもとで学習されていたりする場合は，それぞれのカリキュラムによって，どの段階で，どのように過去問を活用するのかが異なるので，その先生方の指示にしたがって「過去問」を活用してください。

② **目的**　過去問学習の目的は，言うまでもなく，志望校に合格することです。どのような分野の問題が出題されているか，どのレベルか，出題の数は多めか，といった概要をまず把握し，それを基に学習計画を立ててください。また，近年の出題傾向を把握することによって，入学試験に対する自分なりの感触をつかむこともできます。

過去問に取り組むことで，実際の試験をイメージすることもできます。制限時間内にどの程度までできるか，今の段階でどのくらいの得点を得られるかということも確かめられます。それによって必要な学習量も見えてきますし，過去問に取り組む体験は試験当日の緊張を和らげることにも役立つでしょう。

③ **開始時期**　過去問への取り組みは，全分野の学習に目安のつく時期，つまり，9月以降に始めるのが一般的です。しかし，全体的な傾向をつかみたい場合や，学習進度が早くて，夏前におおよその学習を終えている場合には，7月，8月頃から始めてもかまいません。もちろん，受験間際に模擬テストのつもりでやってみるのもよいでしょう。ただ，どの時期に行うにせよ，取り組むときには，集中的に徹底して取り組むようにしましょう。

④ **活用法**　各年度の入試問題を全問マスターしようと思う必要はありません。できる限り多くの問題にあたって自信をつけることは必要ですが，重要なのは，志望校に合格するためには，どの問題が解けなければいけないのかを知ることです。問題を制限時間内にやってみる。解答で答え合わせをしてみる。間違えたりできなかったりしたところについては，解説をじっくり読んでみる。そうすることによって，本校の入試問題に取り組むことが今の自分にとって適当かどうかが，はっきりします。出題傾向を研究し，合否のポイントとなる重要な部分を見極めて，入学試験に必要な力を効率よく身につけてください。

数学

各都道府県の公立高校の入学試験問題は，中学数学のすべての分野から幅広く出題されます。内容的にも，基本的・典型的なものから思考力・応用力を必要とするものまでバランスよく構成されています。私立・国立高校では，中学数学のすべての分野から出題されることには変わりはありませんが，出題形式，難易度などに差があり，また，年度によっての出題分野の偏りもあります。公立高校を含め，ほとんどの学校で，前半は広い範囲からの基本的な小問群，後半はあるテーマに沿っての数問の小問を集めた大問という形での出題となっています。

まずは，単年度の問題を制限時間内にやってみてください。その後で，解答の答え合わせ，解説での研究に時間をかけて取り組んでください。前半の小問群，後半の大問の一部を合わせて50%以上の正解が得られそうなら多年度のものにも順次挑戦してみるとよいでしょう。

英語

英語の志望校対策としては，まず志望校の出題形式をしっかり把握しておくことが重要です。英語の問題は，大きく分けて，リスニング，発音・アクセント，文法，読解，英作文の5種類に分けられます。リスニング問題の有無(出題されるならば，どのような形式で出題されるか)，発音・アクセント問題の形式，文法問題の形式(語句補充，語句整序，正誤問題など)，英作文の有無(出題されるならば，和文英訳か，条件作文か，自由作文か）など，細かく具体的につかみましょう。読解問題では，物語文，エッセイ，論理的な文章，会話文などのジャンルのほかに，文章の長さも知っておきましょう。また，読解問題でも，文法を問う問題が多いか，内容を問う問題が多く出題されるか，といった傾向をおさえておくことも重要です。志望校で出題される問題の形式に慣れておけば，本番ですんなり問題に対応することができますし，読解問題で出題される文章の内容や量をつかんでおけば，読解問題対策の勉強として，どのような読解問題を多くこなせばよいかの指針になります。

最後に，英語の入試問題では，なんと言っても読解問題でどれだけ得点できるかが最大のポイントとなります。初めて見る長い文章をすらすらと読み解くのはたいへんなことですが，そのような力を身につけるには，リスニングも含めて，総合的に英語に慣れていくことが必要です。「急がば回れ」ということわざの通り，志望校対策を進める一方で，英語という言語の基本的な学習を地道に続けることも忘れないでください。

国語

国語は，出題文の種類，解答形式をまず確認しましょう。論理的な文章と文学的な文章のどちらが中心となっているか，あるいは，どちらも同じ比重で出題されているか，韻文(和歌・短歌・俳句・詩・漢詩)は出題されているか，独立問題として古文の出題はあるか，といった，文章の種類を確認し，学習の方向性を決めましょう。また，解答形式は，記号選択のみか，記述解答はどの程度あるか，記述は書き抜き程度か，要約や説明はあるか，といった点を確認し，記述力重視の傾向にある場合は，文章力に磨きをかけることを意識するとよいでしょう。さらに，知識問題はどの程度出題されているか，語句(ことわざ・慣用句など)，文法，文学史など，特に出題頻度の高い分野はないか，といったことを確認しましょう。出題頻度の高い分野については，集中的に学習することが必要です。読解問題の出題傾向については，脱語補充問題が多い，書き抜きで解答する言い換えの問題が多い，自分の言葉で説明する問題が多い，選択肢がよく練られている，といった傾向を把握したうえで，これらを意識して取り組むと解答力を高めることができます。「漢字」「語句・文法」「文学史」「現代文の読解問題」「古文」「韻文」と，出題ジャンルを分類して取り組むとよいでしょう。毎年出題されているジャンルがあるとわかった場合は，必ず正解できる力をつけられるよう意識して取り組み，得点力を高めましょう。

出題傾向の分析と合格への対策

●出題傾向と内容

本年度の出題数は，大問が7題，小問数にして21問であり，昨年と同程度のものであった。

出題内容は，①が数・式の計算，平方根，②が1次方程式や2次方程式，連立方程式と方程式3題，③が因数分解，場合の数，数の性質，データの活用の小問群，④，⑤が図形と関数・グラフの融合問題，⑥が平面図形の計量で，おうぎ形の面積を考える問題，⑦が空間図形で面積や体積を考える問題だった。

本校の入試問題は大問数が多く，分類表からもわかるようにかなり広い範囲から出題されている。教科書の例題や練習問題に近いものも含まれているが，工夫を凝らした良問が多い。

✔学習のポイント

単元別学習だけでなく，分野をまたぐ融合問題が解けるように，総合問題演習に多くの時間を充てよう。

●2025年度の予想と対策

今後もオーソドックスな良問が出題されると予想される。過去問で問題の水準や時間配分を感覚的につかみ，類似の問題に数多くあたっておく必要がある。まずは，基本的な解法パターンを習得し，次に，それを使えるように，実戦的な問題演習を行うことが大切である。問題演習のときは，時間をはかるようにし，答えだけでなく，答えに至るプロセスも重視すること。いくつかの解き方がある場合，どの解き方が最も効果的か，一番時間を節約できるかを考えよう。実際の試験では，一つの問題に時間をかけすぎないこと。自分の解ける問題から取り組み，時間配分に注意しよう。

▼年度別出題内容分類表……

出題内容			2020年	2021年	2022年	2023年	2024年
数と式		数の性質	○	○	○		○
		数・式の計算	○	○	○	○	○
		因数分解	○	○	○	○	○
		平方根	○	○	○	○	○
方程式・不等式		一次方程式	○	○	○	○	○
		二次方程式	○	○	○	○	○
		不等式	○				
		方程式・不等式の応用	○	○		○	
関数		一次関数	○	○	○	○	○
		二乗に比例する関数	○	○	○	○	○
		比例関数		○			○
		関数とグラフ	○	○	○	○	○
		グラフの作成					
図形	平面図形	角度			○		
		合同・相似	○	○	○		○
		三平方の定理			○	○	○
		円の性質			○	○	○
	空間図形	合同・相似			○		○
		三平方の定理	○			○	○
		切断					○
	計量	長さ	○	○	○		○
		面積	○	○		○	○
		体積	○		○	○	○
		証明					
		作図					
		動点					○
統計		場合の数		○		○	○
		確率	○		○		
		統計・標本調査					○
融合問題		図形と関数・グラフ		○	○	○	○
		図形と確率					
		関数・グラフと確率					
		その他					
その他							

拓殖大学第一高等学校

英語 出題傾向の分析と合格への対策

●出題傾向と内容

本年度は，発音問題，アクセント問題，語句・文選択問題，正誤問題，語句整序問題，長文読解問題2題の，大問計6題が出題された。

文法問題では，幅広い分野から出題されている。

長文読解問題では，本年度は物語文と，紹介文の文章であった。文章中に単語の意味の記載はあるものの，読解問題で問われる内容は，単語の意味だけでは足りず，正確な読解と文章理解が問われている設問となっている。また，文章自体も受験生には難解かと思われる部分もある。

✔学習のポイント

問題全体の約半分を占める文法問題で高得点を確保しておきたい。そのために，文法の各分野の基本～標準レベルの問題と，基本的な熟語，重要構文は，書き換え問題と併せて，十分に練習しておこう！

●2025年度の予想と対策

問題構成・出題傾向は，変更される場合も，若干の範囲にとどまることが推測される。ただし，特に文法問題は，幅広い分野から出題されているので，日頃から正確な知識を身につける必要がある。時間配分を間違えぬよう，まず文法問題を素早く正確に解く必要がある。

長文は問題集等で早く正確に読めるように練習しておきたい。長文の長さは，長めなので，注意が必要である。文法問題と併せて，早く正確に読み解く練習が必要である。

▼年度別出題内容分類表 ・・・・・・

	出題内容	2020年	2021年	2022年	2023年	2024年
話し方・聞き方	単語の発音		○			○
	アクセント	○	○	○	○	○
	くぎり・強勢・抑揚					
	聞き取り・書き取り					
語い	単語・熟語・慣用句	○	○	○		○
	同意語・反意語					
	同音異義語					
読解	英文和訳(記述・選択)		○	○	○	
	内容吟味	○	○	○	○	○
	要旨把握				○	○
	語句解釈	○	○	○	○	○
	語句補充・選択	○	○	○	○	
	段落・文整序					
	指示語	○	○	○	○	○
	会話文	○	○			
文法・作文	和文英訳					
	語句補充・選択				○	○
	語句整序	○	○	○		○
	正誤問題	○	○	○	○	○
	言い換え・書き換え	○	○	○		
	英問英答					
	自由・条件英作文					
文法事項	間接疑問文				○	○
	進行形					○
	助動詞	○	○	○	○	○
	付加疑問文		○			○
	感嘆文			○		
	不定詞		○	○	○	○
	分詞・動名詞	○	○	○	○	○
	比較		○		○	○
	受動態	○		○	○	○
	現在完了	○	○	○		○
	前置詞	○				○
	接続詞	○	○	○	○	○
	関係代名詞	○			○	○
	仮定法					○

拓殖大学第一高等学校

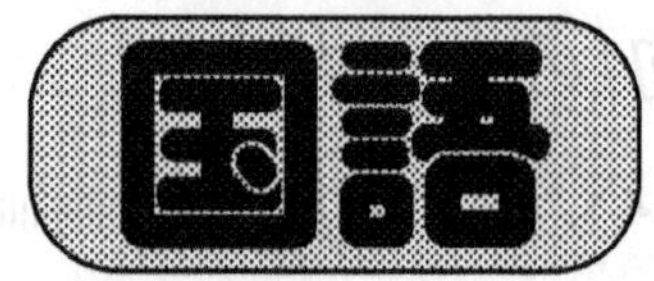

出題傾向の分析と 合格への対策

●出題傾向と内容

本年度も，漢字の独立問題，現代文，古文の大問3題構成であった。

漢字は，読み書きとともに標準的なものからやや難解なものが出題されている。

現代文は文章量が多く，難易度は高い。設問も深い読解を必要とするものが多く，様々な角度から出題されている。

古文は『今昔物語集』から文章が出題されており，こちらもやはり難易度が高い。設問は内容読解が中心だが，明確な記述があってそこを読めばいいというものではなく，深い読解力が求められる。

学習のポイント

論理的文章は，何についてどのような説明がなされているのかを整理しながら読み進めよう。古文は，基本的な知識をつけておくとよい。

●2025年度の予想と対策

本年度と同等のレベルの問題が出題されると思われる。現代文は近年の傾向から論説文が出題される可能性が高く，本文の内容も設問も難しいものとなるだろう。長文読解の問題集だけでなく，専門分野に関する学術的な文章にも触れておけるとよい。

古文も難解な文章と問題が出題されることが多いので，標準的なレベルを超えた読解演習が必須である。

漢字，文法，文学史など，国語を体系的に学習する必要がある。

▼年度別出題内容分類表 ……

出題内容			2020年	2021年	2022年	2023年	2024年
内容の分類	読解	主題・表題					
		大意・要旨	○	○	○	○	○
		情景・心情	○		○		
		内容吟味	○	○	○	○	○
		文脈把握	○	○	○	○	○
		段落・文章構成	○			○	
		指示語の問題		○			○
		接続語の問題	○	○		○	
		脱文・脱語補充	○	○	○	○	○
	漢字・語句	漢字の読み書き	○	○	○	○	○
		筆順・画数・部首					
		語句の意味	○	○	○		○
		同義語・対義語					
		熟語					
		ことわざ・慣用句					○
	表現	短文作成					
		作文（自由・課題）					
		その他					
	文法	文と文節					
		品詞・用法					
		仮名遣い	○		○	○	○
		敬語・その他					
	古文の口語訳		○	○			○
	表現技法						
	文学史		○	○	○	○	○
問題文の種類	散文	論説文・説明文	○	○	○	○	○
		記録文・報告文					
		小説・物語・伝記					
		随筆・紀行・日記					
	韻文	詩					
		和歌（短歌）					
		俳句・川柳					
	古文		○	○	○	○	○
	漢文・漢詩						

拓殖大学第一高等学校

2024年度 合否の鍵はこの問題だ!!

数学 5

典型的な図形と関数・グラフの融合問題である。(2)では問題の条件から，四角形ADCBが平行四辺形となることは予想がつくが，その後の解法の選択によって答えを出すまでの計算量や解答時間に差がついたと考えられる。四角形ADCBの面積を，対角線を結んでできる三角形の面積を2倍して求めるわけだが，どの三角形の面積をどのようにして求めるかが鍵である。解説本文では，△ACDに着目して，等積変形を利用して求めている。是非とも参考にして頂きたい。経験の有無が影響すると思われるので，類題で復習しよう。

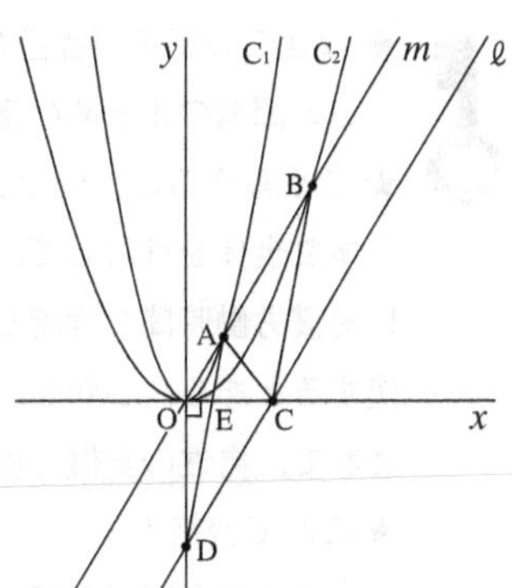

英語 Ⅴ 問7，Ⅵ 問7

Ⅴの問7とⅥの問7を取り上げる。いずれも6つの英文の中から，本文の内容に一致する2つの英文を選択する内容真偽問題として出題された。

この種の問題においては，読後の印象だけに頼って判断するのは非常に危険で，キーワード等を手掛かりに，本文中の関連箇所を素早く参照して，一致しているか，不一致であるかを慎重に見極めることが大切である。正答を見つけようという試みに並行して，消去法で誤っている選択肢を消していくと良いだろう。

本校で出題される長文は語数が少なくないので，注意が必要である。その対策として，日頃より，精読と併せて，速読の習慣を身につけるように心がけよう。

国語 三 問九

★なぜこの問題が合否を分けるのか。

この問題のまとめの部分になる。また読解力や図を読み取る力が必要である。

★こう答えると合格できない。

本文全体を理解して，問題点と改善策があっているか読解力や図の読み取る力が試される。イのように有償労働時間を考慮した上で料理の担当についてきちんと家庭で話し合えば，女性の負担の問題は解決するとある。しかし，本文や図を見ると，男性の有償労働時間が日本はとても多い。社会的改革がなされて，男性の無償労働が増えるようにしていかなければ，改善していくことができないと分かる。

★これで合格！

本文全体を理解して，図と当てはめながら読み解くことがカギである。

2024年度

★★★★★★★★★★★★★★★★★★★★★★★★

入　試　問　題

2024年度

拓殖大学第一高等学校入試問題

【数　学】（50分）　　＜満点：100点＞

1　次の計算をせよ。

(1)　$\frac{9}{16}\div\left(-\frac{3}{4}\right)^3+0.75\times\left(1-\frac{7}{3}\div\frac{5}{3}\right)$

(2)　$-(-4x^3y^2)^2\div\left(-\frac{2y}{3x^2}\right)^2\times\left(-\frac{y}{3x^2}\right)^3$

(3)　$\frac{\sqrt{12}+\sqrt{18}}{\sqrt{45}}-\frac{\sqrt{2}-\sqrt{48}}{\sqrt{5}}$

2　次の方程式を解け。

(1)　$\frac{2x-1}{2}-\frac{3x+1}{3}=x-\frac{1-2x}{3}$

(2)　$(x+1)^2-14=5(1+x)$

(3)　$\begin{cases}0.3x+0.2y=0.8\\ \frac{2}{3}x+\frac{1}{4}y=\frac{5}{12}\end{cases}$

3　次の□に適当な式または値を入れよ。

(1)　$b^2+c^2+2ab+2bc+2ca$ を因数分解すると□である。

(2)　0，1，2，3，4の5枚のカードの中から，4枚を選んで並べ，数を表すことにする。例えば2134は2134とし，0213は213とする。このとき，2024より大きい自然数は□個である。

(3)　$\sqrt{24n}$ の値が自然数となるような自然数 n のうち，3番目に小さいものは□である。

(4)　以下の表は，40人の生徒が受験した10点満点のテストの結果である。このテストの平均点が5.2点であるとき，（ア）に当てはまる数は□である。

（（イ）に当てはまる数は答えなくてよい。）

得点	0	1	2	3	4	5	6	7	8	9	10	計
人数	3	5	2	1	(ア)	8	6	2	(イ)	4	3	40

4　図（次のページ）のように，AB＝3cm，AD＝4cmの長方形ABCDがある。点Pは点Aを出発し，辺AD上を点Dまで動く。点Qは点Cを出発し，辺CB上を点Bまで動き，その後折り返して点Cまで動く。点Pは毎秒1cmの速さ，点Qは毎秒2cmの速さで動く。点P，Qが同時に出発してから x 秒後の四角形ABQPの面積を y cm²とする。

ただし，$0\leqq x\leqq 4$ とし，$x=0$ のときの y の値は△ABCの面積，$x=2$ のときの y の値は

△APBの面積とする。このとき，次の各問に答えよ。

(1) $x=1$のとき，yの値を求めよ。

(2) $0 \leqq x \leqq 2$ のとき，yをxの式で表せ。

(3) yの変域が $9 \leqq y \leqq 12$ となるとき，xの変域を求めよ。

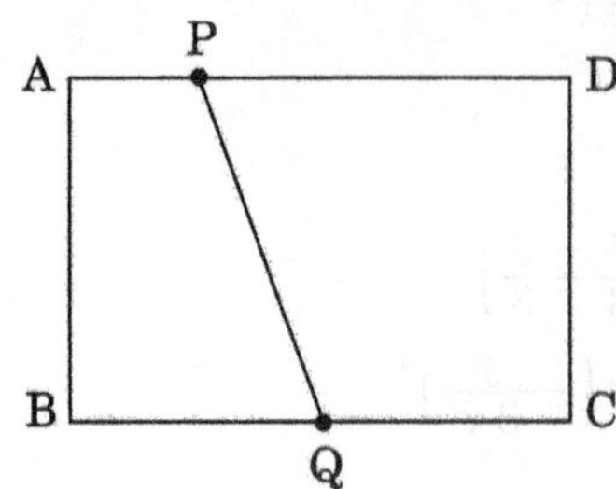

5 図のように，直線ℓ：$y=2x-8$，放物線C_1：$y=x^2$，C_2：$y=\frac{1}{3}x^2$がある。原点Oを通り直線ℓに平行な直線と，放物線C_1，C_2とのOと異なる交点を，それぞれA，Bとする。また，直線ℓとx軸，y軸との交点をそれぞれC，Dとする。このとき，次の各問に答えよ。

(1) 点Bの座標を求めよ。

(2) 四角形ADCBの面積を求めよ。

(3) 線分ADとx軸との交点をEとする。このとき，△AEBと△BECと△CEDの面積の比を最も簡単な整数の比で表せ。

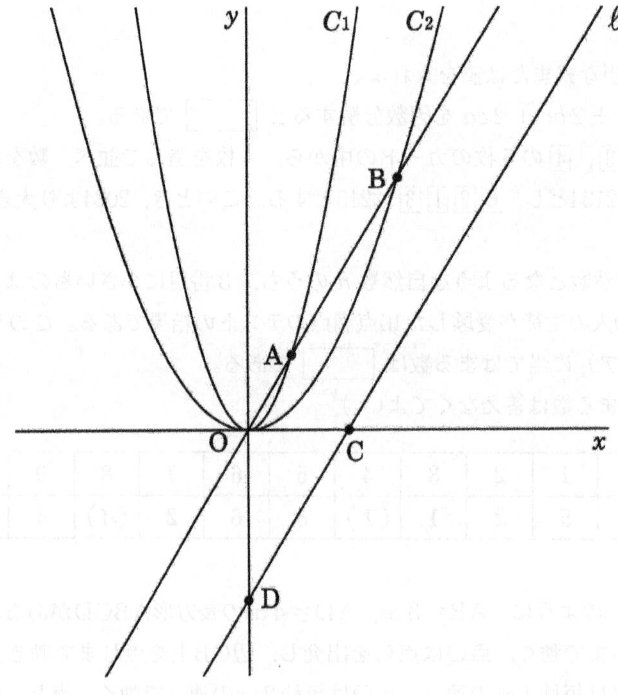

6 図のように，１辺の長さが12㎝の正三角形ABCに円O_1が内接している。また，円O_2は辺AB，BCに接し，円O_1に外接している。このとき，次の各問に答えよ。ただし，円周率はπとする。

(1) 円O_1の半径を求めよ。

(2) 円O_2の半径を求めよ。

(3) 図の斜線部分の面積を求めよ。

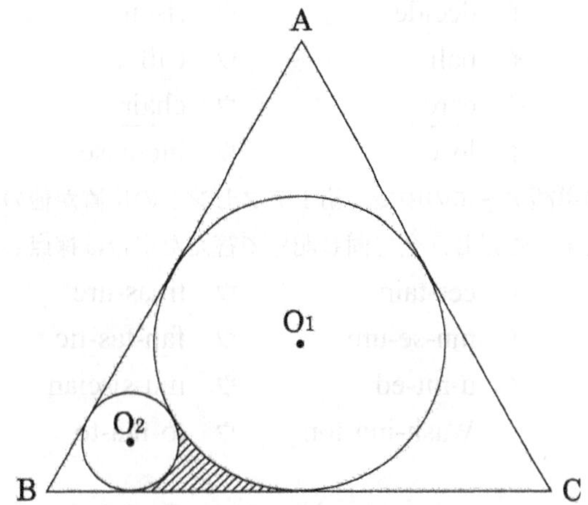

7 １辺の長さが４の立方体ABCD－EFGHがある。次の各問に答えよ。

(1) 四面体ACFHの体積を求めよ。

(2) 四面体ACFHの４つの面すべてに接する球の半径を求めよ。

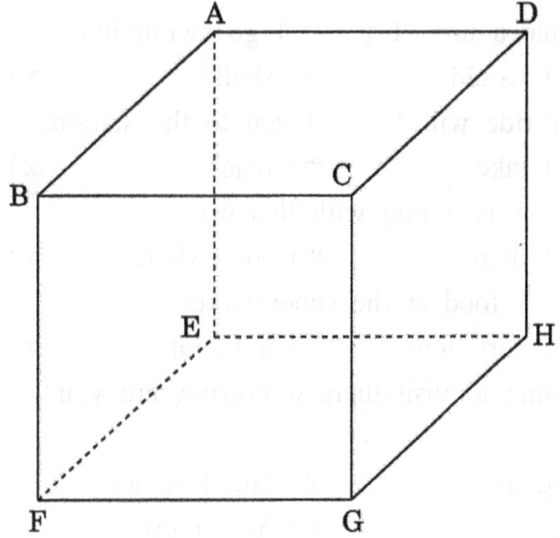

【英　語】（50分）　＜満点：100点＞

Ⅰ　この問題は以下のA，Bに分かれている。それぞれの問題文の指示に従って解答せよ。

A　1～4のそれぞれの単語ア～エの中で，下線部の発音が他の単語と異なるものを1つずつ選び，記号で答えよ。ただし，全て同じ記号で答えた場合は採点しない。

1．ア　diary　　イ　decide　　ウ　risen　　エ　flight
2．ア　caught　　イ　ball　　ウ　call　　エ　most
3．ア　dear　　イ　care　　ウ　chair　　エ　wear
4．ア　Mars　　イ　lose　　ウ　increase　　エ　news

B　1～4のそれぞれの単語ア～エの中で，第1アクセントの位置が他の単語と異なるものを1つずつ選び，記号で答えよ。ただし，全て同じ記号で答えた場合は採点しない。

1．ア　mod-ern　　イ　cer-tain　　ウ　treas-ure　　エ　con-trol
2．ア　man-ag-er　　イ　mu-se-um　　ウ　fan-tas-tic　　エ　ex-am-ple
3．ア　im-por-tant　　イ　u-nit-ed　　ウ　mu-si-cian　　エ　vol-un-teer
4．ア　con-tin-ue　　イ　Wash-ing-ton　　ウ　to-ma-to　　エ　de-li-cious

Ⅱ　次の（　）内に入る最も適切なものを1つ選び，記号で答えよ。

1．He is not good（　）speaking English.
ア）to　　イ）for　　ウ）with　　エ）at

2．My parents（　　）like spicy food, but now they don't.
ア）use to　　イ）used to　　ウ）are used to　　エ）are used

3．If I were in Okinawa now, I（　　）go swimming.
ア）will　　イ）would　　ウ）shall　　エ）may

4．Five minutes' car ride will（　　）you to the station.
ア）make　　イ）take　　ウ）reach　　エ）get

5．I think that（　　）is wrong with this car.
ア）it　　イ）there　　ウ）somewhere　　エ）something

6．She bought（　　）food at the supermarket.
ア）a few　　イ）very few　　ウ）a lot of　　エ）many

7．A：You're not going to visit there tomorrow, are you?
B：（　　）
ア）No, I'm going to.　　イ）No, I'm not.
ウ）Yes, I'm not.　　エ）Yes, I do.

8．A：How（　　）do you brush your teeth?
B：Three times a day.
ア）often　　イ）many　　ウ）long　　エ）much

9．A：What time shall we go to the park?
B：（　　）
ア）It's ten o'clock.　　イ）You'll go there tomorrow.

ウ）It will take thirty minutes.　　エ）How about nine o'clock?

10. A：Do you want me to carry your baggage?

B：(　　)

ア）No, thank you.　　イ）Yes, I am.

ウ）My pleasure.　　エ）That's too bad.

Ⅲ 次の各英文には，それぞれ文法・語法上の誤りが１ヶ所ある。その部分を記号で答え，正しい形を記せ。

1．Around（ア） 11:00, it suddenly stopped to rain（イ）, so we were able（ウ） to have（エ） the barbecue party.

2．I have lost（ア） my dictionary, so I cannot（イ） do（ウ） my English homework. I have to buy it（エ）.

3．I wonder what is Amy（ア） going to be（イ） when she grows up（ウ）. Anyway, I want her to do（エ） her best in everything.

4．Last year I have been（ア） to Kyoto with a friend of mine（イ）. I was very happy to visit（ウ） many temples. I think he had a good time（エ）, too.

5．A：I need to find out my strong points（ア） because I'm going to have an interview next week. So, how（イ） do you think of（ウ） me?

B：I think you're an honest（エ） and hard-working person.

Ⅳ 日本語に合うように（　）内の語（句）を並べ替えたときに， X と Y にくるものをそれぞれ記号で答えよ。なお，文頭にくる語も小文字で始めてある。

1．駅で見知らぬ人に話しかけられた。

____ ____ [X] [Y] ____ ____ ____ the station.

（ア a stranger　イ was　ウ at　エ I　オ to　カ spoken　キ by）

2．店にはたくさんの腕時計があったので，どの腕時計を買うべきか決められなかった。

____ ____ ____ ____ [X] ____ [Y] because there were so many in the shop.

（ア I　イ buy　ウ couldn't　エ to　オ watch　カ decide　キ which）

3．弟は私に宿題を手伝ってほしいと言った。

My brother ____ ____ [X] ____ [Y] ____ ____.

（ア to　イ me　ウ with　エ him　オ help　カ asked　キ his homework）

4．東京スカイツリーは日本で１番高い塔だ。

_____ [X] _____ _____ [Y] _____ _____ _____.

（ア is　イ other　ウ Tokyo Skytree　エ tower in　オ than　カ Japan
キ taller　ク no ）

5．ケンは彼女が通りを１人で歩いているのを見かけた。［１語不要］

_____ _____ [X] [Y] _____ _____ alone.

（ア the street　イ her　ウ Ken　エ down　オ she　カ walking　キ saw ）

V　以下の説明と英文を読んで設問に答えよ。

遊園地 Ruby Park で長年，遊具の保守点検係をしていた Eddie（Edward）は，遊具の落下事故で亡くなった。そして，天国で真っ青な肌をした the Blue Man と出会い，生前に何らかの関わりのあった５人の人間と天国で出会うことになっていること，そして自分は Eddie にとってその１人目であり，しかも自分は Eddie に殺されたということを告げられた。

"Listen, mister," Eddie said very slowly. "I never killed you, OK? I don't even *know* you."

"Well, let me tell you my story. My name is Joseph Corvelzchik. When I was a small boy, my family and I came to this country from a small village in Poland. It was 1894 and we were poor immigrants（移民）. We slept on the floor in my uncle's kitchen, and my father got a job in a factory, sewing（～を縫い付ける） buttons on coats. When I was ten years old, he took me out of school to work in the factory with him."

Eddie was listening, but he wondered why the Blue Man was telling him this.

"I was a nervous child, and the noise on the factory floor made things worse. I was too young to be there with all of the men swearing（悪態をつく） and complaining（愚痴を言う） and making jokes I didn't understand. Whenever the boss came near, my father told me to look down: 'Don't make him notice you.' But once I dropped a sack of buttons when the boss was near me. He screamed（叫ぶ） at me, and said I was a worthless child. He said I had to get out of his factory. I can still see the moment when my father begged（～に頼み込む） him not to fire me, and the boss just laughed in his face. I was afraid for my father and for my whole family. My stomach was twisting（キリキリ痛む） and turning in pain. Then I felt something wet on my leg. I looked down. The boss pointed at my wet pants and laughed even louder.

"【 A 】 He was ashamed（恥じている） of me, of what I had done in front of his boss and the men in the factory. My father's attitude（態度） toward me ruined（～を台無しにする） my life. I wet the bed at night because I was so nervous, and when my father found out, I saw（ ① ）in his eyes.

"You see, Edward, I was not always a freak（見世物）—just a nervous kid with a father who was always worried about money, and that made him cruel（残酷な）. I eventually（たまりかねて） went to a drugstore and asked for something to calm my nerves. Medicines wasn't very modern back then, and I was given silver nitrate（硝酸銀）. Silver nitrate. 【 B 】 But back then I took it every night, waiting for it to work. But it didn't, so I took more of it, more often.

"Soon people were staring（じろじろ見る） at me. My skin was turning gray. ②<u>This</u> made me more nervous, so I took more silver nitrate, until my skin went from gray to blue. I was working in a different factory, but the boss fired me. He said I was scaring the other workers with my blue skin. Without work, how would I eat? Where would I live?

"Then, one night, I was in a dark bar down by the boardwalk（遊歩道）. I didn't think anyone would notice me there, but a man with a wooden leg saw me and came for a chat（雑談）. He was with a group of freaks from Ruby Park, and he thought there might be a job for me as one of the Odd Citizens（サーカスの見世物たち）.

"Next day, I had a new job at Ruby Park. I didn't have to do much, just sit on the stage, half undressed, as people walked past and the man with the microphone told them how unusual, how heart-breaking my life was. But I had a life. I lived above an Italian café. I played cards at night with other freaks and Ruby Park employees（従業員）, sometimes even with your father. In the early mornings, if I wore a long shirt and big hat, I could walk along this beach without scaring people. 【 C 】" He stopped and looked at Eddie. "Do you understand why you've met me *here*? This is not *your* heaven. It's mine."

◆

Take one story, viewed through two different pairs of eyes.

It's a rainy Sunday morning in July, in the late 1920s. Eddie and his friends are playing baseball with the ball that Eddie got for his birthday almost a year ago. One of the boys hits the ball over Eddie's head and it flies into the street. Eddie runs after the ball and into the path of a car. The car comes to a sudden stop and (③－Ⅰ) the boy by a few inches. Eddie lets out a deep breath, picks up the ball, and races back to his friends. The game soon ends and the children run to the arcade（ゲームコーナー）.

But someone else would see this story very differently. A man is behind the wheel（ハンドル） of a car. He's just learning to drive and has borrowed a friend's car to practice. The road is wet from the morning rain. Suddenly, a baseball flies into the street and a boy races after it. The driver steps on the brakes and turns the wheel sharply. The car slides to a stop and the boy (③－Ⅱ) unharmed（無傷で）.

The man somehow calms down enough to drive away, but he is very upset（動揺して）, thinking of how close he came to tragedy（惨事）. His heart, which isn't strong, is beating wildly, and he feels exhausted（疲れ切った） by the experience. He can't see properly（適切に） and his head drops for a moment. His car almost runs into another car, so our man turns his wheel sharply again and lets his vehicle（車） roll until it runs into the back of a parked truck. There is a small crashing noise. The man's head falls forward and hits the wheel with enough force to make his forehead bleed. He steps out of the car and looks at the damage, but doesn't have the strength to stay standing up. His chest hurts and he has a terrible pain in his left arm. It's Sunday morning and the street is empty and quiet. He sinks to the sidewalk beside the car and leans against it. An hour passes. A policeman finds him and he is taken to a hospital. A doctor writes the report: died from a heart attack. No relatives can be found.

Take one story and look at it through two different pairs of eyes. It is the same day, the same moment, but one person thinks the story ends (④), at an arcade, putting pennies into a machine. The other person finishes his day in a hospital, with a conversation between two young doctors.

"Did you see the dead body they just brought in?" one says.

"No. Anything interesting?"

"His skin was blue. Really bright blue! 【 D 】"

"Do you understand?" the Blue Man said, after telling his story. "Little boy?"

Eddie suddenly realized.

⑤ "Oh no," he whispered.

問１ 本文中の【A】～【D】に入る最も適切なものをア）～エ）からそれぞれ選び，記号で答えよ。

ア）Do you know that scientists later discovered that it was poison?

イ）After that, my father refused to speak to me.

ウ）I've never seen anything like it.

エ）It may not sound like much, but for me it was the first real freedom I had ever known.

問２ （①）に入る最も適切でないものを１つ選び，記号で答えよ。

ア）anger　イ）pride　ウ）sadness　エ）disappointment

問３ 下線部②の内容として最も適切なものを１つ選び，記号で答えよ。

ア）緊張からおねしょをするようになったのを父親に知られてしまったこと。

イ）硝酸銀を服用しているところを人に見られてしまったこと。

ウ）おねしょをするようになってから，他人の目が気になるようになったこと。

エ）薬の副作用のせいで好奇の目にさらされることになったこと。

問４ （③－Ⅰ）・（③－Ⅱ）に入る最も適切な語の組み合わせを１つ選び，記号で答えよ。

ア）Ⅰ：saves　Ⅱ：misses

イ）Ⅰ：rescues　Ⅱ：saves

ウ）Ⅰ：escapes　Ⅱ：saves

エ）Ⅰ：misses　Ⅱ：escapes

問５ （④）に入る最も適切なものを１つ選び，記号で答えよ。

ア）happily　イ）easily　ウ）quickly　エ）naturally

問6　下線部⑤の理由として最も適切なものを1つ選び，記号で答えよ。

ア）Because he realized that the Blue Man also worked at Ruby Park.

イ）Because he realized that the driver died when he tried to save Eddie's life.

ウ）Because he realized that the driver died because of a heart attack.

エ）Because he realized that he was the cause of the Blue Man's death.

問7　本文の内容と一致するものを2つ選び，記号で答えよ。

ア）The Blue Man's family was so poor that they didn't have their own place to live when they moved from Poland.

イ）The Blue Man's father lost his job at the factory because the boss thought his son was useless.

ウ）After being nearly hit by a car, Eddie continued playing baseball with his friends for a while and then went home.

エ）The policeman found the driver and took him to a hospital right after the car crash.

オ）Although two young doctors tried to save the driver's life, they couldn't.

カ）The Blue Man was younger than 45 years old when he died.

Ⅵ　次の英文を読んで設問に答えよ。

When we eat chocolate we often think about the wonderful *flavour and we can easily forget the hard work that goes into a chocolate bar. But there is a long journey from the cacao tree plantation(大規模農場) in Brazil or Ivory Coast to the chocolate shop near your home.

There is ①<u>one surprising lesson</u> to learn about this journey – we do many of the same things to cacao beans as the Maya(マヤ族) and the Aztecs(アステカ族) centuries ago. Perhaps we use machines now, but we often make chocolate in the same way as these earlier people.

The journey begins with the cacao tree and its unusual, light red flowers. These trees only grow in warm, wet rainforests. They can sometimes be difficult to grow. For example, they do not grow well if they are too cold or dry, or when it is too windy or sunny.

In the wild rainforests of Central America, the cacao trees grow under bigger trees, so on plantations people often put cacao trees under taller ones like banana trees. Plantation workers usually cut the tops of the cacao trees so they do not grow higher than eight *metres.

There are different types of cacao trees. The most important type is ②<u>the Forastero</u> – over 90 *per cent of the world's cacao beans come from this tree. People grow it in Brazil and West Africa. The other type is the Criollo, which grows on plantations in Indonesia and South America. The chocolate from these beans tastes very good but the trees are more difficult to grow than the Forastero.

The cacao tree begins to have its first pods after about three years. It is very different from most other trees because its flowers and then its pods grow from the *centre of the tree.

The large cacao pods are wonderful to see. At first, they are a beautiful light green. But after six months, when they are ready to open, they become very *colourful. They can be bright red or orange, dark purple or deep green.

The people on the plantations take down the pods (③-Ⅰ) very long sticks. Then they cut them open (③-Ⅱ) big knives. Inside they find between twenty and forty cacao beans in the soft white pulp. The beans are very hard and they do not smell or taste like chocolate.

The workers then usually put the beans and the pulp in large boxes with some banana leaves on the top. They leave these in the hot sun for four to seven days and some of the chemicals in the beans change.

The beans are now very different. They are no longer white or purple - they are dark brown. And very importantly they smell of wonderful chocolate!

Next, the plantation workers put the beans onto large tables. They dry the beans in the sun for ten to twenty days and move them from time to time. On larger plantations they dry them in special buildings. (④) the best chocolate comes from beans which stay in the sun for a long time.

The farmers then put the beans into bags of about 64 kilograms each and sell them to brokers - business people who buy and sell cacao beans for money. The brokers then sell them to the chocolate factories. But the chocolate factories do not just buy one type of bean. Beans from different countries, or even from different plantations, taste different. In the factories, people mix together different types of bean to get chocolate with just the right taste.

At the factory, the workers first cook the beans in large machines between 100 and 150℃. This is very important for the flavour of the chocolate, and it usually takes about twenty minutes, but it can take longer. The beans lose their water and the shells become hard and dry.

Then the beans go into a big fast machine. This breaks open the beans and the hard shells all go to one side. After this, there are only the soft centres of the beans. The workers then put these into a big machine which grinds them into a paste. While this happens, the cocoa butter in the paste melts and the paste becomes chocolate liquor. To make chocolate bars, the workers then mix in more cocoa butter, sugar and perhaps milk.

The chocolate then goes through a special machine which grinds it again and again and makes it thinner. Then it is time for Lindt's famous conching machine(註). Some producers leave the chocolate in there for a long time - perhaps a week - and this makes the best chocolate bars.

The chocolate is now near the end of its journey, but the workers do one last thing. They make the chocolate very hot and then make it colder again. This is called tempering. The chocolate now looks very good and stays nice and smooth. They then pour it into special, square boxes and leave it until it becomes hard. At last, the chocolate bars are ready to eat!

（註） conching machine コンチング（材料を温かい温度で混ぜ続ける工程）をするための機械

＊以下の単語は英国式つづりである。

flavour：flavor　metre：meter　per cent：percent

centre：center　colourful：colorful

問１ 下線部①の内容として最も適切なものを１つ選び，記号で答えよ。

ア）今日でも，しばしばマヤ族やアステカ族の時代に使われていたものと同じような機械を使って，カカオ豆を加工していること。

イ）今日まで伝わるカカオ豆の機械をとおして，しばしばマヤ族やアステカ族の文明の秘密が明らかになっていること。

ウ）今日では，機械を使うかもしれないが，しばしばマヤ族やアステカ族の時代と同じようなやり方でカカオ豆を加工するということ。

エ）今日でも，マヤ族やアステカ族の時代から保存されているカカオ豆が，しばしば機械を用いて加工されていること。

問２ 下線部②のフォラステロ種とクリオロ種の特徴について，栽培の難易度に着目して20字以内で説明せよ。ただし，解答用紙に指定された書き出しに続くように，また，「クリオロ種」という言葉を用いて答えること。

問３ （③－Ⅰ）（③－Ⅱ）に共通して入る最も適切なものを１つ選び，記号で答えよ。

ア）by　イ）in　ウ）of　エ）with

問４ （④）に入る最も適切なものを１つ選び，記号で答えよ。

ア）If　イ）Or　ウ）But　エ）Because

問５ 工場でカカオ豆を加工する工程の順番を以下のようにまとめた場合，（A）～（D）に入る最も適切なものをア）～エ）から１つずつ選び，記号で答えよ。

1 Cook the beans about twenty minutes.
2 （ A ）
3 （ B ）
4 （ C ）
5 （ D ）
6 Pour the chocolate into square boxes.

ア）Make the chocolate very hot, and after this, make it cooler.

イ）Add cocoa butter, sugar, etc. to chocolate liquor.

ウ）Break open the beans, and grind the soft centers into a paste.

エ）Grind the chocolate again and again and make it thinner.

問６　以下の英文は本文の表現を参考に，次の日本文を英語に直したものである。(　)に入る適語を答えよ。

「この詩はあの詩より理解しやすい」

This poem (　　)(　　)(　　)(　　)(　　) that one.

問７　本文の内容に一致するものを２つ選び，記号で答えよ。

ア）There are many chocolate factories in Brazil and West Africa, and the workers make chocolate bars there.

イ）Cacao beans taste bad if the cacao trees grow too tall, so workers cut the tops of the cacao trees.

ウ）The cacao pods are beautiful light green in the beginning, and they change their colors later.

エ）Cacao beans are very soft when their pods are taken down from cacao trees.

オ）The beans in boxes are left in the sun with banana leaves on the top, and then they have wonderful chocolate smell.

カ）Each factory has its favorite taste of chocolate and buys only one type of cacao beans from brokers.

問八　本文の表現と内容に関する説明として最も適当なものを次の中から選び、記号で答えよ。

ア　「魂はいみじき盗人」、「よき人」、「極めたる物言ひ」などの比喩表現により、「史」が特異な人物であることが強調されている。

イ　「装束」や「笏」など「史」が身に着けるものが具体的に描写されることで、「史」が職務に忠実な官吏であることが示されている。

ウ　「いと恐ろしき心なり」、「人の思ひ寄るべきことにあらず」という表現は、語り手が「史」の機知を評価していることを表している。

エ　「みな逃げて去にけり」や「みな出で来にけり」という表現には、「史」以外の人物が主体性に欠けることへの批判が含まれている。

オ　「下にうるはしく置きて」、「傍らよりはらはらと出で来ぬ」などの擬態語を含む表現を多用することで読み手に臨場感を与えている。

問九　二重傍線部「こゑを上げて牛飼ひ童をも呼びければ」をすべて現代仮名遣いの平仮名に直せ。

問十　『今昔物語集』は平安時代末期に成立した説話集である。次の中から平安時代の作品ではないものを選び、記号で答えよ。

ア　枕草子　イ　源氏物語　ウ　竹取物語　エ　徒然草

家は西の京にありければ、公事(注2)ありて内に参りて、夜更けて家に帰りけるに、東の中の御門より出でて、車に乗りて大宮下りにやらせて行きけるに、着たる装束をみな解きて、片端よりみなたたみて、車の畳の下にうるはしく置きて、その上に畳を敷きて、史は冠をし襪(注3)を履きて、①裸になりて車の内に居たり。

さて、二条より西様にやらせて行くに、美福門のほどを過ぐる間に、盗人、傍らよりはらはらと出で来ぬ。車の轅(注4)に付きて、牛飼ひ童を②打てば、童は牛を捨てて逃げぬ。車の後に雑色(注5)二、三人ありけるも、みな逃げて去にけり。盗人寄り来て、車の簾を引き開けて見るに、裸にて史居たれば、盗人、「③あさまし」と思ひて、「こはいかに」と問へば、史、「東の大宮にてかくのごとくなりつる。④君達寄り来て、己が装束をばみな召しつ」と笏(注6)を取りて、よき人にもの申すやうにかしこまりて答へければ、盗人 X 捨てて去にけり。その後、史、こゑを上げて牛飼ひ童をも呼びければ、みな出で来にけり。それよりなむ家に帰りにける。

さて、妻にこの由を⑤語りければ、妻のいはく、「その盗人にも増さりたりける心にておはしける」と言ひてぞ笑ひける。まことにいと恐ろしき心なり。装束をみな解きて隠し置きて、⑥しか言はむと思ひける心ばせ、さらに人の思ひ寄るべきことにあらず。

この史は⑦極めたる物言ひにてなむありければ、かくも言ふなりけり、となむ語り伝へたるとや。

（『今昔物語集』より）

（注1）長け…身長。（注2）公事…公務。
（注3）襪…足袋（たび）。
（注4）轅…牛車の前に長く並行して出た二本の棒。
（注5）雑色…雑事に携わる従者。
（注6）笏…正装のとき右手に持つ薄い板。

問一　傍線部①「裸になりて車の内に居たり」とあるが、なぜか。三十五字以内で説明せよ。

問二　傍線部②「打てば」、⑤「語りければ」の主語を本文中から抜き出してそれぞれ答えよ。

問三　傍線部③「あさまし」の意味を漢字で表した場合、最も適当なものを次の中から選び、記号で答えよ。

ア　浅薄　　イ　悲哀　　ウ　奇異　　エ　驚喜

問四　傍線部④「君達」とはここでは誰のことか、最も適当なものを次の中から選び、記号で答えよ。

ア　盗人　　イ　別の盗人　　ウ　貴族　　エ　主人

問五　空欄 X に入る言葉として最も適当なものを次の中から選び、記号で答えよ。

ア　怒りて　　イ　笑ひて　　ウ　泣きて　　エ　憤りて

問六　傍線部⑥「しか（そのように）」が指すものを本文中から抜き出し、最初と最後の三字を答えよ。ただし、句読点は含まないものとする。

問七　傍線部⑦「極めたる物言ひ」とはどういうことか、最も適当なものを次の中から選び、記号で答えよ。

ア　弁舌が巧みで機転の利いた発言をする人物
イ　先の展開を予測し常識的な発言をする人物
ウ　極論で相手を納得させる発言をする人物
エ　一途で相手の情に訴える発言をする人物

イ　各国とも無償労働と有償労働を合わせた労働時間は男女の差がない。

ウ　日本のみ有償労働時間の男女差が大きく、飛びぬけて男性が長い。

エ　日本の女性は無償労働時間が長い分、他国より有償労働時間が短い。

問七　空欄［D］・［E］を埋めよ。ただし漢数字を用いることとし、空欄［D］については、小数点以下の数字は〇（零）か五のみとする。

問八　傍線部⑥「こうした現代社会の状況」とはどのようなものか。正しいものを次の中から二つ選び、記号で答えよ。

ア　共働き家庭の増加に伴い、料理は愛情をこめて手作りするものであり、かつその味は継承されるべきものとする価値観が揺らいでいる状況。

イ　働く女性が増加しているのに、家事分担率は専業主婦が大半を占めていた時代と変わらず、女性が毎日料理することを要求されている状況。

ウ　女性は社会に出て働くよりも家事育児を主として担い、日常的に料理をするべきだとされる、国際的にみてかなり特殊な状況。

エ　妻は、夫の母親の料理の味という、自分が経験していない味を再現・継承するように一方的に求められるという理不尽な状況。

オ　男性が女性におふくろの味という困難なものを求めることで、夫婦喧嘩の発生や、関係性がぎすぎすするきっかけになっている状況。

問九　この文章を読んだ拓大一高の生徒たちは、問題点と改善策について話し合った。文章（図や表を含む）の内容から妥当だと判断できる発言を、次の中から二つ選び、記号で答えよ。

ア　文章では女性が料理を担当して、男性は担当しないことが当然のように描かれているけれど、こうしたことは今は一般的ではないよね。実際に僕の家では父親が料理を担当しているし、男女が協力すればいいんだよ。

イ　いや、やはり全体としてみれば文章と同じく女性が料理を担当している割合が圧倒的に多いよ。だからこそ、有償労働時間を考慮した上で料理の担当についてきちんと家庭で話し合えば、女性の負担の問題は解決すると思うな。

ウ　そうなのかな。結局共働きだと料理の負担は大きいから、家庭での手作りにこだわるのをやめて、外食やデリバリーなどの利用も選択肢に入れると料理の負担が減って、女性も今より楽になるよ。

エ　そもそも国際的にみて日本の男性は有償労働時間が長すぎるから、少し短くして無償労働を増やせる余地をつくるように社会的に取り組むというのはどうかな。そうすれば多少は女性の負担が軽減されると思うよ。

オ　たしかに社会が働きかけることは必要だね。たとえば男性が料理をすることを評価するようなコマーシャルを作ったりして、料理は女性ではなく男性が担当するものだという意識をもつよう促すべきじゃないかな。

三　**次の文章を読んで、後の問いに答えよ。**

今は昔、阿蘇のなにがしといふ史(さくわん)ありけり。(注1)長(た)け短なりけれども、魂はいみじき盗人にてぞありける。

※注…親とその未婚の子供から成るような、小規模の家族のこと。核家族。

問一　傍線部①「調味料メーカーのコマーシャル」について、筆者はこのコマーシャルをどのようなものの例として紹介したのか。その説明として最も適当なものを次の中から選び、記号で答えよ。

ア　母親がご飯を作ってくれることを幸せなことだとし、そうした現実を描写するもの。

イ　女性自身が内面化しているイメージを、コマーシャルとして具体的に紹介するもの。

ウ　事実とは異なるメッセージを発信して、それを見た人に疑念をもたせるようなもの。

エ　母親を称賛しているように見えて、実は根拠なく役割を押し付けているといえるもの。

問二　空欄 A に当てはまる表現を「日本のお母さん」の歌詞中より五字以内で抜き出せ。

問三　傍線部②「次の文章」について以下の（1）（2）の各問いに答えよ。

（1）波線部にあるように、引用文の主語が娘ではなく「息子たち」になっているのはなぜか。引用した意図と合わせて説明したときに正しいものを選び、記号で答えよ。

ア　自身の母と離れた後にその料理を純粋に懐かしみ、最上の思い出として惹かれるのは料理をするという役目を負わない男性だけであり、そのことが女性を苦しめる原因となっていることを説明しようとしているから。

イ　母親を懐かしく思って惹かれてしまうのは男性だけであり、女性は同性である母親に対してさまざまな葛藤を抱いてしまい、その葛藤があるがゆえに苦しむものであるということを説明しようとしているから。

ウ　女性も母親の料理を懐かしく思うことはあるものの、男性とは違って自分の母の味を継承しなければいけないプレッシャーがあり、そうした義務を負わされている女性の苦しみを説明しようとしているから。

エ　男性は自分を愛してくれる母親と、その愛情がこもった料理を記憶の中でたどり、この上ない思い出として美化してしまうが、女性はそのような男性に嫌悪感を抱くということを説明しようとしているから。

（2）空欄 B ・ C に適する語を後の選択肢から選び、記号で答えよ。

B　ア　空白の　イ　完璧な　ウ　過去の　エ　新しい

C　ア　実体　イ　食事　ウ　不在　エ　時間

問四　傍線部③「素直に答えたまでのことで、他意はなかった」と同じ意味になる単語を本文中から三字で抜き出せ。

問五　傍線部④「同じ味じゃない。おれにはわかるんだ」とあるが、同じレシピでつくった妻の料理の味が、おふくろの料理の味と同じにならないのはなぜなのか。その理由を本文中の語句を用いて二十字以内で簡潔に説明せよ。

問六　傍線部⑤「図版1」について、図から読み取れることを説明したものとして最も適当なものを次の中から選び、記号で答えよ。

ア　各国とも男性の方が女性よりも一～二倍程度有償労働時間が長い。

データも合わせて検討してみよう。

⑤図版1は二〇〇九～二〇一八年を調査期間として、男女別にみた生活時間（週全体平均）について有償労働と無償労働の時間割合を指標に、日本を含むOECD一四か国で比較したものである。有償労働時間の男女比はほかの国とほとんど差がない一方、無償労働、つまり家事育児を担当する男女比は、日本は女性が男性の［D］倍と飛びぬけて高い。韓国がそれに続いている。国際比較してみると、日本では驚くほどに男女の差が大きいことがわかる。

無償労働の内訳を示した図版2は、六歳未満の子どもを持つ夫婦の家事・育児関連時間（週全体平均、一日当たり）について日本を含む七か国で比較したものである。いずれの国の男女と比べても、日本の妻が相当する七時間三四分という時間が最も長い。育児時間を差し引いた「家事・育児関連時間」の中に料理時間が含まれており、その時間は妻だけでみると、各国の差はそれほど大きくはない。ところが、男性に着目してみると、日本の夫が［E］分と極端に低いことが明らかである。

つまり、日本の場合、高度経済成長期以降に強化され、定着した、家事担当者としての妻という位置づけが、データで見る限り、現在に至るまでほとんど変化していないことになる。

しかし、その一方で、この間、大きく変化した数値がある。それは、女性の就業率と共働き世帯数である。いずれも増加傾向にある。特に共働き世帯は、一九八〇年代以降、ほぼ継続的に増加傾向にあり、一九九〇年代後半に専業主婦世帯の数を超え、二〇〇〇年代以降は、専業主婦世帯を大きく引き離して増加の一途をたどっている。

世帯や女性の就業に関するデータを合わせて考えると、日本では働く女性が増加したにもかかわらず、家事・育児に関わる性別分担率がほとんど変わっていないことが明らかになる。毎日、日常的に料理を担当するのは女性たちであるという状況は、今なお続いており、それは国際的な比較からみれば、かなり特殊な状況であるといえるのである。

そうしたジレンマに直面しながらもなお、女性たちは夫や社会から「おふくろの味」の担い手としての役割を求められることがある。一九八八年に出版された『図解亭主の好きな全国おふくろの味――栄養士がすすめる郷土料理141』は、そのタイトルに表れているように、妻が夫のために料理する「おふくろの味」のつくり方の指南書である。「序にかえて」には「祖母から母へ、母から娘へと伝えられてきた、あたたかいぬくもりを感じることができるでしょう」とあり、味の継承は女性たちの双肩にかかっていることが強調される。

しかし、もし仮に、女性たちがその役割を果たそうとした場合、求められている「おふくろの味」のつくり方や味の加減は新しい家族形態の中では経験知として得ることは難しいという、もう一つのジレンマに直面することになるのである。「おふくろの味」はこうした状況の中では女性たちにとっての重荷でしかなく、呪縛のように感じられることも多分にあるだろう。おそらく、「だけど、私はあなたのおふくろじゃない」と言い返したかった少なからぬ女性たちもいたに違いない。

本書の冒頭で、「おふくろの味」は男にとってはノスタルジーであったとしても、女にとっては、夫婦喧嘩や軋轢の導火線になり得ると述べたのは、女性を取り巻く⑥こうした現代社会の状況をやや風刺的に捉えたかったからである。

（湯澤規子『「おふくろの味」幻想』による）

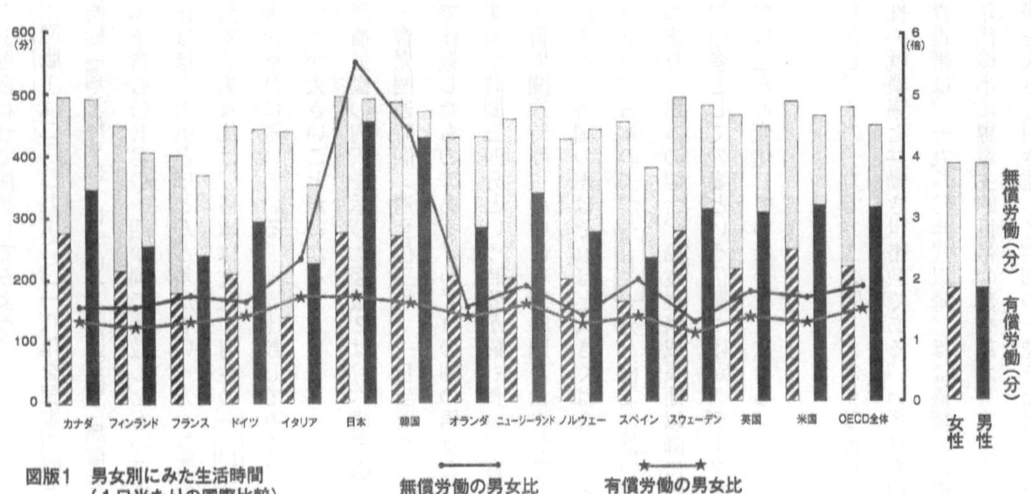

図版1　男女別にみた生活時間
（１日当たりの国際比較）
※資料：内閣府男女共同参画局資料より作成

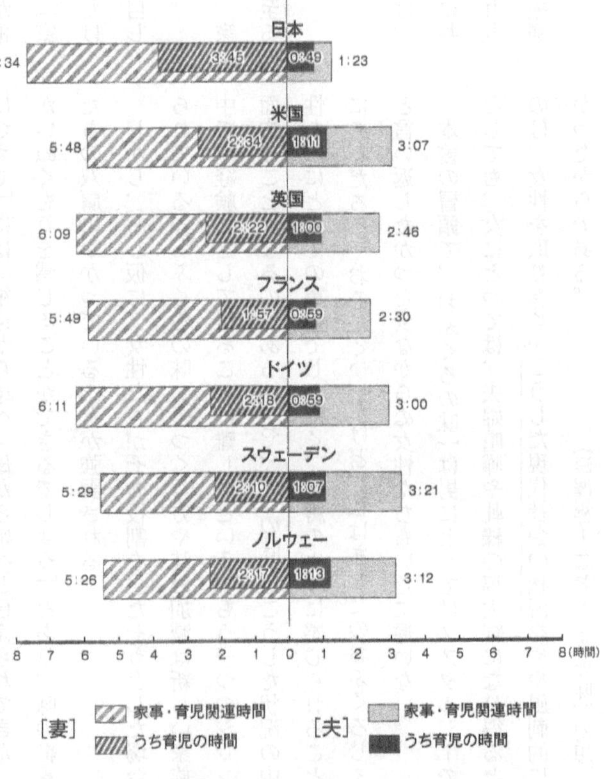

図版2　６歳未満の子どもを持つ夫婦の家事・育児関連時間
（週全体平均、１日当たり）
※資料：総務省「社会生活基本調査」（平成28年）、男女共同参画局資料より作成

象印マホービン株式会社が二〇一四年に実施した「夫と妻の料理に関する意識調査」というインターネット調査によるデータがある。サンプル数は八六九四、首都圏在住を調査地域と設定し、二〇歳以上の既婚男女に対して実施された料理に関するアンケートである。その結果を概観すると、自宅で料理をする頻度は、妻「毎日する」が七〇％以上、夫は「ほとんどしない」「まったくしたことがない」が三八％、逆に男性で「毎日する」は八・五％であった。

最近では男性も料理をするようになったとは言われているものの、データを見る限りは女性が多くを負担していることがわかる。この状況を国際比較の視点から相対化するために、内閣府の男女共同参画局のこではひとまず、②次の文章を引用しておきたい。

「母」は記憶の中で全き人間として人々を呪縛する。息子たちは記憶の中に母を呼び戻す行為を通じて　B　母親像を創り出す。「母」とはその　C　によってその存在を大きくし、記憶の中でその母性を輝かせる。「母」とは日本の近代が構築した幻想の物語なのである。

この文章を読むと、初恋の記憶、失ったものの記憶が、時間がたつほど美化され、理想化されていくのと同じロジックであることがわかる。「遠きにありて思う」がゆえに、郷愁の念は「おふくろの味」という幻想へと転じていくことになる。

（中略）

読売新聞社と中央公論新社が醤油・調味料メーカーのキッコーマンの協賛を得て募集した「あなたの『おいしい記憶』をおしえてください。」コンテストの第一回入賞作品に「〝おふくろの味〟の概念に関する一考察」（東京都・高橋克典）という作品がある。「おふくろの味」が実体ではなく、ある種のイメージ、もしくは幻想であるということが自覚される具体的な出来事の描写が興味深いので、その一部を以下に紹介しよう。

魯山人でもあるまいし――二〇年連れ添った妻にそう言われて、カッとなった。お父さん、いい加減にしたほうがいいよと娘も言う。まるでおれが悪いみたいなことになっている。それでまた腹を立て、とうとうケンカになった。五七歳にもなって、ポテトサラダで夫婦喧嘩はみっともないと思うが、悪いのはおれじゃあない。

夕の食卓にポテトサラダが出てきたから、それをつまみにビールをやり始めたら、

「どうよ、今日の味は」

質問してきたのは妻のほうだ。

「やっぱりポテトサラダだけは、おふくろのほうが上手いな」

訊かれたから③素直に答えたまでのことで、他意はなかった。今年で八〇歳になる田舎のおふくろが作ったほうのが、旨いんだからしょうがない。すると、そんなはずはないと妻が言い出した。うちのおふくろに教わったとおりに作っている。だから、少なくとも同じ味のはずで、不味いわけはない――と。

「不味いと言ってない。違うなと言ってるんだ。④同じ味じゃない。おれには分かるんだ」

（中略）

男性にとって、結婚し、核家族を形成するということは、自分が食事をつくらない限り、自分の「おふくろの味」は永遠に失われる構造になっている。にもかかわらず、そうした日常の中で無邪気に「おふくろの味」を求めようとすると軋轢（あつれき）が生まれる。高度経済成長期に増幅した少なからぬ家庭の中で、こうした会話が展開することがしばしばあったのには、それなりの理由があったわけである。

（中略）

る。女性自身もそのイメージを内面化している場合もあり、共働きでありつつ、主に女性が家事に育児に奮闘している姿を描くコマーシャルも存在する。一見すると、「活躍する女性を応援する」というメッセージに見えるものでも、冷静に考えてみると、いくつもの違和感が見えてくるコマーシャルもある。

ジェンダー論を専門とする瀬地山角(せちやまかく)が注目した①調味料メーカーのコマーシャルはまさにその一つであろう(二〇一二年に放送され、その後、放送中止となっている)。そのコマーシャルに使われたオリジナルソングのタイトルは「日本のお母さん」。歌詞は次のような内容であった。

「日本のお母さん」

毎日毎日　ごはんをつくる
何十万年も　お母さんが　続けてきたこと
誰にきめられるわけでもなく　ごはんをつくる
何十億人もの　お母さんが　続けてきたこと
ひとつひとつの　ごはんを　受けついで
わたしたちは　生きている
そんな今も　どこかで
お母さんが　ごはんをつくっている
ただ　あなたの幸せを　願いながら

短い歌詞の中に「お母さん」が三回登場し、「何十万年も」ごはんをつくってきたと歌われている。そればかりでなく、対応する映像では、石器時代や土間でごはんを炊く農村の場面でも、お母さんが一人、肉を焼いたり、ごはんをつくったりしているシーンが流れる。お母さんが太古の昔からずっと変わらずにごはんをつくり続けてきたことになっているわけである。

家族の中で女性が、もっといえば「お母さん」が食事をつくるというのは普遍的なことではなく、農山漁村では家族の分担によって、都市部では女中などがそれを担当することも少なくなかった。それをふまえると、［ A ］お母さんがごはんをつくってきたというメッセージには大きな誤りがあるといわざるを得ない。それに気がつけば、このCMは一種のパロディのようにも見えてくる。

（中　略）

このCMをジェンダー論から分析した瀬地山によれば、「性役割分業意識の強化」と、「母の愛＝手作り料理」という手づくり信仰が含まれている点に留意すべきであるという。興味深いのは、この手づくり信仰が高度経済成長期に形成された「新しい家族」[※注]と「専業主婦」の誕生によって助長されてきた傾向にあるという点である。

（中　略）

おふくろの味を「幻想」と解釈した大野雅子は、「おふくろの味」が回顧の経路となることが多いこと、例えば「肉じゃが」を「おふくろの味」とするのはごく最近の物語であると指摘した。とりわけ次の主張は、女性たちにとっての「おふくろの味」を考える際、示唆に富んでいる。女性にとって「おふくろの味」が単なるノスタルジーであることにとどまらず、郷愁でありつつも呪縛であるのはなぜなのか。その鍵として、こ

【国　語】（五〇分）〈満点：一〇〇点〉

【注意】本文からの抜き出し問題および記述問題については、句読点やかっこもそれぞれ一字に数えます。

一　次の各問いに答えよ。

次の傍線部と同じ漢字を用いているものを後の選択肢から選び、記号で答えよ。

（1）人工衛星のキドウを修正する。
ア　キセイの脚本を文化祭で上演する。
イ　反撃のキカイを伺う。
ウ　試験の合格をキガンする。
エ　文書にキサイされた内容を確認する。
オ　先人のキセキをたどる。

（2）特定の人に利益をキョウヨする。
ア　刃物でキョウハクする。
イ　容疑者が犯行をジキョウした。
ウ　キンキョウを報告する。
エ　キョウイテキな打率を残した。
オ　大きなハンキョウを呼んだ記事。

（3）より良い方法をモサクする。
ア　敵のサクリャクにはめられる。
イ　雇い主から賃金をサクシュされる。
ウ　会社の経費をサクゲンする。
エ　本にサクインをつける。
オ　さまざまな感情がコウサクする。

（4）彼女の活躍でハえある優勝を手にした。
ア　エイリを追求する。
イ　自然とのキョウゾンキョウエイを図る。
ウ　地球をボウエイする。
エ　エイサイ教育を受ける。
オ　スイスはエイセイチュウリツ国だ。

次の傍線部の読みをひらがなで答えよ。

（5）悪条件の中で試合を敢行した。
（6）今の時代、日常的に足袋を着用する人はほとんどいない。
（7）彼は疲れていたので、私は彼に休みを取るように促した。

次の空欄に入る漢字一字を答えよ。

（8）大会に出場したが、最下位という（　）酸をなめる結果となった。
（9）「平家物語」を読んで諸行無（　）を知る。

次の傍線部と異なる意味を持つものを後の選択肢から選び、記号で答えよ。

（10）即興
ア　即決　イ　即位　ウ　即応　エ　即座　オ　即席

二　次の文章を読んで、後の問いに答えよ。

不思議なのは、戦後の家族史において、質量ともに、これほどまでに大きな変化があってもなお、「ごはんは女性（お母さん）がつくるもの」という漠然としたイメージが様々な形で残り続けているということであ

大切なことはメモしておこうネ！

2024年度

解　答　と　解　説

《2024年度の配点は解答欄に掲載してあります。》

＜数学解答＞

1　(1)　$-\frac{49}{30}$　(2)　$\frac{4}{3}x^4y^5$　(3)　$\frac{14\sqrt{15}}{15}$

2　(1)　$x=-\frac{3}{10}$　(2)　$x=-3,\ 6$　(3)　$x=-2,\ y=7$

3　(1)　$(b+c)(2a+b+c)$　(2)　70　(3)　54　(4)　2

4　(1)　$\frac{9}{2}$　(2)　$y=-\frac{3}{2}x+6$　(3)　$\frac{10}{3}\leqq x\leqq 4$

5　(1)　B(6, 12)　(2)　32　(3)　1：3：2

6　(1)　$2\sqrt{3}$　(2)　$\frac{2\sqrt{3}}{3}$　(3)　$\frac{16\sqrt{3}}{3}-\frac{22}{9}\pi$

7　(1)　$\frac{64}{3}$　(2)　$\frac{2\sqrt{3}}{3}$

○推定配点○

1・2　(1)，(2)　各4点×5　他　各5点×16　計100点

＜数学解説＞

基本　1　（数・式の計算，平方根の計算）

(1)　$\frac{9}{16}\div\left(-\frac{3}{4}\right)^3+0.75\times\left(1-\frac{7}{3}\div\frac{5}{3}\right)=\frac{9}{16}\times\left(-\frac{64}{27}\right)+\frac{3}{4}\times\left(-\frac{2}{5}\right)=-\frac{4}{3}+\left(-\frac{3}{10}\right)=-\frac{49}{30}$

(2)　$-(-4x^3y^2)^2\div\left(-\frac{2y}{3x^2}\right)^2\times\left(-\frac{y}{3x^2}\right)^3=-16x^6y^4\times\frac{9x^4}{4y^2}\times\left(-\frac{y^3}{27x^6}\right)=\frac{16\times9x^{10}y^7}{4\times27x^6y^2}=\frac{4}{3}x^4y^5$

(3)　$\sqrt{3}$で約分してから，分母を有理化して，$\frac{\sqrt{12}+\sqrt{18}}{\sqrt{45}}=\frac{2+\sqrt{6}}{\sqrt{15}}=\frac{2\sqrt{15}+3\sqrt{10}}{15}$…①　分母を有理化して，$\frac{\sqrt{2}-\sqrt{48}}{\sqrt{5}}=\frac{\sqrt{10}-4\sqrt{15}}{5}$…②　$\frac{\sqrt{12}+\sqrt{18}}{\sqrt{45}}-\frac{\sqrt{2}-\sqrt{48}}{\sqrt{5}}=$①－②$=\frac{2\sqrt{15}+3\sqrt{10}}{15}-\frac{\sqrt{10}-4\sqrt{15}}{5}=\frac{2\sqrt{15}+3\sqrt{10}-3\sqrt{10}+12\sqrt{15}}{15}=\frac{14\sqrt{15}}{15}$

基本　2　（方程式の計算）

(1)　与式の両辺を6倍して，整理すると，$\frac{2x-1}{2}-\frac{3x+1}{3}=x-\frac{1-2x}{3}$　$3(2x-1)-2(3x+1)=6x-2(1-2x)$　$10x=-3$　$x=-\frac{3}{10}$

(2)　与式の$(x+1)$をかたまりと見て，因数分解すると，$(x+1)^2-5(x+1)-14=0$　$\{(x+1)+2\}\{(x+1)-7\}=0$　$(x+3)(x-6)=0$　$x=-3,\ 6$

(3)　$0.3x+0.2y=0.8$…①　$\frac{2}{3}x+\frac{1}{4}y=\frac{5}{12}$…②とおく。①×10より，$3x+2y=8$…①′　②×12より，$8x+3y=5$…②′とする。②′×2－①′×3より，$7x=-14$　$x=-2$　これを，①′に代入して，$3\times(-2)+2y=8$　$2y=14$　$y=7$

3 （因数分解，場合の数，数の性質，データの活用）

(1) $b^2+c^2+2ab+2bc+2ca=b^2+2bc+c^2+2ab+2ca=(b+c)^2+2a(b+c)=(b+c)\{(b+c)+2a\}=(b+c)(2a+b+c)$

(2) まず，2031，2034，2041，2043の4個。21□□は，0，3，4の3個から2個を選んで並べる順列なので，3×2×1＝6個ある。同様にして，23□□，24□□も6個ずつある。3□□□は，0，1，2，4の4個から3個を選んで並べる順列なので，4×3×2＝24個ある。同様にして，4□□□も24個ある。以上より，4＋6×3＋24×2＝70個

(3) $\sqrt{24n}=\sqrt{2^3\times3\times n}$より，$\sqrt{24n}$の値が自然数になるとき，$n=2\times3\times k^2$($k$=1，2，3，…)と表せる。このうち，自然数$n$が3番目に小さいものは，$k$=3のときであり，$n=2\times3\times3^2=54$である。

重要 (4) 得点が4点の人数をx(人)，8点の人数をy(人)とする。生徒数から，$34+x+y=40$　$x+y=6$…①　平均点から，$168+4x+8y=40\times5.2$　$4x+8y=40$　$x+2y=10$…②　①×2－②より，$x=2$

4 （一次関数—動点）

(1) $x=1$のとき，AP＝1(cm)，BQ＝BC－QC＝4－2＝2(cm)となるから，$y=\frac{1}{2}\times(1+2)\times3=\frac{9}{2}$

(2) $0\leqq x\leqq2$のとき，AP＝x(cm)，BQ＝BC－QC＝$4-2x$(cm)と表せるから，$y=\frac{1}{2}\times\{x+(4-2x)\}\times3=-\frac{3}{2}x+6$

重要 (3) $2\leqq x\leqq4$のとき，AP＝x(cm)，BQ＝$2x-4$(cm)と表せるから，$y=\frac{1}{2}\times\{x+(2x-4)\}\times3=\frac{9}{2}x-6$…☆と表せる。$y=9$のとき，☆に$y=9$を代入して，$9=\frac{9}{2}x-6$　$x=\frac{10}{3}$　$y=12$のとき，☆に$y=12$を代入して，$12=\frac{9}{2}x-6$　$x=4$　以上より，$9\leqq y\leqq12$のとき，$\frac{10}{3}\leqq x\leqq4$

5 （図形と関数・グラフの融合問題）

基本 (1) 直線ℓに平行な直線を，m：$y=2x$とおく。点BはC_2とmの交点であるから，2式を連立して，$\frac{1}{3}x^2=2x$　両辺を3倍して整理すると，$x^2-6x=0$　左辺を因数分解して，$x(x-6)=0$　$x\neq0$より，$x=6$　よって，点Bの座標は，B(6，12)

重要 (2) 点AはC_1とmの交点であるから，2式を連立して，$x^2=2x$　整理して，$x^2-2x=0$　左辺を因数分解して，$x(x-2)=0$　$x\neq0$より，$x=2$　よって，点Aの座標は，A(2，4)となる。点Dは，ℓ：$y=2x-8$のy切片だから，点Dの座標は，D(0，－8)となる。よって，直線ADの傾きは，$\frac{4-(-8)}{2-0}=6$…㋐である。また，点Cは，ℓ：$y=2x-8$とx軸の交点だから，$y=0$として，$0=2x-8$　$x=4$　よって，Cの座標はC(4，0)となる。B(6，12)より，直線BCの傾きは，$\frac{12-0}{6-4}=6$…㋑である。㋐＝㋑より，直線AD//直線BCである。これと，ℓ//mより，四角形ADCBは，平行四辺形である。求める平行四辺形ADCBの面積を，AとCを結んでできる△ACDの面積の2倍と考える。ここで，直線AB//直線CDであるから，△ACD＝△OCDとなることを利用して(右図)，四角形ADCB＝2×△OCD＝$2\times\frac{1}{2}\times4\times8=32$となる。

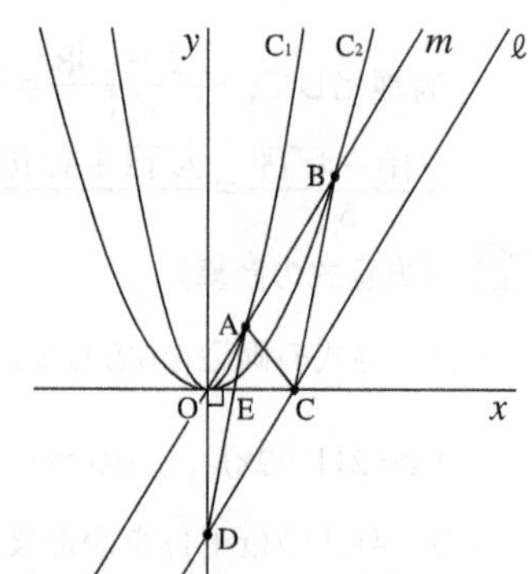

重要 (3)　Aからx軸に垂線AHを引く。△AHE∽△DOEであり，相似比はAとDのy座標から，4：8＝1：2となる。よって，AE：ED＝1：2となる。これと，四角形ADCBが平行四辺形より，AE：ED：BC＝1：2：3となる。以上から，△AEB：△BEC：△CED＝AE：BC：ED＝1：3：2となる。

6　(平面図形の計量─円の性質)

(1)　右図のように，A，Bから辺BC，ACにそれぞれ垂線AD，BEを引く。また，O_1とCを結ぶ。$\triangle O_1CD \equiv \triangle O_1CE$となるから，$\angle O_1CD = \angle O_1CE(=30^\circ)$が成り立つ。角の二等分線の定理より，$AO_1 : O_1D = CA : CD = 12 : 6 = 2 : 1$となる。よって，$O_1D = \frac{1}{3} \times AD = \frac{1}{3} \times 6\sqrt{3} = 2\sqrt{3}$であるから，円$O_1$の半径は$2\sqrt{3}$(cm)である。

(2)　右図のように，O_2からO_1Dに垂線O_2Fを引く。円O_1，O_2は辺AB，BCに接しているから，3点B，O_1，O_2は一直線上にあり，図形の対称性より，$\triangle O_1O_2F$は30°，60°，90°の直角三角形である。…☆　円O_2の半径をrとおくと，$O_1O_2 = 2\sqrt{3} + r$(cm)，$O_1F = 2\sqrt{3} - r$(cm)と表せる。☆より，$O_1F : O_1O_2 = 1 : 2$

$(2\sqrt{3} - r) : (2\sqrt{3} + r) = 1 : 2$　　この比例式を解いて，$r = \frac{2\sqrt{3}}{3}$(cm)

やや難 (3)　斜線部分の面積は，四角形O_1DGO_2の面積から，2つのおうぎ形O_1DP，O_2GPの面積を取り除けばよい。ここで，$O_1F = 2\sqrt{3} - r = 2\sqrt{3} - \frac{2\sqrt{3}}{3} = \frac{4\sqrt{3}}{3}$(cm)となるから，$O_2F = \sqrt{3} \times O_1F = 4$(cm)である。四角形$O_1DGO_2 = \frac{1}{2} \times (O_1D + O_2G) \times O_2F = \frac{1}{2} \times \left(\frac{2\sqrt{3}}{3} + 2\sqrt{3}\right) \times 4 = \frac{16\sqrt{3}}{3}$(cm²)…①

おうぎ形$O_1DP = \pi \times (2\sqrt{3})^2 \times \frac{60}{360} = 2\pi$(cm²)…②　　おうぎ形$O_2GP = \pi \times \left(\frac{2\sqrt{3}}{3}\right)^2 \times \frac{120}{360} = \frac{4}{9}\pi$(cm²)…③　　以上より，①－(②＋③)$= \frac{16\sqrt{3}}{3} - \left(2\pi + \frac{4}{9}\pi\right) = \frac{16\sqrt{3}}{3} - \frac{22}{9}\pi$(cm²)

7　(空間図形の計量─正四面体，内接球)

(1)　四面体ACFHは，立方体ABCD－EFGHから，4つの合同な三角すいを取り除いた立体図形である。そのうちの1つであるC－FGHの体積は，$\frac{1}{3} \times \left(\frac{1}{2} \times 4 \times 4\right) \times 4 = \frac{32}{3}$となる。

よって，求める四面体ACFHの体積は，$4^3 - 4 \times \frac{32}{3} = \frac{64}{3}$

(参考)　四面体ACFHは，1辺の長さが，$4\sqrt{2}$の正四面体である。1辺の長さがaの正四面体の体積は，$\frac{\sqrt{2}}{12}a^3$と表されるから，求める体積は，$\frac{\sqrt{2}}{12} \times (4\sqrt{2})^3 = \frac{64}{3}$

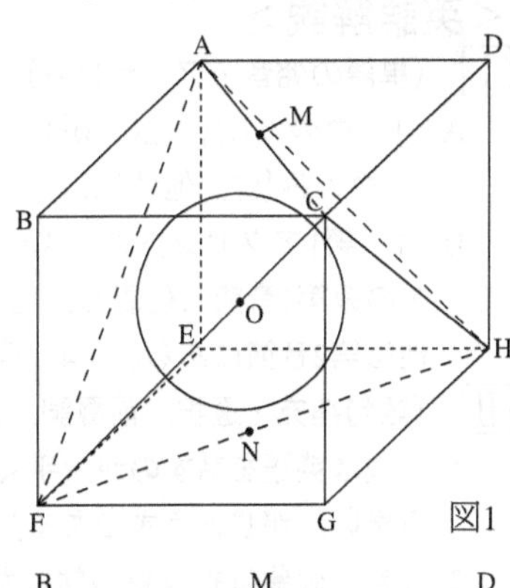

図1

やや難 (2)　図2は，平面BFHDを図示したものである。M，Nは，それぞれBD，FHの中点であり，MNの中点が内接球の中心Oである。図中のOPの長さが，求める内接球の半径である。まず，$BH = \sqrt{BF^2 + FH^2} = \sqrt{4^2 + (4\sqrt{2})^2} = 4\sqrt{3}$となる。次に，△BPF∽△OPMとなり，相似比は2：1であるから，BP：PO＝2：1となる。以上より，$OP = \frac{1}{6} \times BH = \frac{1}{6} \times 4\sqrt{3} =$

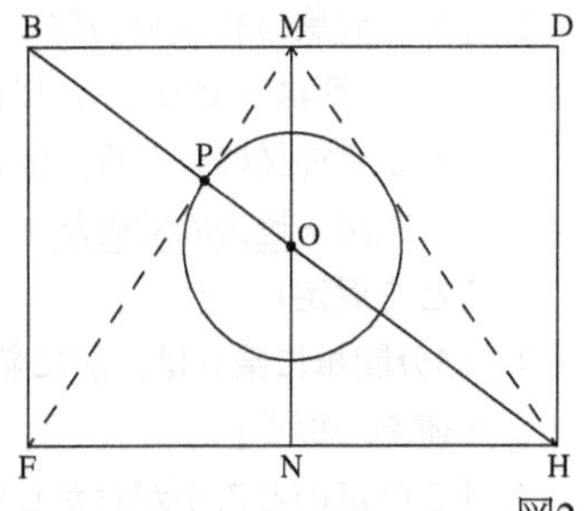

図2

$\frac{2\sqrt{3}}{3}$であるから，内接球の半径は$\frac{2\sqrt{3}}{3}$である。

★ワンポイントアドバイス★

①～③は計算を主とする小問群であるが，分数を含む式が煩雑で，解きにくい。過去問を利用して十分な対策をして本番に臨もう。

＜英語解答＞

Ⅰ　A 1 ウ　2 エ　3 ア　4 ウ　B 1 エ　2 ア　3 エ　4 イ

Ⅱ　1 エ　2 イ　3 イ　4 イ　5 エ　6 ウ　7 イ　8 ア　9 エ　10 ア

Ⅲ　1 イ，raining　2 エ，one　3 ア，Amy is　4 ア，went　5 イ，what

Ⅳ　(X，Yの順)　1 カ・オ　2 オ・イ　3 ア・エ　4 イ・ア　5 イ・カ

Ⅴ　問1 A イ　B ア　C エ　D ウ　問2 イ　問3 エ　問4 エ　問5 ア　問6 エ　問7 ア，カ

Ⅵ　問1 ウ　問2 (フォラステロ種は，)クリオロ種よりも栽培が簡単である。　問3 エ　問4 ウ　問5 A ウ　B イ　C エ　D ア　問6 (This poem) is easier to understand than (that one.)　問7 ウ，オ

○推定配点○

Ⅰ 各1点×8　Ⅱ 各1点×10　Ⅲ 各2点×5(各完答)　Ⅳ 各3点×5(各完答)　Ⅴ 各3点×11　Ⅵ 各3点×8(問5完答)　計100点

＜英語解説＞

基本　Ⅰ　(単語の発音・アクセント)

A　1　ウのみ[i]，他は[ɑi]。　2　エのみ[ou]，他は[ɔː]。　3　アのみ[ier]，他は[ɛər]。　4　ウのみ[s]，他は[z]。

B　1　第1アクセントは，エのみ第2音節に位置し，他は第1音節にある。　2　第1アクセントは，アのみ第1音節に位置し，他は第2音節にある。　3　第1アクセントは，エのみ第3音節に位置し，他は第2音節にある。　4　第1アクセントは，イのみ第1音節に位置し，他は第2音節にある。

重要　Ⅱ　(語句補充・選択，前置詞，動名詞，助動詞，仮定法，語い・単語・熟語・慣用句，仮定法)

1「彼は英語を話すのが上手くない」～ is not good at speaking ～　〈be動詞＋ good at〉「～がうまい，がじょうずである」／〈前置詞＋動名詞[原形＋ -ing]〉

2「私の両親は香辛料の効いた食べ物が以前は好きだったが，今では好きでない」〈used to ＋原形〉「以前は～であった，以前はよく～したものだった」〈be動詞＋ used to〉「～に慣れている」

3「もし今沖縄にいたら，泳ぎに行くでしょう」 If I were ～, I would go ～. ←〈If ＋主語＋過去，主語＋過去の助動詞＋原形〉「もし～なら，…だろう」(仮定法の過去；現在の事実に反することを仮定)

4「5分間車に乗れば，駅に着くでしょう」〈乗り物＋ take ＋人＋ to ＋場所〉「(乗り物が人を)～へ運ぶ，導く」

5「この車のどこかがおかしいと思う」 something is wrong with「～はどこかおかしい」

6 「彼女はスーパーマーケットで多くの食品を買った」 food は種類を指すときは数えられる名詞扱いをする時があるが，当設問では s が付いていないので，数えられない名詞として使われている。正解は，数えられる名詞，数えられない名詞の両方に使える a lot of「多数[多量]の」＝ many／much。他の選択肢は全て数えられない名詞には使えない。a few「少数の」 very few「とても数が少ない」 many「多数の」

7 A「あなたは明日そこへ行かないですよね」／B：「はい，行きません(No, I'm not.)」〈be動詞＋ going ＋不定詞[to ＋原形]〉「～しようとしている，するつもりである」で尋ねられているので，同じ形で答える(Yes, I do. 不可)。英語では，〈Yes, ＋否定〉(Yes, I'm not.)／〈No, 肯定〉(No, I'm going to.)という形は不可。You're not going to visit ～ are you? → 付加疑問文〈肯定文，否定疑問文の短縮形〉[〈否定文，肯定疑問文〉]確認・同意を求める表現「～ですよね[～ではないですよね]」

8 A「どのくらい頻繁に歯を磨きますか」／B「1日に3回です」 How often ～?「どのくらい(の頻度で)／何回？」 Three times a day. ←「1～につき」の意の a[an] How many ～? 数を尋ねる表現 How long? 長さを尋ねる表現 How much ～? 量を尋ねる表現

9 A「公園へは何時に行きましょうか」／B「9時はいかがですか」 提案を表す How about nine o'clock? ～? が正解。How about ～?「～はいかがですか，しませんか」 I[will] shall ～「～するつもりである，するでしょう」(英国) It's ten o'clock.「10時だ」 You'll go there tomorrow.「明日あなたはそこへ行くだろう」 It will take thirty minutes.「30分かかるだろう」

10 A「私にあなたの荷物を運んで欲しいですか」／B「いいえ，結構です(No, thank you.)」 一般動詞の疑問文に対して，Yes, I am. は不可。 (It's) my pleasure.「どういたしまして」 That's too bad.「それはいけませんね，それはお気の毒です」

重要 Ⅲ (正誤問題：動名詞，不定詞，接続詞，助動詞，現在完了，間接疑問文)

1 「11時頃，突然雨が止んだので，バーベキューパーティーをすることができた」「雨が止んだ」は it stopped raining が正しい。〈stop ＋不定詞[to ＋原形]〉「～するために立ち止まる」〈stop ＋動名詞[原形＋ -ing]〉「～(すること)をやめる，中断する」 ～, so …「～である，それで…」〈be動詞＋ able ＋不定詞[to ＋原形]〉「～することができる」

2 「英語の辞書を失くしたので，英語の宿題ができない。辞書を買わなければ」 it だと失くした辞書そのものを指すことになるので，不可。同種類のものを指す one に改めなければならない。it ＝ the ＋単数名詞；前に述べた物そのものを指す。one ＝ a[an]＋単数名詞；同種類のものを指す。have lost ←〈have[has]＋過去分詞〉現在完了(完了・結果・経験・継続)～，〈have[has]＋不定詞[to ＋原形]〉「～しなければならない，に違いない」

3 「大きくなったら，エイミーは何になりたいのだろう。とにかく，何事にも全力を尽くして欲しい」疑問文(What is Amy going to be when she grows up?)が他の文に組み込まれる[間接疑問文]と〈疑問詞＋主語＋動詞〉の語順になるので，what Amy is going to be ～ が正しい。ウ grows だが，内容は未来でも，時・条件を表す副詞節では現在形を使うので，正しい。〈be動詞＋ going ＋不定詞[to ＋原形]〉「～するつもりだ，しようとしている」 grow up「成長する，大人になる，育つ」 do one's best「全力を尽くす」

4 「昨年友人の1人と京都へ行った。多くの寺を訪れて楽しかった。彼も楽しい時間を過ごせた，と思う」過去の一時点を表す語(last year)が含まれているので，現在完了(have been)は不可。過去形(went)にする。〈have[has] been to〉「～へ行ったことがある，へ行ってきたところだ」 a friend of mine ←〈a[this／these／that／those／some／any／no]＋名詞＋ of ＋所有代名詞

「～のもの」 a などと所有格を横並びに使うことはできない。was happy to visit ←〈感情をあらわす語＋不定詞[to ＋原形]〉感情が生じた原因を表す不定詞　have a good time「楽しい時を過ごす」

5 A「来週，面接をすることになっているので，自分の長所を見つける必要があります。それで，私をどう思いますか」／B「あなたは正直で，勤勉な人物だと思います」「～をどう思うか」＝What do you think of ～?　find out「見つけ出す」「長所」＝a strong[good] point　honest [ɑ́nist] なので，an honest ～ person は正しい。

やや難 **Ⅳ** **(語句整序：受動態，語い・熟語，助動詞，不定詞，比較，分詞)**

1 I was spoken to by a stranger at (the station.)　〈be動詞＋過去分詞＋ by〉受動態「…によって～される，されている」 speak to「～に話しかける」 speak to のように2語以上で1つの動詞のようなものは，受動態にする際に，まとめて扱う。

2 I couldn't decide which watch to buy (because there so many in the shop.)　couldn't ← can't「できない」の過去形　〈which ＋不定詞[to ＋原形]〉「どちらを～すべきか」→〈which ＋名詞＋不定詞〉「どの名詞を～するべきか[するか]」 which watch to buy となるので注意。

3 (My brother) asked me to help him with his homework(.)　〈ask ＋人＋不定詞[to ＋原形]〉「人に～することを頼む，依頼する」〈help ＋A＋ with ＋B[仕事など]〉「AのBを手伝う」

4 No other tower in Japan is taller than Tokyo Skytree(.)　〈No(other)＋単数名詞＋be動詞＋比較級＋ than ＋A〉「Aほど～はいない」⇔「Aが最も～だ」 taller ← tall「高い」の比較級

5 Ken saw her walking down the street (alone.)　不要語 she〈主語＋知覚動詞＋O[目的格]＋現在分詞[原形＋ -ing]〉「主語はOが～しているのを知覚する」 down「(道など)を通って，にそって」

Ⅴ **(長文読解問題・物語文：文補充，指示語，語句補充・選択，内容吟味，要旨把握，不定詞，関係代名詞，現在完了，受動態，接続詞，比較，助動詞，前置詞，動名詞，進行形)**

(大意)「私はあなたを決して殺したことはない。あなたのことを知ってさえいない」エディーは言った。

「名前はジョセフ・コルベルチクで，幼かった頃，家族と一緒にポーランドから移住してきた。私達は貧しい移民で，叔父の家の台所で寝て，父は上着にボタンを縫い付ける仕事をしていた。10歳の時に，父の工場で働くために，私は学校を辞めさせられたんだ」

なぜ真っ青な男がこのような話を自分にしているのだろうか，とエディーは思った。

「私はおどおどした子供で，悪態をついたり，愚痴を言ったり，理解できない冗談を言う男達と一緒にいるには，あまりにも幼過ぎた。上司が近づいたら，視線を逸らすように，と父から忠告されていたにもかかわらず，一度だけ，上司がいる時に，私はボタンの入った袋を落としてしまい，工場を去るように言われてしまった。家族のことを思い，申し訳なくて，腹はキリキリ痛み，私は失禁してしまった」

「A イ その後，父が私に話しかけることがなくなった。工場の皆の前で私がしでかしたことを，父は恥じていた。私は緊張のあまり，おねしょをしてしまい，それを見た父の目には，①怒り[悲しみ／失望]の表情が見て取れた。

「神経過敏を落ち着かせるための薬を求めて，薬局へ行った。当時は医術が近代的でなくて，硝酸銀が処方された。B ア それが毒であることを後に学者が突き止めたのを知っているかい？　だが，私はそれを毎晩飲んだ。でも，効果がなく，もっと多く，頻繁に服用するようになったんだ」

「まもなく周囲の人達は私をじろじろ見るようになった。肌が灰色に変色した。②このことで，私はさらにびくびくするようになり，肌が青色になるまで，より多量の硝酸銀を服用したんだ。私は別の工場で働いていたが，青い肌が他の労働者を怖がらせるという理由で，首になった」

「そして，ある晩，バーで，木の足をした男から話かけられた。サーカスの見世物たちの1人として，私に仕事があるんじゃないかと考えたわけさ」

「翌日，新しい仕事を得た。やることといったら，半身裸で，舞台に座っているだけさ。人々が通り過ぎて，マイクを握った男が『なんと異常で過酷な人生なのでしょう』としゃべっている傍らをね。私はカフェの上に住み，夜になると，他の見世物たちや従業員とトランプをした。時には，あなたのお父さんとさえもね。早朝には，長そでを着て，大きな帽子をかぶりさえすれば，人々を怖がらせず，海岸沿いを歩くことができた。C エ大したことじゃないと思えるかもしれないが，私が知った初めての本当の自由だった」彼は話を止めて，エディーを見つめた。「なぜあなたが私にここで会ったかがおわかりかい？　ここはあなたの天国ではない。私のもんだ」

◆

別視点から，ひとつの話をとらえてみよう。

1年前に誕生日にもらったボールで，エディーは友達と野球をしている。1人の少年がボールを打って，ボールはエディーの頭越しに通りまで飛んでいく。エディーはボールを追いかけ，車道に侵入する。車が急停止して，少年への③－Ⅰ追突が回避される。エディーはほっとして，ボールを拾い，友達の元へ走っていく。試合は間もなく終わり，子供達はゲームコーナーへ向かう。

だが，別の人物は全く違った見方をするだろう。男は運転教習のために友人の車を借りて，ハンドルを握っている。朝降った雨で，路面は濡れている。突然，ボールが飛んできて，少年がそれを追っている。運転手はブレーキを踏んで，ハンドルを鋭角に切る。車は滑って止まり，少年は無傷で③－Ⅱまぬがれる。

男は気持ちを落ち着けて，どうにか走り去るが，悲劇が寸前に迫っていたことを思い，動転する。強靭ではない心臓の鼓動が異常に速くなり，まともに前方を見ることができず，一瞬頭を下げた際に，別の車に衝突しそうになり，ハンドルを激しく回すが，車が横転して，駐車中のトラックに衝突する。頭はハンドルに打ち付けられ出血し，胸と左腕の激しい痛みを感じながら，車から外へ出るものの，立っていられず，車の脇の歩道にしゃがみ込む。1時間後に警察官に発見されて，病院へ搬送されるが，心臓発作で死亡する。身寄りはない。

ひとつの話を2つの別視線を通して覗いてみよう。1人の人物は，ペニー硬貨を投入しながら，ゲームコーナーにおいて，物語が④ ア楽しく完結する，と感じる。もう一方の人物は，2人の医師が以下の会話を交わす中，病院で生涯を終える。

「運び込まれた死体を見たかい？」／「いいや。何か興味深いことでも？」／「肌が青かった。本当に明るい青だった。D ウあんなの見たことがない」

「おわかりかい？」ブルーマンは言った。

エディーは急に理解した。

⑤「『なんてことだ』彼はささやいた」

やや難 問1 【 A 】前段落では，ブルーマンが仕事を首になったことが書かれており，空所Aの後ろでは，「彼の父親がそのことを恥じた」と述べられている。正解は，イである。refuse ＋不定詞[to ＋原形]「～することを断る」 He was ashamed of what I had done in front of ～ ← 関係代名詞 what = the thing(s) which「～のもの[こと]」先行詞を含む関係代名詞　had done ← 過去完了〈had ＋過去分詞〉過去の一時点のさらに前の時制を指す。 in front of「～の前に」【 B 】空所B直前に，「当時，医術は近代的でなく，硝酸銀が処方された」とあり，空所後には，「でも，当時，それが効くのを待って，毎晩飲んだが，効果がなかったので，服用の量と頻度を増やした」と述べられている。正解は，ア was given ← 〈be動詞＋過去分詞〉受動態「～される」 waiting for it work「それが効くのを待ちながら」 ～ more often = oftener ← often「たびたび，しばしば」の比較級 【 C 】空所の直前では，「早朝には，長そでを着て，大きな帽子をかぶれば，人々を怖がらせず，海岸沿いを歩くことができた」と述べられており，一方で，皮膚が青くて人々の好奇の視線にさらされてしまい，自由に生活することがままならないというブルーマンの境遇を加味して，考えること。正解は，エ may「～してもよい，かもしれない」 the first real freedom ▼ I had ever known ←〈先行詞(＋目的格の関係代名詞)＋主語＋動詞〉目的格の関係代名詞の省略／〈have ＋過去分詞〉現在完了(完了・経験・継続・結果) without scaring people ←〈前置詞 without ＋動名詞[原形＋ -ing]〉「～することなく」 【 D 】直前には His skin was blue. Really bright blue! とあり，肌の色に驚愕している様がうかがえる。正解は，ウ〈have ＋過去分詞〉現在完了(完了・経験・継続・結果)

やや難 問2 空所を含む文意は「私は緊張のあまり，おねしょをしてしまい，父はそれを見つけると，父の目に(①)を見た」。したがって，当てはまるのは，anger「怒り」・sadness「悲しみ」・disappointment「失望」で，当てはまらないのは pride「誇り」。wet the bed「おねしょをする」

重要 問3 下線部を含む文は「そのことで，私はさらに神経過敏になったので，さらに多くの硝酸銀を飲み，ついに肌は灰色から青になってしまった」の意。直前に people were staring at me. My skin was turning gray. とあり，このことを this は指すが，その要因は薬の副作用だったことから考える。made me more nervous ← make O C「OがCの状態になる」 more nervous ← nervous「不安で，神経質な，びくびくして」の比較級 ～接続詞 until「～するまで(ずっと)，(～して)ついに」 go from A to B「AからBになる」 were staring at ～／was turning gray ←〈be動詞＋現在分詞[原形＋ -ing]〉進行形／turn C「Cの状態になる」

重要 問4 文脈より，「車が急停止して，少年への③－Ⅰ追突が回避される」／「車は滑って止まり，少年は無傷で③－Ⅱまぬがれる」という意味になるように，適語を選択する。正解は，The car comes to a sudden stop and ③－Ⅰ misses the boy by a few inches.／The car slides to a stop and the boy ③－Ⅱ escapes unharmed. の組み合わせである。miss「(的など)を外す，を見[聞き]損なう，を逃す，乗り遅れる，がいないのを寂しく思う，(事故など)を免れる，避ける」 escape「逃げる，逃れる」 save／rescue「～を救う」 by a few inches ← by「～だけ」

基本 問5 車にひかれずに，友人達とゲームセンターに行った少年の一日がどのように終わったのかを考える。happily「幸せに」 easily「簡単に」 quickly「素早く」 naturally「自然に」

やや難 問6 直前に Eddie suddenly realized. とあり，事情を理解して，Oh, no.「なんてことだ」というせりふを発したのである。正解は，エ「自分がブルーマンの死の原因であることを悟ったので」。ア「ブルーマンもルビーパークで働いていたことを知って」 イ「エディーの命を救おうとして，運転手が死んだことを彼は理解したので」 ウ「心臓発作で運転手は死んだことを彼は知ったので」〈because of ＋名詞(相当語句)〉「～理由で，が原因で」

重要 問7 ア「ブルーマンの家族はとても貧しかったので，ポーランドから移住した時に，自身の住む場所がなかった」(○) I came to this country from a small village in Poland.／we were poor immigrants. We slept on the floor in my uncle's kitchen, ～ に一致。so ～ that …「とても～なので…」 their own place to live ← 不定詞[to ＋原形]の形容詞的用法〈名詞＋不定詞〉「～する(ための)／べき名詞」 イ「上司は息子が無能だと考えて，ブルーマンの父は工場での仕事を失った。」(×) 首になったのはブルーマンである。 ウ「車に危うくひかれそうになった後に，エディーはしばらくの間友人達と野球を続けてから，帰宅した」(×) エディーが事故からまぬがれた後のことは，The game soon ends and the children run to the arcade. と記されているので，不一致。after being nearly hit by a car ← 〈前置詞＋動名詞［原形＋ -ing］〉／〈being ＋過去分詞〉動名詞の受動態／hit － hit － hit（ここでは過去分詞形で使われている） for a while「しばらくの間」 エ「車の衝突事故の直後に，警官は運転手を発見して，病院へ連れて行った」（×） 警官が運転手を発見したのは，1時間後なので，不適。right after ← 副詞 right「すぐ」 オ「2人の若い医師は運転手の命を救おうとしたが，できなかった」（×） A doctor writes the report : died from a heart attack. と記されていて，最後の2人の医師の会話からも，彼らが運転手の命を救おうとしたかどうかが，定かではない。couldn't ← can't「できない」の過去形 カ「死んだとき，ブルーマンは45歳より若かった」（○） When I was a small boy, my family and I came to this country from small village in Poland. It was 1894 ～. ／When I was ten years old, he took me out of school to work in the factory with him. とあり，移民した年は1894年で，ブルーマンは10歳より年少だったことがわかる。また，事故当日のことは，It's a rainy Sunday morning in July, in the late 1920s. と記されている。younger ← young「若い」の比較級

Ⅵ **（長文読解問題・紹介文：語句解釈，内容吟味，語句補充・選択，要旨把握，不定詞，比較，接続詞，前置詞，関係代名詞，受動態）**

（大意） チョコレートを食べた時に，その美味しさに思いが至っても，チョコレートを作るのに費やされる重労働については忘れがちだ。だが，ブラジルのカカオの大規模農場や象牙海岸からチョコレート店に至るまでには，長い行程が存在している。

この道のりに関して，学ぶべき①驚きの教えが存在する。何世紀も前にマヤ族やアステカ族がカカオ豆に対して行っていたのとほぼ同様の方法で，チョコレート作りがなされているのである。

カカオの木は暖かい多雨林でのみ成長する。寒すぎたり，乾燥しすぎたり，風が強すぎたり，晴れの日が多すぎると，上手く育たない。

中央アメリカの野生の雨林では，カカオの木はより大きな木の下で成長するので，大規模農場では，バナナのような高い木の下にカカオの木が植えられ，8メートル以上にならないように，刈り込まれる。

世界の90パーセント以上のカカオ豆は②フォラステロ種に由来し，ブラジルや西アフリカで栽培されている。インドネシアや南アメリカで栽培されるクリオロ種から作られたチョコレートはとても美味しいが，育てるのが難しい。

カカオの木に最初のさやが実るのにおよそ3年要するが，他のほとんどの木とは異なり，木の中心部から花やさやが発育する。

最初，カカオのさやは薄緑だが，6か月後に開く準備が整うと，明るい赤，オレンジ，濃い紫，濃い緑に変色する。

非常に長い棒③－Ⅰでさやは降ろされ，大きなナイフ③－Ⅱを使って切り開かれる。柔らかな白い果肉には，20粒から40粒のカカオ豆がある。カカオ豆は非常に硬くて，チョコレートのような匂いや味はしない。

一番上にバナナの葉っぱを乗せられて，カカオ豆と果肉は大きな箱に入れられ，暑い太陽の下に40日から70日放置されると，カカオ豆内の化学物質が変質を遂げる。

カカオ豆はこげ茶になり，チョコレートの匂いがする。

次に，カカオ豆は大テーブルに広げられ，太陽の下，時々動かされながら，10日間から20日間乾燥させられる。大規模農場では，特別の建物内でその作業が行われる。④ウだが，最良のチョコレートは長時間太陽の下にさらされた豆から作られる。

各々がおよそ64キロになるようにカカオ豆は袋に詰められて，仲買人へ，そして，チョコレート

工場へと売られる。工場では，さまざまな国や農場から入手された異なった種類のカカオ豆が，適正な味覚のチョコレートが得られるように，混ぜ合わされる。

カカオ豆は，約20分間，100℃から150℃で加熱されて，水分を失い，外皮は固くなる。

カカオ豆は割られて，硬い外皮が取り除かれ，残された柔らかい中心部は，挽かれてペースト状になる。その工程で，カカオバターは溶けて，液体チョコレートとなる。板チョコを作るためには，より多くのカカオバター，砂糖，状況により牛乳が調合される。

チョコレートは，再び挽かれて，より薄くされてから，コンチング機械で，混ぜ合わされ，練り上げられる。最上の板チョコを作るのに，1週間もコンチングにかける場合もある。

最後の仕上げとして，チョコレートは高温に熱せられて，再び，冷やされてから，四角い容器に流し込まれ，固められる。ついに，板チョコは食べられる状態になる。

基本 問1　ハイフン(−)以降の we do many of the same things to cacao beans as the Maya and the Aztecs centuries ago. Perhaps we use machines now, but we often make chocolate in the same way as these earlier people. を指す。one surprising lesson to learn about ～ ← 不定詞の形容詞的用法〈名詞＋不定詞〉「～する(ための)／べき名詞」 接続詞 as「～なので，するにつれて，すると同時に，するように，と同じほど」(many) centuries ago　earlier ← early「早い」の比較級　〈in the same way as ＋A(＋動詞)〉「A(がするのと)と同じ方法で」

基本 問2　同第5段落最終文に The chocolate from these beans (of the Criollo) tastes very good but the trees are more difficult to grow than the Forastero. とあるので，参考にすること。前述文と異なり，解答は「フォラステロ種は，」で始めなければならないので，注意。more difficult to grow ← more difficult ; difficult「難しい」の比較級／〈形容詞[easy／difficult, etc.]＋不定詞[to ＋原形]〉「～するには簡単／難しい，等」不定詞の副詞的用法

基本 問3　共に，道具・手段「～で，を使って」を示す with が当てはまる。

重要 問4「より大規模な農場では，特別の建物内でカカオ豆は乾燥される。④ウだが(But)，最良のチョコレートは長時間太陽の下にさらされた豆から作られる」larger ← large「大きい」の比較級　best「最もよい[よく]」← good／well の最上級　beans which stay ← 主格の関係代名詞 which　for a long time「長時間」if「もし」 or「あるいは」 because「～なので」

やや難 問5　1「約20分間カカオ豆を調理する」(第13段落)→ 2 ウ「カカオ豆は割かれて，ペースト状になるまで，柔らかな中心部を挽く」(第14段落第2文～第4文)→ 3 イ「液体チョコレートに，ココアバター，砂糖などを加える(第14段落第6文)」→ 4 エ「チョコレートは何度も挽かれて，より薄くされる」(第15段落)→ 5 ア「チョコレートは非常に高温に熱せられて，その後，冷やされる」(第16段落第2文)→ 6「チョコレートは四角い箱に流し込まれる」(第16段落第5文) again and again「何度も何度も」 make it thinner／make the chocolate very hot／make it cooler ← make O C「OをCの状態にする」／thinner ← thin「薄い」の比較級／cooler ← cool「冷たい」の比較級

重要 問6　第5段落最終文(the trees are more difficult to grow than the Forastero.)を参考にすること。問2の解説参照。〈比較級＋ than ＋A〉「Aと比べてより～」「より簡単な」 easier ← easy「簡単な」の比較級 「理解しやすい」→ easy to understand

重要 問7　ア「ブラジルや西アフリカには多くのチョコレート工場があって，労働者がそこで板チョコを作っている」(×)　ブラジルや西アフリカではカカオ豆が栽培されているだけで，工場があるわけではない(第5段落第3文；People grow it[the Forastero] in Brazil and West Africa.)。
イ「カカオ豆は高く育ちすぎると美味しくなくなるので，労働者はカカオの木の先端をせん定する」(×)　せん定する理由は，カカオの木は大木の下で育つ習性があるからである(第4段落)。

bigger ← big「大きい」の比較級　so(that)「～するために(目的)／それで(結果)」　ウ「最初は，カカオのさやは美しい薄緑で，後に変色する」(○)　第7段落に一致。in the beginning「(まず)手始めに，最初に」　エ「カカオの木からさやが収穫された際には，カカオ豆はとても柔らかい」(×)　カカオの木からさやが採取された際，内部にあるカカオ豆は硬い。第8段落参照。are take down ← 〈be動詞＋過去分詞〉受動態「～される，されている」　オ「箱の中のカカオ豆は，バナナの葉っぱでふたをされて，太陽の下にさらされると，素晴らしいチョコレートの匂いがするようになる」(○)　第9・10段落に一致。are left ← 〈be動詞＋過去分詞〉受動態「～される，されている」　with banana leaves on the top ← with A B「AをBの状態にして」　no longer「もはや～でない」　カ「各工場はチョコレートの好み(の味)があって，仲買人から1種のカカオ豆だけを買い付ける」(×)　第12段落第3・5文に対して，不一致。

★ワンポイントアドバイス★

Ⅲの語句・文補充問題を取り上げる。全て四択問題となっている。基礎文法からやや発展的なもの，会話表現，慣用表現を含めた出題となっているので，しっかりと対策を講じる必要がある。

＜国語解答＞

一　(1)　オ　(2)　イ　(3)　エ　(4)　イ　(5)　かんこう　(6)　たび
(7)　うながし　(8)　辛　(9)　常　(10)　イ

二　問一　エ　問二　何十万年も　問三　(1)　ア　(2)　B　イ　C　ウ
問四　無邪気　問五　おふくろの味は，実体ではなく幻想だから。　問六　ア
問七　D　五.五　E　三(十)四　問八　イ・エ　問九　ウ・エ

三　問一　既に衣服を盗まれた後だと思わせて，盗賊に財産を奪われるのを防ぐため。
問二　②　盗人　⑤　史[阿蘇のなにがし／阿蘇のなにがしといふ史]　問三　ウ
問四　イ　問五　イ　問六　東の大～召しつ[君達寄～召しつ]　問七　ア
問八　ウ　問九　こえをあげてうしかいわらわをもよびければ　問十　エ

○推定配点○

一　各2点×10　二　問二・問四・問七　各5点×4　問五　8点　他　各2点×9
三　問一　10点　問二・問六・問九　各3点×4　他　各2点×6　計100点

＜国語解説＞

一　(漢字の読み書き，語句の意味，ことわざ・慣用句)

(1)　軌道　ア　既成　イ　機会　ウ　祈願　エ　記載　オ　軌跡
(2)　供与　ア　脅迫　イ　自供　ウ　近況　エ　驚異的　オ　反響
(3)　模索　ア　策略　イ　搾取　ウ　削減　エ　索引　オ　交錯
(4)　栄え　ア　営利　イ　共存共栄　ウ　防衛　エ　英才　オ　永世中立
(5)　敢行(かんこう)　悪条件や無理を承知の上で，あえて押し切って行うこと。
(6)　足袋(たび)　主に和装の時に足に履く袋状の履き物。
(7)　促し(うなが)し　物事を早くするように急がす。

重要 (8)　辛酸をなめる　苦しいことを経験する。

(9)　諸行無常　世のすべてのものは，移り変わり，また生まれては消滅する運命を繰り返し，永遠に変わらないものはないということ。

重要 (10)　即興　ただちに　ア　即決　その場できめること　イ　即位　地位や位置につく　ウ　即応　すぐに応じること　エ　即座　すぐ，その場　オ　即席　その場ですぐに

二　(論説文―大意・要旨，脱文・脱語補充，文脈把握，内容吟味，文学史，指示語の問題)

問一　筆者は本文の中で，ごはんは，女性が作るものという漠然としたイメージが様々な形で残り続けている。コマーシャルの中にも女性が育児に家事を行っている姿が描かれることがあり，違和感が見えてくると言っている。

問二　Ⓐの前に「それを踏まえると」とある為，その前の文章を見てみると，石器時代や土間でご飯を炊く場面，古代の古くからずっと変わらずにお母さんが作り続けてきたことになっているとあるので，歌の中からおかあさんがどのくらい前からごはんづくりを行ってきたかというところから抜き出す。

重要 問三　(1)「息子たち」と表現したのは，料理をするという役割を男性が行うことが少なく，自分が食事を作らない限りおふくろの味は，失われる。娘たちは料理をしていることが多く，おふくろの味を記憶の中ではなく再現できる。

(2)　B　息子たちは，おふくろの味を時間が経つほど美化して，理想化している。イが適当である。　C　おふくろの味は無くなってしまうものであるので，それを母と重ね合わせている。ウが適当である

問四　素直とは，ありのままで飾り気がないこと。他意とは自身の言動に隠れた本音や悪意はないという意味がある。これを元に本文を読んでいくと，無邪気とは，邪心や悪意がない素直な様子。やいつわりや作為がないことという意味がある。

問五　母が作った物と妻が作った料理のレシピが同じでも違うと感じてしまうのは，本文でもあるように「「おふくろの味」が実体ではなく，ある種のイメージもしくは幻想であるということが自覚される」とあるため。

問六　図版1より，日本の男性は，他の国よりも有償労働時間が長く，無償労働時間が短いことが読み取れる。

問七　D　日本の女性は，家事育児をする無償労働時間が長いことが図版1より読み取れるので，日本の女性が男性の何倍かを読み取る。　E　図版2より，日本の男性の家事・育児関連時間から，うち育児の時間を引いてみると日本の夫が何分くらい関わっているかわかる。

重要 問八　傍線⑥こうした現代社会の状況　とあるため，その前を読んでおくと「つまり」という簡単にまとめている接続詞があるので読んでみる。家事担当という妻の位置づけは，高度経済成長期以降から現在までほとんど変わっていない。女性の就職率と共働き世帯数は増加しているが，家事分担率はほとんど変わらず，女性が毎日料理をする状況は変わらず，夫や社会から「おふくろの味」の担い手としての役割は残っている。

重要 問九　ア　図版2より，女性の方が圧倒的に家事・育児関連時間が多いことが読み取れる。　イ　図版1より，男性の有償労働時間が他の国より圧倒的に多いことが読み取れる。家庭だけの話し合いではできない。　ウ　料理に関するアンケート調査より，毎日料理をする女性は70パーセントにもなるので，デリバリーや外食などを取り入れて負担を減らすことはできる。　エ　図版1より，日本の男性は有償労働時間がとても長いことが読み取れる。　オ　料理は女性ではなく男性が担当するものだという決めつけはよくない。

三 **(古文－大意・要旨，内容吟味，文脈把握，口語訳，仮名遣い，指示語の問題)**

〈口語訳〉 今となっては昔のことだが，阿蘇のなんとかという史がいた。背は低かったが，心はねっからの盗人のように肝のすわった人であった。家は京の西にあったので，公務があって宮中に参って，夜が更けて家に帰ったときに，東の中の御門【待賢門】から出て牛車に乗って，大宮大路を南に下って進ませて行ったところ，着ている装束をすべて脱いで，片端からすべてたたんで，牛車の畳の下にきちんと置いて，その上に畳を敷いて，史は冠をして，足袋を履いて，裸になって牛車の中に座っていた。

さて，二条大路から西の方へ進ませて行くと，美福門のあたりを通り過ぎるときに，盗人が，そばからぱらぱらと出てきた。(盗人たちは)牛車の轅に手をかけて，牛飼いの子どもをぶつので，子どもは牛を捨てて逃げてしまった。牛車の後ろに雑事に携わる従者が二，三人いたが，皆逃げて去ってしまった。盗人が寄ってきて，牛車の簾を引き開けて見たところ，裸で史が座っていたので，盗人は，「おどろきあきれる」と思って，「これはどうしたことか」と尋ねたところ，史は，「東の大宮で，このようになった。(あなたがたのような)別の盗人が寄ってきて，私の装束をすべてお取り上げになった。」と笏を取って，身分の高い人に申し上げるようにかしこまって答えたところ，盗人は笑ってそのまま去っていった。その後，史は，声をあげて牛飼いの子どもを呼んだところ，皆出てきた。それから家に帰った。

そこで妻にこのことを語ったところ，妻が言うことには，「(あなたは)その盗人よりも勝る心をお持ちなのですね。」と言って笑った。本当にたいそう恐ろしい心である。装束をすべて脱いで隠しおいて，そのように(盗人に)言おうと思った心は，まったく(普通の)人が思いつくはずのことではない。

この史は，弁舌が巧みで機転の利いた発言をする人物であったので，このように言ったのだ，と語り伝えているということだ。

問一　夜更けに帰る時間に，盗人が出ることを事前に知っており，大宮通りを下っているときに，服などを脱いで見つからないように畳の下に隠した。

問二　傍線②の前の牛飼いの童に何かしたのは誰かを読んでみると，盗人である。
傍線⑤の前を読んでいくと，妻にこの出来事を話したのは，史である。

問三　あさましとは，おどろきあきれる，意外なという意味がある。盗人は，装束を着ている人が乗っていると思っていたが，車の簾を開けてみると冠をして，足袋を履いて裸であった史が乗っていた。　ア浅薄　考えや知識が浅く薄っぺらなこと。　イ悲哀　悲しく哀れな気持ち　ウ奇異　普通と様子が違っていること　エ驚喜　思いがけずうれしい事が起こって喜ぶこと。

問四　史は，なぜこのようになったのか盗人に説明している。東の大宮のとろで，このような姿になったと言っている。君達とは，その時の別の盗人のことを指している。君達とは貴公子やご子息のことを言う。ここでは，盗人を敬う形で言っている。

問五　史の姿をみて盗人は驚いてなぜこのようになったのか説明した際に，君達と言って，貴公子やご子息のときに使う言い方をした。盗人を敬う形で言っており，それが面白かったのである。

重要 問六　傍線⑥しかは(そのように)で副詞である。その前の事柄を指している。「しか言はむと思ひける心ばせ」とあるので，そのように言ったのかを見ると，「東の大宮にてかくのごとくなりつくる。君達寄り来て，己が装束をばみな召しつつ」の部分から最初と最後の3文字と指定があるので，抜き出すとよい。

問七　極めたるとは極限に達する。この上なくという意味である。物言ひとは，口達者な者という意味なので，アが適当である。

重要 問八　「いと恐ろしき心なり」「人の思ひ寄るべきことにあらず」の後に，弁舌が巧みで機転の利いた発言をする人物であったと語り手が評価している。ウが適当である。

問九　こゑは，漢字で，声である。ひらがな表記にすると「ゑ」は，現代仮名遣いでは，助動詞以外は「い・え・お」に置き換える。「ひ」は，は行の読みは「わ行」で読むので「い」と読む。語頭の「は行」はそのまま，「は・ひ・ふ・へ・ほ」となるので注意が必要である。

問十　ア　枕草子　作者：清少納言　年代：平安中期　イ　源氏物語　作者：紫式部　年代：平安中期　ウ　竹取物語　作者：未詳　年代：平安前期　エ　徒然草　作者：吉田兼好　年代：鎌倉末期で日本三大随筆の一つである。

★ワンポイントアドバイス★

論理的文章は，何についてどのような説明がなされているのかを整理しながら読み進めよう。古文は，基本的なところをしっかりとおさえておく。

2023年度

★★★★★★★★★★★★★★★★★★★★★★★

入　試　問　題

2023年度

拓殖大学第一高等学校入試問題

【数　学】（50分）　＜満点：100点＞

1　次の計算をせよ。

(1)　$7^2-34\div\left\{\left(\frac{1}{2}-\frac{1}{3}\right)-\frac{10}{9}\right\}$

(2)　$\left(-\frac{1}{3}ab^2\right)^3\div\left(-\frac{1}{6}a^2b\right)^2\times(-4ab^3)$

(3)　$\frac{5}{\sqrt{3}}+\frac{4}{\sqrt{12}}+\frac{3}{\sqrt{27}}-\frac{2}{\sqrt{48}}$

2　次の方程式を解け。

(1)　$\frac{11}{6}x-\frac{x-1}{8}=1-\frac{3-x}{24}$

(2)　$\frac{1}{27}(2x-\sqrt{3})^2-1=0$

(3)　$\begin{cases}5(x+y)-15=3y\\3(x+y)-11=7\end{cases}$

3　次の［　　］に適当な式または値を入れよ。

(1)　$(a+2)x^2-(2a+4)x-3a-6$ を因数分解すると［　　］である。

(2)　［0］，［1］，［2］，［2］の４枚のカードをすべて並べてできる４桁の整数は全部で［　　］個である。

(3)　$4<\sqrt{3n}<11$を満たす整数 n のうち，３の倍数は［　　］個である。

(4)　長方形ABCDにおいて，点Ｐは辺AB上を毎秒３㎝の速さでＡからＢまで移動し，さらに辺BC上を毎秒１㎝の速さでＢからＣまで移動する。ＰがＡを出発してＣに到達するまでの移動時間は１分で，辺ABと辺BCの長さの和が１ｍであるとすると，長方形ABCDの面積は［　　］cm^2 である。

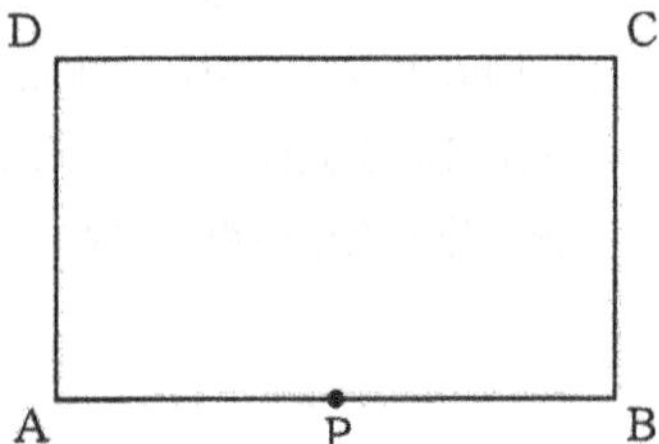

4　３つの直線 $\ell_1：y=x+1$，$\ell_2：y=-x+1$，$\ell_3：y=\frac{2}{3}x+3$ がある。ℓ_2 と ℓ_3 の交点をＡ，ℓ_1 と ℓ_2 の交点をＢ，ℓ_1 と ℓ_3 の交点をＣとするとき，次の各問に答えよ。

(1)　点Ａの座標を求めよ。

(2)　△ABCの面積を求めよ。

(3)　△ABCを辺BCを軸として１回転させてできる立体の体積を求めよ。

5　図のように，放物線 $y=x^2$ 上に３点A（2，4），B（−3，9），C（−2，4）がある。点Cを通り，線分ABに平行な直線と放物線との交点をD，２点B，Cを通る直線と x 軸との交点をEとする。このとき，次の各問に答えよ。

(1)　点Dの座標を求めよ。

(2)　線分CE上に点Pをとる。△ACPと△ACDの面積が等しくなるような点Pの座標を求めよ。

(3)　線分BE上に点Qをとる。△ABQの面積が台形ABCDの面積の半分になるような点Qの座標を求めよ。

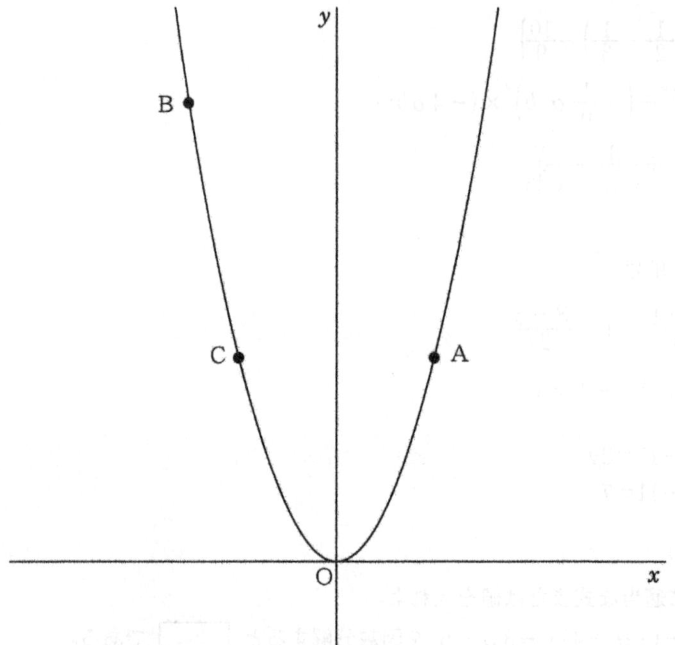

6　次の各問に答えよ。ただし，円周率は π とする。

(1)　図のように，半径が10㎝，中心角が90°のおうぎ形ABCがあり，AB，BCを直径とする２つの半円が描かれている。このとき，斜線部分の面積の和を求めよ。

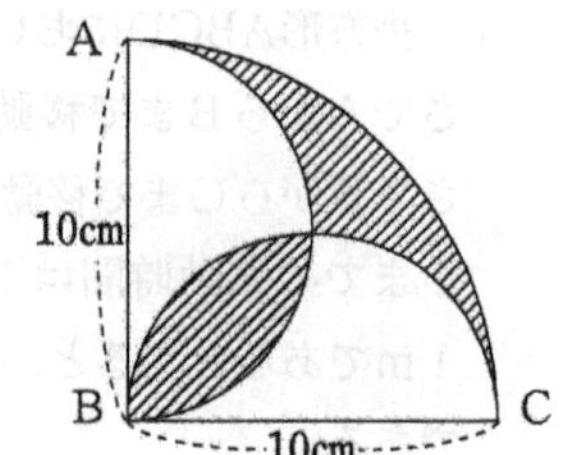

(2)　図１は，同じ大きさの円の円周を１／４ずつ重ねた「七宝つなぎ」とよばれる日本の伝統模様であり，図２はそれを一部拡大したものである。円の直径を10㎝とするとき，図２の斜線部分の面積の総和を求めよ。

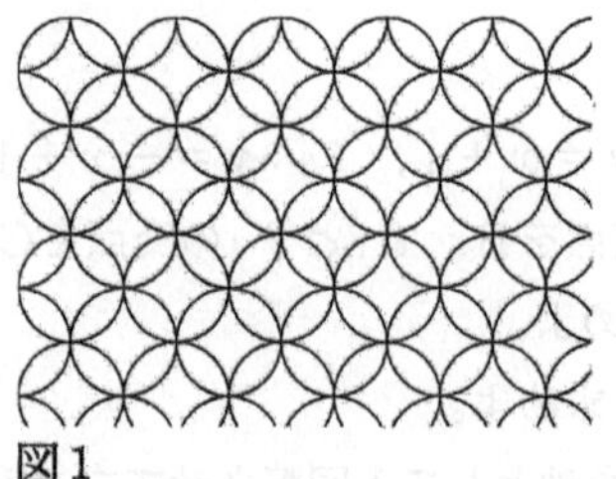
図１

図２

7 図のように，1辺の長さが6の立方体ABCD－EFGHがある。辺ADを1：2に分ける点をIとする。次の各問に答えよ。

(1) △BDEの面積を求めよ。

(2) 点Iから平面BDEに下ろした垂線IJの長さを求めよ。

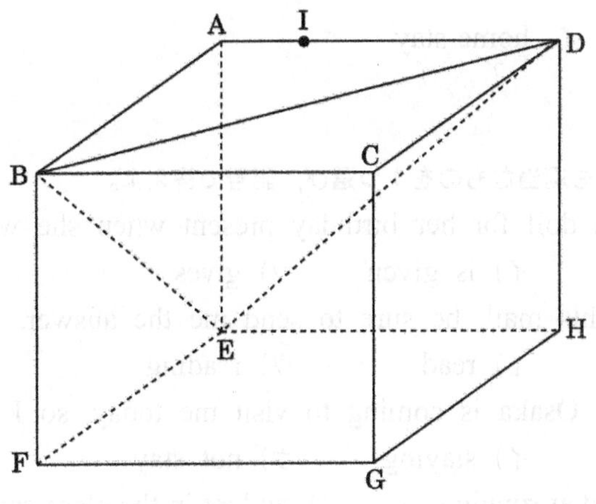

【英　語】（50分）　<満点：100点>

Ⅰ　各単語の第１アクセントの位置を記号で答えよ。

1．tem-per-a-ture
　ア　イ ウ エ

2. em-bar-rass
　ア　イ　ウ

3. en-gi-neer
　ア イ　ウ

4．com-mu-ni-ty
　ア　イ ウ エ

5. home-stay
　ア　イ

Ⅱ　次の（　）に入る最も適当なものを１つ選び，記号で答えよ。

1．Lucy（　　）a doll for her birthday present when she was six.
ア）was giving　イ）is given　ウ）gives　エ）was given

2．After（　　）this mail, be sure to send me the answer.
ア）to read　イ）read　ウ）reading　エ）have read

3．My friend from Osaka is coming to visit me today, so I have（　　）home.
ア）stay　イ）staying　ウ）not stay　エ）to stay

4．Paul is very good at running.（　　）student in the class can run as fast as he can.
ア）No more　イ）No　ウ）Not　エ）Nobody

5．The teacher of our class wasn't kind and he didn't give us（　　）advice.
ア）much　イ）many　ウ）few　エ）no

6．（　　）the cookies at the store are sold out.
ア）Almost　イ）The most　ウ）Most of　エ）Almost of

7．My mother always（　　）me, "You should do your homework before dinner every day".
ア）tells for　イ）speaks of　ウ）says to　エ）talks about

8．A：I have a lot of candies.　Do you want some?
B：I'm on a diet.（　　）
ア）Good job!　イ）Know what?
ウ）No, I need some.　エ）Thanks, anyway.

9．A：Hello.　What can I get for you?
B：Two tacos, please.
A：For here, or to go?
B：（　　）
ア）I prefer going to the restaurant right now.
イ）I think you should stay here.
ウ）I will visit my cousin in Mexico next week.
エ）I would like to have them at home.

10. A：You look tired today.　What's up?
B：（　　）　I just didn't sleep well last night.
ア）Nothing much.　イ）No way.　ウ）I'm just looking.　エ）That's all.

Ⅲ　次の各英文には，それぞれ文法・語法上の誤りが１カ所ある。その部分を記号で答え，正しい形を記せ。

1．We are going to（ア） play football in the field this afternoon（イ）, if it will stop（ウ） raining（エ）.

2．Would you（ア） please let me know how far（イ） it（ウ） takes from your new house to the nearest（エ） station?

3．Florence Nightingale took care（ア） of soldiers, and her kind words（イ） made them（ウ） happily（エ）.

4．The three main languages（ア） spoken in（イ） Switzerland is（ウ） German, French and Italian（エ）.

5．To get（ア） to the concert hall（イ）, you can take（ウ） both（エ） the bus or the train.

Ⅳ　日本語に合うように【　】内の語句を並びかえたときに，[X] と [Y] にくるものをそれぞれ記号で答えよ。なお，文頭にくる語も小文字で始めてある。

1．あなたは昼食に何か温かい食べ物を買うべきです。

You ＿＿＿＿ [X] ＿＿＿＿ [Y] ＿＿＿＿ ＿＿＿＿ ＿＿＿＿ lunch.

（ア　eat　イ　buy　ウ　to　エ　something　オ　should　カ　for　キ　hot）

2．この道を行くと動物園に着きますよ。

＿＿＿＿ [X] ＿＿＿＿ ＿＿＿＿ ＿＿＿＿ [Y] ＿＿＿＿.

（ア　take　イ　road　ウ　you　エ　will　オ　to　カ　the zoo　キ　this）

3．いつジョンがロンドンに帰ってくるか知っていますか。

＿＿＿＿ ＿＿＿＿ ＿＿＿＿ [X] ＿＿＿＿ [Y] ＿＿＿＿ to London?

（ア　come back　イ　you　ウ　when　エ　will　オ　do　カ　know　キ　John）

4．メアリーを夕食に招いたらどうですか。

[X] ＿＿＿＿ ＿＿＿＿ [Y] ＿＿＿＿ ＿＿＿＿ ＿＿＿＿?

（ア　invite　イ　you　ウ　dinner　エ　don't　オ　Mary　カ　why　キ　to）

5．私たちは，文化祭に来る中学生にもっと私たちの学校について知ってもらいたいと思っています。

We ＿＿＿＿ ＿＿＿＿ [X] ＿＿＿＿ ＿＿＿＿ [Y] ＿＿＿＿ more about our school.

（ア　our school festival　イ　junior high school students　ウ　want　エ　know　オ　who　カ　to　キ　come to）

Ⅴ　2001年に起きたアメリカ同時多発テロ（the September 11th attacks）の際に，攻撃を受けて倒壊した世界貿易センタービルで父親を亡くした主人公の少年（＝Ｉ）は，父親の遺品の中から見つけた封筒に入った鍵の謎を解くために，その鍵の持ち主と思われる William Black という男性のもとを訪れた。次の英文を読んで設問に答えよ。

I was finally able to ask the most important question of my life. "What does the key open?"

"It opens a safe-deposit box（銀行などの貸金庫）."

"Was it my dad's?" I asked.

"Your dad's?" He sounded surprised.

"Yes. I found the key in my dad's closet. I couldn't ask him what it meant, because he's dead, so I had to find out myself."

"Did you find it in a blue glass vase?"

"Yes!"

William Black started to explain. "A couple of years ago my father became very ill. The doctor told him he would only live for two more months. Because he knew he was going to die, he started writing lots of letters. He wrote to everyone he knew, to say goodbye and to tell them anything important he wanted to say."

"【 1 】" I asked.

"Yes. But I couldn't read it for a few weeks."

"Why not? Didn't you want to know what it said?"

"It was too painful. You see, my father and I weren't very close. I didn't want to keep any of his things, so in those first few weeks after he died, I decided to sell them all."

I thought that was bit strange, because Dad's things were all I wanted, but I didn't say anything.

"I had a street sale, and people I didn't know came and bought everything — even his sunglasses and his wedding suit. It was a terrible day, maybe the worst day of my life." He stopped speaking for a moment, then went on. "Anyway, that evening, after the sale, I opened the letter and read it. I was hoping he would say that he loved me, or that he was sorry. But there was none of that. It was just a short letter that explained things I needed to know — where he kept his important documents（書類） and what he wanted me to take care of."

"【 2 】" I asked.

"I was angry. But I'm not any more."

I told him I was sorry, and then I asked him about the key.

"At the end of the letter my father wrote, 'I have something for you. In the blue vase, on the shelf in the bedroom, is a key for a safe-deposit box at our bank. I hope you'll understand why I wanted you to have it.' "

"What was in the safe-deposit box?" I asked.

"【 3 】" he said. "I didn't read the letter until after I had sold all of his things. I had sold the vase to your father, so the key had gone."

"What?! You met my dad?"

"Yes, just once."

"Do you remember him?"

"A bit. He was a nice man. He said he was buying the vase as a gift for his wife for their wedding anniversary (結婚記念日)."

"That's on September 14th!" I said.

"I went to the bank and told them what had happened. But they said that, without the key, they couldn't help me. So I tried to find your dad, but I didn't know anything about him, not even his name. I made a few signs (張り紙) with pictures of him and put them on street lamps. But this was the week after the September 11th attacks, so there were hundreds of signs about people everywhere."

"My mom put signs up about him, too."

"What do you mean?"

"He died in the September 11th attacks."

"What! I'm so sorry. I didn't realize."

"It's OK." We both sat in silence for a moment, thinking.

"Well," I said. "【 4 】"

He said, "I'm so sorry. I know you've been looking for something, too, and this isn't what you needed to find."

"That's OK," I said, but I started to cry.

"Are you all right?" he asked, kindly.

"Can I tell you something that I've never told anyone else?"

"Of course."

"On ① that day, they let us out of school early. I didn't really know what had happened, but I knew it was something bad. My mom and dad were both working, so I walked home. When I got home I saw a little red light on the phone, so I listened to the messages. There were five, and they were all from him."

"Who?"

"My dad," I said.

William looked shocked and put his hand over his mouth.

"He just kept saying that he was OK, and that everything was going to be fine, and that we shouldn't worry."

A tear went down William's cheek and on to his finger.

"But ② this is the thing I've never told anyone," I said.

"After I listened to the messages, the phone rang. It was 10.22 a.m. I looked at the phone, and I saw that the number was Dad's cell phone."

"Oh, no..."

"Please could you sit beside me so I can finish what I need to say?"

"Of course," he said, and he moved his chair from behind the desk so he could sit next to me.

"I couldn't pick up the phone. I just couldn't do it. It rang and rang, and I couldn't move. And then the answer machine came on, and I heard Dad's voice: 'Are you there? Are you there? Are you there?'

"He needed me, but I couldn't answer. 'Are you there?' he asked, not 'Is anyone there?', so I think he knew I was in the apartment. He asked eleven times. There are fifteen seconds between the third and the fourth time, like he was giving me time to be (A) and answer. You can hear people screaming and crying, and glass breaking. That's why I think maybe people were jumping. The phone cut off after the fifteenth time. That (B) message is one minute and twenty-seven seconds long. So it ended at 10.24 a.m., which is when the building fell down."

"I'm so sorry," William said, and then he gave me a really big hug.

I asked him, "Do you forgive me?"

"For not being able to answer the phone?" he asked.

"For not being able to tell anyone about it," I said.

"Yes," he said. "I do."

問1 【1】～【4】に入るのに最も適当なものを1つ選び，記号で答えよ。

ア）But that's the problem,

イ）Did he write one to you?

ウ）At least you've now found what you've been looking for.

エ）Did that make you sad?

問2 下線部①はいつのことか。最も適当なものを1つ選び，記号で答えよ。

ア）William Blackが青いガラスの花瓶を売った日

イ）主人公の両親の結婚記念日

ウ）主人公の父親が亡くなった日

エ）主人公が父親のクローゼットで鍵を見つけた日

問3 下線部②の内容として最も適当なものを1つ選び，記号で答えよ。

ア）父の遺品の中にあった鍵の謎を解こうとしていたこと

イ）留守番電話のメッセージの中で父が家族が全員無事かどうか心配していたこと

ウ）父からの留守番電話のメッセージの話を聞いて，Williamの頬に涙がこぼれたこと

エ）父からかかってきていると気付いていたのに，その電話に出なかったこと

問4 （A）に入るのに最も適当なものを1つ選び，記号で答えよ。

ア）happy　イ）clever　ウ）lonely　エ）brave

問5 （B）に入るのに最も適当なものを1つ選び，記号で答えよ。

ア）next　イ）fifth　ウ）sixth　エ）first

問6 本文の内容と一致するものを2つ選び，記号で答えよ。

ア）William couldn't find the man who bought the vase although hundreds of people helped him.

イ）William's father wrote of his love for his son in the letter.

ウ）The bank didn't allow William to open his father's safe-deposit box because he didn't have the key.

エ）I was very happy because I was finally able to solve the mystery of the key.

オ）I think Dad knew that I was at home when he made the last call.

カ）I told William my secret because he knew my father well.

Ⅳ 次の英文を読んで設問に答えよ。

The Internet is changing the way that people live. ① Things are possible now that people could not even think of twenty or thirty years ago. It is often difficult to control what happens on the Internet, because people can use it from anywhere in the world. In January 1999, an American University student called Shawn Fanning invented a piece of software that could copy music. In May of the same year, he started a company called ② Napster. Internet users could visit Napster and use its software to copy their favorite music. Suddenly, they did not need to buy CDs. Of course, the music companies were not very happy about this. A lot of musicians were also unhappy, because people could get their music for ③ free. In the end, Napster agreed(賛成した) to pay money to the music companies and musicians. But it is still easy for Internet users to get free music — and films too — by using file-sharing software. With this software, users can share information on their computer (songs, pictures, films, etc) with any other computer in the world that has the same software. Music companies are trying to stop this, of course. In 2005, ninety people in the UK had to pay about 2,500 pounds(ポンド) each because they had put thousands of songs on their computers for other people to copy. In the USA, more than 18,000 people have had to pay for file-sharing. But millions of Internet users go on file-sharing every day, and it will become more and more difficult to stop it.

At its best, the Internet is a great way for people all over the world to share their information and ideas. Before the Internet, information about the world came from places like newspapers, TV programs(番組), and books. The companies that made the newspapers, books, and programs controlled the information that people could get. (4), those companies are still very powerful, but the Internet is getting more and more powerful, and nobody controls it. People can find information for themselves from places all over the world.

In the past, ⑤ you could not write and sell a book until you found a company that liked your ideas and agreed to help you. This is because it cost a lot of money to make the books. But today, Internet bookshops like Amazon sell thousands of different books that are 'printed on demand' — they make the books one by one, when somebody visits the website and wants to buy one.

The same is true for music. If you are a band and want to make and sell music, you do not need a music company. You can put the music on your own website and people can pay to copy it. This saves money and time — you do not need to make CDs or ask shops to sell them. And your customers can be anywhere in the world.

Millions of people around the world use the Internet to give information about themselves, and to read about other people and make friends. They do this on websites like MySpace. MySpace is one of the most popular websites in the world; on 9 August 2006, it had exactly 100 million users, and it gets about 500,000 new users every week. Each user has their own pages on the website, where they can put photos, music, videos, and information. They also have a 'blog' (or 'web log'), which is like a diary where they say what they have done and how they are feeling. British singer Lily Allen put her songs onto her MySpace page in November 2005. Thousands of people listened to them and talked about them. In July 2006 her song *Smile* was number one in Britain, but many people had heard it weeks or months before.

Most information on the Internet is free — and you can find information about almost everything. For many people the first place to look is the Wikipedia website. This began in 2001, and by 2007 it had information on more than 6 million subjects(テーマ) in more than 200 different languages. Anyone can use it, and anyone can add more information to the website.

The Internet is still young and it is still growing fast. It has already changed our world in a lot of different ways, and the changes will continue. At the moment, it is not easy for people in the poorest countries of the world to use the Internet, but this is changing too. Although the Internet can make problems in some ways, it can also bring people around the world closer together, and make them more powerful.

問1 下線部①の内容に最も近いものを1つ選び，記号で答えよ。

ア）人々が20～30年考えた後でさえもできないことがある。

イ）人々が20～30年前には想像することさえできなかったことが，今ではできるようになっている。

ウ）人々は20～30年前に思いついたことを実行することさえできなかった。

エ）20～30年考えなくても，人々ができるようになったことさえある。

問2 下線部② Napster に関する記述として正しいものを1つ選び，記号で答えよ。

ア）Because of Napster's software, CDs are selling better than before.

イ）Napster is the name of the software and only music can be shared.

ウ）Napster began paying musicians and music companies, and music companies supported its activities.

エ）When you use Napster's software to share music with others, the other person must have the software on their computer too.

問３　下線部③の free と同じ意味で使われているものを含む文を１つ選び，記号で答えよ。

ア）The United States is a free country.

イ）Are you free this morning?

ウ）Yesterday, I got a free coffee at that coffee shop.

エ）That cake is sugar-free.

問４　（４）に入るのに最も適当なものを１つ選び，記号で答えよ。

ア）Of course　イ）However　ウ）Since　エ）Although

問５　下線部⑤の理由を20字程度の日本語で答えよ。

問６　以下の文は，本文の表現を参考に，次の日本文を英語に直したものである。（　）に適語を入れ，文を完成させよ。

「彼にとって６時に起きることは難しい。」

(　　)(　　)(　　)(　　)(　　)(　　)(　　) get (　　) at six.

問７　本文の内容に一致するものを２つ選び，記号で答えよ。

ア）Shawn Fanning started the company a few years after he created the software.

イ）The Internet has become so powerful that no one wants to get information from newspapers anymore.

ウ）Thanks to the Internet, musicians have more chances to sell their music all over the world.

エ）Lily Allen put her songs on MySpace and one of them became number one in the U.S.

オ）Wikipedia is a useful website, but nobody can change the information on Wikipedia.

カ）The Internet has its bad sides, but it also has its good sides, such as connecting people across countries.

ア　女と男が会うこと
イ　女の親と男が会うこと
ウ　女の親族と女が会うこと
エ　女の親族と女の親が会うこと

問七　本文の内容を説明したものとして最も適当なものを次の中から選び、記号で答えよ。

ア　夜中に寝ていた女の親は、女の親族、男、女の話し声で目を覚まし眠れなくなってしまい、そのことに気が付いた男は急いで簀子の内側に隠れた。
イ　隠れていた場所から出てきた男は女に、母親に行く手を阻まれ落ち着いて会うことはできないが生きていたら必ず会おう、という約束をした。
ウ　琴を弾いていた女の親族が早く返歌をするように促したところ、その会話を母親に聞かれてしまい、女の親族は自分が手引きをしたとばれてしまうと思って何も履かないまま焦って逃げた。
エ　琴を弾いていた女の親族と男の会話を聞いた女の親が、男と女を捕まえるために鬼と一緒にやってきたので、男は女を守れるのは自分しかいないと思い、急いで女と逃げた。

問八　『平中物語』は平安時代に成立した歌物語である。同じ時代に成立した作品を次の中から一つ選び、記号で答えよ。

ア　方丈記　　イ　枕草子　　ウ　徒然草　　エ　平家物語

といひたれば、この、琴弾きける友だちも、「はや　返したまへ」といひけるほどに、親聞きつけて、「いづこなりし盗人の鬼の、わが子を」といひて、いで走り追へば、沓をだにもえ履きあへで、逃ぐ。

（『平中物語』より）

（注1）　女ども…女に仕える女房（世話役）たち。
（注2）　雲居にてだにもえ…たとえ雲の上に行ってでさえもできない。
（注3）　などかおのれにはのたまはざりつる…なぜ私におしゃらなかったのか
（注4）　この友だちの女…「来たる親族」のこと。
（注5）　さがな…意地が悪い。
（注6）　あな、さがな…ああ、いまいましい。
（注7）　あややある…理由があるのかしら。
（注8）　あやしくも、いませぬるかな…まあ、おかしなところにいらしたものですね。
（注9）　たまさかに～するかな…たまに調律して弾いてくださる琴の音が、うまく調子が合っていても、調子外れの音もまじるのですね。
（注10）　返し…返歌。
（注11）　からむ…捕える。

問一　傍線部A「のたまはざりつる」、B「のぞき」、C「いひたれ」の主語の組み合わせとして最も適当なものを次の中から選び、記号で答えよ。

ア　A　女　　B　女　　C　男
イ　A　男　　B　母　　C　男
ウ　A　女　　B　女　　C　女
エ　A　男　　B　母　　C　女

問二　傍線部①「かかる人の、制したまへば、雲居にてだにもえ」の説明として最も適当なものを次の中から選び、記号で答えよ。

ア　男が何度断ってもしつこくやってくるので、雲がかかる空のような遠い場所に逃げること以外何もできない、ということ。
イ　女の親が会う回数に限りを設けるので、女がますます雲の上の存在のようになり手に入れることができない、ということ。
ウ　男が女の親に阻まれて女に会えないので、会えない時間が長くなり二人の心の距離を縮めることができない、ということ。
エ　女の親が二人の仲を邪魔してくるので、女の親の手の届かないところに行っても恋を実らせることができない、ということ。

問三　傍線部②「いひ聞かせよとてなむ、迎へる」についての、次の説明文の空欄 X 、 Y をそれぞれ本文中の二文字以内の語で埋めよ。

X に言い聞かせるために、 Y を迎えた。

問四　傍線部③「たばかりける」とは、女の親族が男のために計画を立てたという意味であるが、その具体的な内容を次の空欄に合うように四十字以内で答えよ。

（　四十字以内　）計画。

問五　傍線部④「女いひ語らふに」を全て現代仮名遣いの平仮名に直せ。

問六　傍線部⑤「あひてもあはぬ声」とあるが、「声（＝琴の音）」の他に、どのようなことについていっているのか。その説明として最も適当なものを次の中から選び、記号で答えよ。

五人の生徒の発言である。本文の内容から的確な意見と思われるものを一つ選び、記号で答えよ。

ア　生徒A―筆者は自分のことばかり考え、困っている人にお金をあげようとしない日本人の姿を通して不平等な社会の在り方を批判しているんじゃないかな。この「人間の大切な能力」とは平等な社会を築く能力のことだと思うよ。

イ　生徒B―僕は街で困っている人を見て助けてあげたいと思っても恥ずかしくて行動に移せないことがよくある。でもエチオピアの人たちは迷うことなく助けているよね。「大切な能力」は正しいと思ったことをきちんと実行に移す勇気とか行動力のことじゃないかな。

ウ　生徒C―エチオピアの人でも不意に物乞いの人からからお金を求められると不機嫌そうに振り返って睨んだりするけど、仕方ないという顔になってお金を渡すと書いてあるよね。自分の感情に流されずに論理的に判断し行動する、これが筆者の言う「人間の大切な能力」だと思うな。

エ　生徒D―僕のおじいちゃんが「昔はみんな貧しかったけど、だからこそ一生懸命生きていた」と言っていたけど、日本人は経済的な豊かさと引き換えにたくましく生きる生命力を失っているのかもしれないよね。これが筆者の言う「人間の大切な能力」なんじゃないかな。

オ　生徒E―目の前に困っている人がいても何もしない日本人が多くなっていることを筆者は批判しているんだと思う。経済的な「きまり」にとらわれるのではなく、他人の気持ちを想像したり共感する力が筆者の言う「人間の大切な能力」なんじゃないかな。

三　ある男が高貴な女に恋心を打ち明けようか迷い、手紙のやり取りを始めた。男は直接女と話をしたいと思うようになるが、女の親が意地悪で口やかましく、手紙のやり取りもさせないように邪魔をしてくる。以下はこれに続く場面である。これを読んで後の問いに答えよ。

この男は、せめて、「対面に（注2）」といひければ、この女ども（注1）、「『①かかる人の、制したまへば、雲居にてだにもえ』など②いひ聞かせよとてなむ、迎へる」といひければ、「今まで、などか（注3）おのれにはAのたまはざりつる。人の気色とらぬ先に、月見むとて、母の方に来て、わが琴弾かむ。それにまぎれて、簾のもとに呼び寄せて、ものはいへ」とぞ、この、来たる親族③たばかりける。さて、この男来て、簾のうちにて、ものいひける。この友だちの女（注4）、「わが徳ぞ」といひければ、「うれしきこと」など、男、④女（をんな）いひ語らふに、この、母の女のさがなもの（注5）、宵まどひして寝にけるときこそありけれ、夜ふけければ、目さまして起き上りて、「あな（注6）、さがな。などて寝られざらむ。もし、あややある（注7）」といひければ、この男、簀子（すのこ）のうちに、はひ入りて隠れにければ、Bのぞきて見るに、人もなかりければ、「おいや」などいひてぞ、奥へ入りける。その間に、男、いで来たれば、「よし、これを見たまへ（注8）」「かかればなむ。命あらば」などいひけるほどに、「あやしくも、いませぬかな」といへば、男、帰りぬ。

（注9）たまさかに聞けと調ぶる琴の音の⑤あひてもあはぬ声のするかな

問五　文中からは次の一文が抜け落ちている。戻すべき正しい箇所を文中のア～オの中から選び、記号で答えよ。

> そんな家庭は、それだけで「愛がない」と非難されてしまう。

問六　文中の空欄 A ・ B に入る適当な語を次の中からそれぞれ選び、記号で答えよ。

ア　領域　イ　感情　ウ　関係　エ　区別　オ　経済　カ　家族

問七　傍線部⑤「ガムやパンをあげることはできても、お金を与えることには抵抗を感じてしまう」とあるが、このように感じる理由に該当する箇所を文中から二か所、それぞれ二十五字以内で抜き出し、始めと終わりの五字を答えよ。

問八　傍線部⑥「エチオピアの人びとは、よく物乞いにお金を渡している」とあるが、その理由として最も適当なものを次の中から選び、記号で答えよ。

ア　物乞いにお金を渡すことが最終的に自分の利得につながると考えるから。

イ　普段から商品交換と贈与とを明確に区別して生活しているから。

ウ　他者との間に生じる思いや感情を面倒なものとして避けたりしないから。

エ　老人を大切にするべきだという道徳を多くの人が共有しているから。

オ　物乞いにお金を渡すことを贈与ではなく経済的な活動ととらえているから。

問九　文中の空欄 C に入る表現として最も適当なものを次の中から選び、記号で答えよ。

ア　足を引っ張っている

イ　脚光を浴びている

ウ　幅を利かせている

エ　待ったをかけている

オ　目を光らせている

問十　本文の内容と一致するものを次の中から一つ選び、記号で答えよ。

ア　家族内での家事や育児を経済活動と区別することで日本は経済的には豊かになったが、人間関係には問題が生じた。

イ　人間同士の関係性は、もののやりとりに感情が介在しているかどうかによって形作られるという面がある。

ウ　あるものを「贈り物」とみなすか、「商品」とみなすかは、そのやりとりにお金がかかわっているかで決まる。

エ　日本人が「経済／非経済」を区別するのは、感情がお金に縛られることの危険性を知っているからである。

オ　経済活動の場に人間的な感情の交流を取り込むことで、日本人がかつて持っていた道徳心の回復が可能になる。

問十一　波線部「その商品を購入して、贈り物として人に渡すときには、その『商品らしさ』をきれいにそぎ落として、『贈り物』に仕立てあげなければならない。」について、そのようにする理由を、「商品」と「贈り物」の違いが分かるようにしつつ、「自分の渡したチョコレートは」で始まる五〇字以内の文章で説明せよ。

問十二　次に挙げるのは、傍線部⑦の「人間の大切な能力」についてのもうひとつは、お金がなんらかの代償との「交換」を想起させること。物乞いが、ぼくらのために働いてくれるわけでも、なにかを代わりにくれるわけでもない。このとき「わたし」が彼らにお金を払う理由はない、となる。

「交換」において、「わたしのお金」は「わたしの利得」の代価として使われるべきものだ。そこではきちんと収支の帳尻を合わせることが求められる。簡単にお金は渡せない。

こうして、日本人の多くは物乞いに「なにもあげない」ことを選ぶ。

最近アディスでよく滞在しているオリンピアの路上にも、何人か「常連」の物乞いがいる。このあたりは、大通り沿いにビルが建ち並び、おしゃれな店も多い地区だ。

その歩道で、ひとりの高齢の老婆がよく物乞いをしている。浅黒い顔に刻まれた深い皺(しわ)からは、かなりの歳を重ねているように見える。足腰が弱っていて、ゆっくりとしか歩けない。だから歩道の中央に突っ立ったまま、道行く人に手を突き出すようにして、お金をせがんでいる。

歩いている人は、たいてい不意に腕や胸のあたりを手で突かれる格好になる。若い男性などは、不機嫌そうに振り返って、睨(にら)みつけたりする。でもほとんどの人は、その老婆の姿を目のあたりにすると、仕方ないなという顔になる。そしてポケットから小銭を取り出し、手渡している。

老婆は、当然のように無言でお金を受けとると、また次の人に手を突き出す。いままで、この老婆が物乞いに失敗したのを見たことがない。

⑥エチオピアの人びとは、よく物乞いにお金を渡している。きっとぼくらのほうが豊かなのに、そんな金持ちの外国人が与えずに、あまりもたないエチオピア人が分け与えている。その姿に、ふと気づかされる。

いかにぼくらが「交換のモード」に縛られているのかと。

いまの日本の社会では、商品交換が［ C ］。さまざまなモノのやりとりが、しだいに交換のモード繰り入れられてきた。それは、面倒な贈与を回避し、自分だけの利益を確保することを可能にする。厄介な思いや感情に振り回されることもなくなる。

しかし、この交換は、⑦人間の大切な能力を覆い隠してしまう。

（松村圭一郎『うしろめたさの人類学』より）

問一　文中の空欄［Ⅰ］～［Ⅲ］に入る語を次の中からそれぞれ選び、記号で答えよ。

ア　たしかに　　イ　たとえば　　ウ　ただし　　エ　つまり
オ　だから

問二　傍線部①「商品交換と贈与を区別しているものはなにか？」とあるが、筆者が考える商品交換と贈与を区別している事柄として最も適当なものを次の中から選び、記号で答えよ。

ア　金額の多寡　　イ　時間の速度　　ウ　値札の表示
エ　包装の有無　　オ　演出の仕方

問三　傍線部②「一方」、傍線部③「他方」が指すものを次の中からそれぞれ一つずつ選び、記号で答えよ。

ア　金銭　　イ　思い　　ウ　商品交換　　エ　感情
オ　きまり　　カ　贈与　　キ　スマイル

問四　傍線部④「経済と非経済との区別は、こうした思いや感情をモノのやりとりに付加したり、除去したりするための装置なのだ」とあるが、この装置の持つ社会的な働きとは何か。文中から十五字以内で抜き出し、始めと終わりの五字を答えよ。

される。母親の料理に子どもがお金を払うことなど、ふつうはありえない。**ウ**

子育てとは無償の愛情であり、家族からのプレゼントも日ごろの労働への報酬ではなく、心からの愛情や感謝の印である。それは店でモノを買うような行為とはまったく違う。ぼくらはそのようにしか考えることができない。たとえそのモノが数時間前まで商品棚に並んでいたとしても。**エ**

家族のあいだのモノのやりとりが徹底的に「脱［A］化」されることで、愛情によって結ばれた関係が強調され、それが「家族」という現実をつくりだしている。

家族という間柄であれば、誰もが最初から愛にあふれているわけではない。それは脱［B］化された「経済＝交換」との対比において（なんとか）実現している。

「家族」にせよ、「恋人」にせよ、「友人」にせよ、人と人との関係の距離や質は、モノのやりとりをめぐる経済と非経済という区別をひとつの手がかりとして、みんなでつくりだしているのだ。**オ**

（中略）

エチオピアを訪れた日本人が最初に戸惑うのが、物乞いの多さだ。街の交差点で車が停まると、赤ん坊を抱えた女性や手足に障がいのある男性が駆け寄ってくる。生気のない顔で見つめられ、手を差し出されると、どうしたらよいのか、多くの日本人は困惑してしまう。

「わたしたち」と「かれら」のあいだには、埋めがたい格差がある。かといって、みんなに分け与えるわけにもいかない。では、どうすべきなのか？　これは途上国を訪れた旅行者の多くが抱く葛藤かもしれない。

私も最初に首都のアディスアベバ（以下、アディス）にいたとき、街を歩くたびにそんなジレンマに悩まされた。安宿のあるピアッサという地区では、裸足の子どもに「マニー、マニー」と言われながら、付きまとわれた。

私はいつもポケットにガムを入れておくようにした。そして、子どもにせがまれると、そのガムを渡した。欧米人のバックパッカーが、ザックからパンを取り出して配っているのを目にしたこともある。

ぼくらは、こういうときにお金を渡すのに慣れていない。⑤<u>ガムやパンをあげることはできても、お金を与えることには抵抗を感じてしまう</u>。たとえガムのほうが高価でも、わざわざガムを買って渡すことを選ぶ。

それは、これまで書いてきたように、ぼくらが「経済／非経済」というきまりに忠実だからでもある。

このきまりには、ふたつの意味がある。

ひとつは、お金のやりとりが不道徳なものに感じられること。特別の演出が施されていない「お金」は「経済」の領域にあって、人情味のある思いや感情が差し引かれてしまう。だから、人になにかを渡すとしたら、それはお金ではなく「贈り物」でなければならない。

［Ⅲ］「贈与」は、他者とのあいだに生じる思いや感情を引き受けることも意味する。それは「売買」に比べると、なにかと厄介だ。子どもならガムでもいいが、大人にはそうはいかない。贈り物には相手が望むものを選ぶ必要がある。相手を怒らせることもある。だから「贈与」は難しい。

こと」は、「脱経済化＝贈り物にすること」との対比のなかで実現する。

こうやって日々、みんなが一緒になって「経済／非経済」を区別するという「きまり」を維持しているのだ。

でも、いったいなぜそんな「きまり」が必要なのだろうか？

ぼくらはいろんなモノを人とやりとりしている。言葉や表情なども含めると、つねになにかを与え、受けとりながら生きている。そうしたモノのやりとりには、「商品交換」と「贈与」とを区別する「きまり」があると書いた。

ひとつ注意すべきなのは、そのモノのやりとりにお金が介在すれば、つねに「商品交換」になるわけではない、ということだ。

結婚式のご祝儀や葬儀の香典、お年玉などを想像すれば、わかるだろう。お金でも、特別な演出（祝儀袋／新札／袱紗／署名）を施すことで贈り物に仕立てあげられる。ふつうは結婚式の受付で、財布からお金を出して渡す人なんていない。

なぜ、わざわざそんな「きまり」を守っているのか？　じつは、この「きまり」をとおして、ぼくらは二種類のモノのやりとりの②一方には「なにか」を付け加え、③他方からは「なにか」を差し引いている。

それは、「思い」あるいは「感情」と言ってもいいかもしれない。

贈り物である結婚のお祝いは、お金をご祝儀袋に入れてはじめて、「祝福」という思いを込めることができる。と、みんな信じている。

経済的な「交換」の場では、そうした思いや感情はないものとして差し引かれる。マクドナルドの店員の「スマイル」は、けっしてあなたへの好意ではない。そう、みんなわかっている。

④経済と非経済との区別は、こうした思いや感情をモノのやりとりに付加したり、除去したりするための装置なのだ。

レジでお金を払って商品を受けとる行為には、なんの思いも込められていない。みんなでそう考えることで、それとは異なる演出がなされた結婚式でのお金のやりとりが、特定の思いや感情を表現する行為となる。

それは、光を感じるために闇が必要なように、どちらが欠けてもいけない。経済の「交換」という脱感情化された領域があってはじめて、「贈与」に込められた感情を際立たせることができる。だからバレンタインのチョコで思いを伝えるためには、「商品」とは異なる「贈り物」にすることが不可欠なのだ。

この区別は、人と人との関係を意味づける役割を果たしている。

［Ⅱ］、「家族」という領域は、まさに「非経済／贈与」の関係として維持されている。家族のあいだのモノのやりとりは、店員と客との経済的な「交換」とはまったく異なる。誰もがそう信じている。［ア］

レジでお金を払ったあと、店員から商品を受けとって、泣いて喜ぶ人などいない。でも日ごろの感謝の気持ちを込めて、夫や子どもから不意にプレゼントを渡された女性が感激の涙を流すことは、なにもおかしくない。［イ］

このとき女性の家事や育児を経済的な「労働」とみなすことも、贈られたプレゼントをその労働への「対価」とみなすことも避けられる。そうみなすと、レジでのモノのやりとりと変わらなくなってしまう。

母親が子どもに料理をつくったり、子どもが母の日に花を贈ったりする行為は、子どもへの愛情や親への感謝といった思いにあふれた営みとトを渡したとき、「え? いくらだったの?」と財布からお金をとり出されたりしたら、たいへんな屈辱になる。

贈り物をもらう側も、その場では対価を払わずに受けとることが求められる。このチョコレートを「渡す／受けとる」という行為は贈与であって、売買のような商品交換ではない。だから「経済」とは考えられない。

では、ホワイトデーにクッキーのお返しがあるとき、それは「交換」になるのだろうか。この行為も、ふつうは贈与への「返礼」として、商品交換から区別される。たとえほとんど等価のものがやりとりされていても、それは売買とは違う。そう考えられている。

①商品交換と贈与を区別しているものはなにか?

フランスの社会学者ピエール・ブルデュは、その区別をつくりだしているのは、モノのやりとりのあいだに差しはさまれた「時間」だと指摘した。

たとえば、チョコレートをもらって、すぐに相手にクッキーを返したとしたら、これは等価なものを取引する経済的な「交換」となる。ところが、そのチョコレートの代金に相当するクッキーを一カ月後に渡したとしても、それは商品交換ではない。返礼という「贈与」の一部とみなされる。このとき、やりとりされるモノの「等価性」は伏せられ、「交換」らしさが消える。

商品交換と贈与を分けているものは時間だけではない。お店でチョコレートを購入したあと、そのチョコレートに値札がついていたら、かならずその値札をはずすだろう。さらに、チョコレートの箱にリボンをつけたり、それらしい包装をしたりして、「贈り物らしさ」を演出するにちがいない。

店の棚にある値札のついたチョコレートは、それが客への「贈り物」でも、店内の「装飾品」でもなく、お金を払って購入すべき「商品」だと、誰も疑わない。でもだからこそ、その商品を購入して、贈り物として人に渡すときには、その「商品らしさ」をきれいにそぎ落として、「贈り物」に仕立てあげなければならない。

なぜ、そんなことが必要になるのか?

ひとつには、ぼくらが「商品／経済」と「贈り物／非経済」をきちんと区別すべきだという「きまり」にとても忠実だからだ。この区別をとおして、世界のリアリティの一端がかたちづくられているとさえいえる。

そして、それはチョコレートを購入することと、プレゼントとして贈ることが、なんらかの外的な表示(時間差、値札、リボン、包装)でしか区別できないことを示してもいる。

たとえば、バレンタインの日にコンビニの袋に入った板チョコをレシートとともに渡されたとしたら、それがなにを意図しているのか、戸惑ってしまうだろう。でも同じチョコレートがきれいに包装されてリボンがつけられ、メッセージカードなんかが添えられていたら、たとえ中身が同じ商品でも、まったく意味が変わってしまう。ほんの表面的な「印」の違いが、歴然とした差異を生む。

ぼくらは同じチョコレートが人と人とのあいだでやりとりされることが、どこかで区別しがたい行為だと感じている。 Ⅰ 、わざわざ「商品らしさ」や「贈り物らしさ」を演出しているのだ。

ぼくらは人とのモノのやりとりを、そのつど経済的な行為にしたり、経済とは関係のない行為にしたりしている。「経済化＝商品らしくする

【国　語】〈五〇分〉〈満点：一〇〇点〉

【注意】本文からの抜き出し問題および記述問題については、句読点やかっこもそれぞれ一字に数えます。

一　次の各問いに答えよ。

問一　次の傍線部と同じ漢字を用いているものを後の選択肢から選び、記号で答えよ。

（1）ケイジ版をみる。
ア　逆転のケイキとなる。
イ　神のケイジを受ける。
ウ　国旗をケイヨウする。
エ　学生証をケイタイする。
オ　ケイシャが大きい坂道。

（2）その計画はムボウだ。
ア　インボウが露見する。
イ　ボウダイな資料を調べる。
ウ　無線通信をボウジュする。
エ　決死の大ボウケンをする。
オ　タイボウの初孫だ。

（3）商品を倉庫からハンシュツする。
ア　安い価格でハン売する。
イ　ショハンの事情を考慮する。
ウ　順風を受けて進むハンセン。
エ　ハンソウ業務に携わる。
オ　仕事でハンボウを極める。

（4）勢いにアットウされる。
ア　群衆がサットウする。
イ　炎天下でソットウした。
ウ　トウトツな質問だ。
エ　犯人はトウソウした。
オ　無色トウメイな液体。

（5）資産をジョウトする。
ア　トホウにくれる。
イ　心情をトロする。
ウ　ペンキをトフする。
エ　外国にトコウする。
オ　ロウトで小ビンに入れ替える。

問二　次の傍線部の読みをひらがなで答えよ。

（1）権威に追随する。
（2）不意に殴打される。
（3）今月の出納はバランスが悪い。
（4）寺の境内で子どもが遊ぶ。
（5）空中に漂う。

二　次の文章を読んで、後の問いに答えよ。

店で商品を購入するとき、金銭との交換が行われる。でも、バレンタインデーにチョコレートを贈るときには、その対価が支払われることはない。好きな人に思い切って、「これ受けとってください」とチョコレー

2023年度

解　答　と　解　説

《2023年度の配点は解答欄に掲載してあります。》

＜数学解答＞

1 (1) 85　(2) $\frac{16}{3}b^7$　(3) $\frac{5\sqrt{3}}{2}$

2 (1) $x=\frac{9}{20}$　(2) $x=2\sqrt{3}, -\sqrt{3}$　(3) $x=1, y=5$

3 (1) $(a+2)(x+1)(x-3)$　(2) 9　(3) 12　(4) 2400

4 (1) $A\left(-\frac{6}{5}, \frac{11}{5}\right)$　(2) $\frac{36}{5}$　(3) $\frac{144\sqrt{2}}{25}\pi$

5 (1) D(1, 1)　(2) $P\left(-\frac{7}{5}, 1\right)$　(3) $Q\left(-\frac{11}{5}, 5\right)$

6 (1) $(25\pi-50)\mathrm{cm}^2$　(2) $(400-100\pi)\mathrm{cm}^2$

7 (1) $18\sqrt{3}$　(2) $\frac{4\sqrt{3}}{3}$

○推定配点○

各5点×20　計100点

＜数学解説＞

1 （数・式の計算，平方根）

(1) $7^2-34\div\left\{\left(\frac{1}{2}-\frac{1}{3}\right)-\frac{10}{9}\right\}=49-34\div\left\{\left(\frac{3}{6}-\frac{2}{6}\right)-\frac{10}{9}\right\}=49-34\div\left(\frac{1}{6}-\frac{10}{9}\right)=49-34\div\left(\frac{3}{18}-\frac{20}{18}\right)=49-34\div\left(-\frac{17}{18}\right)=49-34\times\left(-\frac{18}{17}\right)=49+36=85$

(2) $\left(-\frac{1}{3}ab^2\right)^3\div\left(-\frac{1}{6}a^2b\right)^2\times(-4ab^3)=\left(-\frac{a^3b^6}{27}\right)\div\frac{a^4b^2}{36}\times(-4ab^3)=\frac{a^3b^6\times36\times4ab^3}{27\times a^4b^2}=\frac{36\times4\times a^4b^9}{27\times a^4b^2}=\frac{16}{3}b^7$

(3) $\frac{5}{\sqrt{3}}+\frac{4}{\sqrt{12}}+\frac{3}{\sqrt{27}}-\frac{2}{\sqrt{48}}=\frac{5}{\sqrt{3}}+\frac{4}{2\sqrt{3}}+\frac{3}{3\sqrt{3}}-\frac{2}{4\sqrt{3}}=\frac{5}{\sqrt{3}}+\frac{2}{\sqrt{3}}+\frac{1}{\sqrt{3}}-\frac{1}{2\sqrt{3}}=\frac{10+4+2-1}{2\sqrt{3}}=\frac{15}{2\sqrt{3}}=\frac{15\times\sqrt{3}}{2\sqrt{3}\times\sqrt{3}}=\frac{5\sqrt{3}}{2}$

2 （1次方程式，2次方程式，連立方程式）

(1) $\frac{11}{6}x-\frac{x-1}{8}=1-\frac{3-x}{24}$　両辺を24倍する　$44x-3(x-1)=24-(3-x)$　$44x-3x+3=24-3+x$　$40x=18$　$x=\frac{9}{20}$

(2) $\frac{1}{27}(2x-\sqrt{3})^2-1=0$　$(2x-\sqrt{3})^2=27$　$2x-\sqrt{3}=\pm3\sqrt{3}$　$2x=\sqrt{3}\pm3\sqrt{3}$　$x=2\sqrt{3}, -\sqrt{3}$

基本 (3) $5(x+y)-15=3y$…①　$3(x+y)-11=7$…②　②は$3(x+y)=18$　$x+y=6$…②′　これを①に代入すると$5\times6-15=3y$　$3y=15$　$y=5$　②′に代入すると$x+5=6$　$x=1$

[3] （因数分解，場合の数，平方根，方程式の応用）

(1)　$(a+2)x^2-(2a+4)x-3a-6=(a+2)x^2-2(a+2)x-3(a+2)=(a+2)(x^2-2x-3)=(a+2)(x+1)(x-3)$

(2)　千の位が1のものは1022，1202，1220の3つ　千の位が2のものは2012，2021，2102，2120，2201，2210の6つ　あわせて$3+6=9$(個)

(3)　$4<\sqrt{3n}<11$　いずれも正の数なので，2乗しても大小関係は変わらない。$16<3n<121$　$\frac{16}{3}<n<\frac{121}{3}$　この不等式を満たす3の倍数は3×2～3×13の$13-1=12$(個)

重要 (4)　長方形の横を$x$cmとおくとたては$(100-x)$cm　PがAからCまで移動する時間は1分＝60秒なので，$\frac{x}{3}+\frac{100-x}{1}=60$　両辺を3倍すると$x+300-3x=180$　$2x=120$　$x=60$　横＝60cm，たて＝$100-60=40$(cm)　面積は$60\times40=2400$(cm^2)

[4] （図形と関数・グラフの融合問題，面積，回転体の体積）

基本 (1)　Aは$y=-x+1$と$y=\frac{2}{3}x+3$の交点なので，$\frac{2}{3}x+3=-x+1$　$2x+9=-3x+3$　$5x=-6$　$x=-\frac{6}{5}$　$y=\frac{6}{5}+1=\frac{11}{5}$　$A\left(-\frac{6}{5},\ \frac{11}{5}\right)$

(2)　Bは$y=x+1$と$y=-x+1$の交点なのでB(0, 1)　Cは$y=x+1$と$y=\frac{2}{3}x+3$の交点なので，$x+1=\frac{2}{3}x+3$　$3x+3=2x+9$　$x=6$，$y=6+1=7$　C(6, 7)　ℓ_3とy軸の交点をDとするとD(0, 3)　$\triangle ABC=\triangle ABD+\triangle CBD=\frac{1}{2}\times(3-1)\times\frac{6}{5}+\frac{1}{2}\times(3-1)\times6=\frac{6}{5}+6=\frac{36}{5}$

重要 (3)　ℓ_1とℓ_2は傾きの積が-1になることから垂直であり，△ABCは∠B＝90°の直角三角形。辺BCを軸として1回転させると，底面の半径がAB，高さがBCの円錐となる。$AB^2=\left\{0-\left(-\frac{6}{5}\right)\right\}^2+\left(1-\frac{11}{5}\right)^2=\frac{36}{25}+\frac{36}{25}=\frac{72}{25}$　$BC^2=(6-0)^2+(7-1)^2=72$　$BC=6\sqrt{2}$　回転体の体積＝$AB^2\pi\times BC\times\frac{1}{3}=\frac{72}{25}\times\pi\times6\sqrt{2}\times\frac{1}{3}=\frac{72\times6\sqrt{2}\times\pi}{25\times3}=\frac{144\sqrt{2}}{25}\pi$

[5] （図形と関数・グラフの融合問題，面積）

(1)　直線ABを$y=mx+n$とおくと，A(2, 4)を通ることから$2m+n=4$…①，B(−3, 9)を通ることから$-3m+n=9$…②　①−②は$5m=-5$　$m=-1$　①に代入すると$-2+n=4$　$n=6$　直線ABは$y=-x+6$である。直線CDはこれと平行なので傾きが−1，$y=-x+p$とおく　さらにC(−2, 4)を通ることから$2+p=4$　$p=2$　直線CDは$y=-x+2$　Dは$y=x^2$と$y=-x+2$の交点なので$x^2=-x+2$　$x^2+x-2=0$　$(x+2)(x-1)=0$　$x=-2$は点Cのx座標なので，点Dのx座標は$x=1$　$y=1^2=1$　D(1, 1)

(2)　直線BCを$y=mx+n$とおくと，B(−3, 9)を通ることから$-3m+n=9$…③　C(−2, 4)を通ることから$-2m+n=4$…④　④−③は$m=-5$　④に代入すると$10+n=4$　$n=-6$　直線BCは$y=-5x-6$　△ACP＝△ACDになるためには，ACを共通な底辺とすると，高さが等しくなればよい。そのためにはAC//DPとなればよいが，AC//x軸なので，DP//x軸となる。DPは$y=1$　Pは$y=1$と$y=-5x-6$の交点なので，$1=-5x-6$　$5x=-7$　$x=-\frac{7}{5}$　$P\left(-\frac{7}{5},\ 1\right)$

やや難 (3)　台形ABCD＝△ABC＋△DAC＝$\frac{1}{2}\times4\times5+\frac{1}{2}\times4\times3=10+6=16$　$\triangle ABQ=16\times\frac{1}{2}=8$とな

ればよいが，△ABC＝10なので，△AQC＝10－8＝2となればよい。Qのy座標をqとすると，$\frac{1}{2}\times 4\times(q-4)=2$　$q=5$　Qは$y=-5x-6$上の点なので$-5x-6=5$　$5x=-11$　$x=-\frac{11}{5}$　$\mathrm{Q}\left(-\frac{11}{5},\ 5\right)$

6 （平面図形，面積）

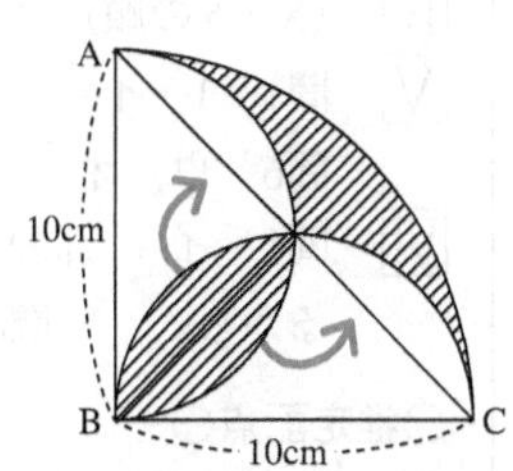

(1)　右図のように斜線部分を移動すると，移動後の斜線部分の面積は半径10，中心角90°のおうぎ形から直角二等辺三角形をひいたものになる。$10^2\pi\times\frac{1}{4}-\frac{1}{2}\times10\times10=25\pi-50(\mathrm{cm}^2)$となる。

(2)　図2の斜線部分は，右図のように16個の合同な図形にわけることができる。その1つの部分は，1辺5cmの正方形から半径5cm，中心角90°のおうぎ形をひいたものになっている。$\left(5^2-5^2\pi\times\frac{1}{4}\right)\times16=16\left(25-\frac{25}{4}\pi\right)=400-100\pi\ (\mathrm{cm}^2)$

7 （空間図形，三平方の定理）

(1)　△BDEは1辺$6\sqrt{2}$の正三角形　BDの中点をMとすると，△EBMは30°，60°，90°の角をもつ直角三角形　$\mathrm{BM}=3\sqrt{2}$，$\mathrm{EM}=3\sqrt{2}\times\sqrt{3}=3\sqrt{6}$　$\triangle\mathrm{BDE}=\frac{1}{2}\times\mathrm{BD}\times\mathrm{EM}=\frac{1}{2}\times6\sqrt{2}\times3\sqrt{6}=18\sqrt{3}$

(2)　三角錐E－BDI＝$\frac{1}{2}\times\mathrm{DI}\times\mathrm{AB}\times\mathrm{AE}\times\frac{1}{3}=\frac{1}{2}\times4\times6\times6\times\frac{1}{3}=24$　この三角錐を，底面を△BDEと見直したときの高さがIJ　体積は変わらないので，$18\sqrt{3}\times\mathrm{IJ}\times\frac{1}{3}=24$　$\mathrm{IJ}=\frac{24\times3}{18\sqrt{3}}=\frac{4}{\sqrt{3}}=\frac{4\sqrt{3}}{3}$

★ワンポイントアドバイス★

標準的な問題ではあるが，しっかりした大問7題は時間的には厳しい。過去問や，標準的なレベルの問題集を利用して，問題を解くことに慣れておく必要がある。

＜英語解答＞

Ⅰ 1 ア　2 イ　3 ウ　4 イ　5 ア

Ⅱ 1 エ　2 ウ　3 エ　4 イ　5 ア　6 ウ　7 ウ　8 エ　9 エ　10 ア

Ⅲ 1 ウ，stops　2 イ，how long　3 エ，happy　4 ウ，are　5 エ，either

Ⅳ (X・Yの順) 1 イ・キ　2 イ・オ　3 ウ・エ　4 カ・ア　5 オ・カ

Ⅴ 問1 1 イ　2 エ　3 ア　4 ウ　問2 ウ　問3 エ　問4 エ　問5 ウ　問6 ウ，オ

Ⅵ 問1 イ　問2 エ　問3 ウ　問4 ア　問5 本を作るにはたくさんのお金がかかるから。　問6 It is difficult for him to (get) up (at six.)　問7 ウ，カ

○推定配点○

Ⅰ～Ⅴ 各2点×35　Ⅵ 問5，問6 各6点×2　他 各3点×6　計100点

＜英語解説＞

基本 Ⅰ (アクセント)

1 第1音節にアクセントがある。
2 第2音節にアクセントがある。
3 第3音節にアクセントがある。
4 第2音節にアクセントがある。
5 第1音節にアクセントがある。

重要 Ⅱ (語句選択問題：受動態，動名詞，助動詞，比較)

1 〈be動詞＋過去分詞〉で受動態の文になる。
2 前置詞の後は動名詞がくる。after ~ing「～したあとで」
3 have to ～「～しなければならない」
4 〈No＋名詞－ as ～ as …〉で最上級と同じ意味になる。
5 数えられない名詞には much を用いる。否定文中では「あまり～ない」と訳す。
6 most of ～「大部分の～」
7 〈say to 人, “～“〉「人に～と言う」
8 Thanks, anyway.「とにかくありがとう」
9 For here, or to go?「こちらでお召し上がりですか，それとも持ち帰りますか」から判断できる。
10 Nothing much.「大したことはないよ」

重要 Ⅲ (正誤問題：接続詞，間接疑問文，文型，分詞)

1 if を用いた文中では，未来の内容でも現在形を用いる。
2 時間を尋ねる場合は how long を用いる。
3 〈make ＋A＋B〉「AをBにする」のBには名詞か形容詞を用いるので，happy が適切。
4 主語は the three main languages なのでbe動詞は are となる。
5 either A or B「AかBのどちらか」

Ⅳ (語句整序問題：不定詞，間接疑問文，関係代名詞)

1 (You) should buy something hot to eat for (lunch.) 〈something ＋形容詞＋ to ～〉の語順になる。

2 This road will take you to the zoo(.) 〈take ＋人＋ to ～〉「人を～に連れて行く」

3 Do you know when John will come back (to London?) 間接疑問文は〈when ＋主語＋(助)動詞〉の語順になる。

4 Why don't you invite Mary to dinner(?) Why don't you ～?「～するのはどうですか」

5 (We) want junior high school students who come to our school festival to know (more about our school.) who come to our school festival は前の名詞を修飾する主格の関係代名詞である。

やや難 V (長文読解問題・物語文：語句補充，指示語，要旨把握，内容吟味)

(大意) ぼくは最も重要な質問をすることができた。「鍵で何を開けますか？」

「貸金庫を開けます」

「お父さんのものだったの？」ぼくは尋ねた。

「お父さんの？」彼は驚いたようだった。

「はい。鍵は父のクローゼットで見つけました。彼は亡くなっていて，それが何を意味するのか尋ねることができなかったので，私は自分で見つけなければなりませんでした」

「青いガラスの花瓶で見つけたの？」

「はい！」

ウィリアム・ブラックは説明を始めた。「数年前，父は重い病気になりました。医者は彼に余命2ヶ月だと言いました。彼は死ぬことを知っていたので，手紙を書き始めました。彼は知っているすべての人に手紙を書き，言いたい重要なことを彼らに伝えました」

「1彼はあなたにそれを書きましたか？」ぼくは尋ねた。

「はい。でも私は数週間読むことができませんでした」「どうして？それに何が書かれているか知りたくなかったのですか？」

「辛すぎたんだ。父と私はあまり親密ではありませんでした。私は彼のものを保管したくなかったので，彼が亡くなってから最初の数週間で，私はすべて売ることにしました」

父のものが欲しかったので，少し奇妙だと思ったが，何も言わなかった。

「私は路上販売をしていて，知らない人たちが来てすべてを買いました。それはひどい日でした，多分私の人生で最悪の日でした」彼はしばらく話すのをやめ，それから続けた。「その夜，販売後私は手紙を開いて読みました。私は彼が私を愛しているとか，ごめんなさいと言ってくれることを期待していました。でも，どれもありませんでした。それは私が知る必要があることを説明した短い手紙でした－彼が彼の重要な文書をどこに保管しているかということと，彼が私に管理をしてほしいということです」

「2それはあなたを悲しくさせましたか？」ぼくは尋ねた。

「私は怒っていました。でも，私はもう怒っていません」

ぼくは彼に申し訳ないと言い，それから彼に鍵について尋ねた。

「父が書いた手紙の最後に，『私はあなたに何かを持っています。寝室の棚にある青い花瓶には，銀行の貸金庫の鍵があります。私があなたにそれを持ってほしかった理由を理解してくれることを願っています』

「貸金庫には何が入っていたの？」ぼくは尋ねた。

「3でも，それが問題なんだ」と彼は言った。「私は彼のすべてのものを売るまで手紙を読みませんでした。私はあなたのお父さんに花瓶を売ったので，鍵はなくなりました」

「えっ!?お父さんに会ったの？」

「はい，一度だけ」

「彼を覚えていますか？」

「少しだけ。彼はいい人でした。彼は結婚記念日の妻への贈り物として花瓶を買うと言いました」

「それは9月14日です！」と言った。

「私は銀行に行き，何が起こったのかを話しました。しかし，彼らは鍵がなければ私を助けることができないと言いました。それで私はあなたのお父さんを見つけようとしましたが，私は彼について何も知りませんでした，彼の名前さえも知りませんでした。私は彼の写真で何枚かの貼り紙を作り，街灯にそれらを貼りました。しかし，これは9月11日の攻撃の翌週だったので，いたるところに人々について何百もの貼り紙がありました」

「ぼくの母も貼り紙をしました」

「どういう意味？」

「彼は9月11日の攻撃で亡くなりました」

「えっ！たいへんすみません。気づかなかった」

「大丈夫です」二人ともしばらく黙って座って考えていた。

「まあ」とぼくは言った。「4少なくとも，あなたは今，探していたものを見つけました」

彼は「ごめんなさい。あなたも何かを探していたことは知っていますが，これはあなたが見つける必要があったものではありません」

「大丈夫です」とぼくは言ったが，泣き始めた。

「大丈夫？」彼は親切に尋ねた。

「誰にも話したことのないことを話してもいいですか？」

「もちろん」

「①その日，ぼくたちは早く学校から出されました。何が起こったのかよくわかりませんでしたが，何か悪いことだとわかりました。母も父も働いていたので，歩いて家に帰りました。家に帰ると，電話に小さな赤いライトが見えたので，メッセージを聞きました。5つあり，それらはすべて彼からのものでした」

「誰？」

「父です」とぼくは言った。

ウィリアムはショックを受けたように見え，口に手を当てた。

「彼はただ，自分は大丈夫だ，すべてがうまくいくだろう，そしてぼくたちは心配するべきではないと言い続けました」

涙がウィリアムの頬を伝い，指に伝わった。

「しかし，②これはぼくが誰にも話したことのないことです」とぼくは言った。

「メッセージを聞いた後，電話が鳴りました。午前10時22分でした。電話を見ると，その番号は父の携帯電話でした」

「あ，いや…」

「ぼくが言う必要があることを終わらせることができるように，隣に座ってくれませんか？」

「もちろん」と彼は言い，机の後ろから椅子を動かしてぼくの隣に座った。

「電話に出られませんでした。それは鳴り響き，動くことができませんでした。そして，留守番電話がオンになり，父の声が聞こえました。『お前はそこにいるのか？お前はそこにいるのか？お前はそこにいるのか？』」

「彼はぼくを必要としていましたが，ぼくは電話に出ることができませんでした。『誰かそこにいるか？』ではなく，『お前はそこにいるのか？』と彼は尋ねたので，ぼくがアパートにいることを知っていたと思います。彼は11回尋ねました。3回目と4回目の間には15秒あり，彼はぼくにA勇気を出して答える時間を与えていたようです。人々の叫び声や泣き声，ガラスが割れる音が聞こえます。多分人々は飛び降りていたと思います。その$_{B}$6番目のメッセージの長さは1分27秒です。つまり午前10時24分に終わりました。建物が倒れたときです」

「ごめんなさい」とウィリアムは言い，それから彼はぼくに大きな抱擁をした。ぼくは彼に「あなたはぼくを許しますか？」と尋ねた。

「電話に出られなかったから？」と彼は尋ねた。

「それについて誰にも話すことができなかったから」とぼくは言った。

「許すよ」と彼は言った。

問1　1　前のウィリアム・ブラックの発言で父が手紙を書いていたと言っていることから判断できる。　2　この後で「怒っていた」と言っていることから，気持ちについて尋ねているとわかる。　3　貸金庫が開けられなかったことが「問題」なのである。　4　ウィリアム・ブラックは探していた鍵を見つけることができたことから判断できる。

問2　少年が早く帰されたのは，アメリカ同時多発テロが起こったからであり，それは主人公である少年の父が亡くなった出来事である。

問3　少年が誰にも話さなかったのは，父から電話があったのに出なかったことである。

問4　彼は電話に出ることができなかったので，15秒間あけることで，少年が電話に出る「勇気」を与えようとしたのである。

問5　メッセージが5つあり，その後にかかってきた父からの電話は6番目のメッセージである。

問6　ア 「何百人もの人がウィリアムを助けたが，彼は花瓶を買った人を見つけることができなかった」ウィリアムは花瓶を買った人が少年の父だとわかったので不適切。 イ 「ウィリアムの父は手紙に彼への愛を書いた」 ウィリアムの父は重要な文書をどこに保管しているかということとウィリアムに管理をしてほしいことを手紙に書いていたので不適切。 ウ 「銀行は，ウィリアムが鍵を持っていなかったので父の貸金庫を開けることを許さなかった」 銀行は貸金庫の鍵がないと助けられないをウィリアムに言っているので不適切。 エ 「少年は，鍵の謎が解けたのでとても嬉しかった」 少年が泣いていることから喜んでいないとわかるので不適切。 オ 「少年は，父が最後の電話をしたとき少年が家にいるとわかっていたと思った」「お前はそこにいるのか？」と尋ねていることから少年が家にいるとわかっているので適切。 カ 「少年は，ウィリアムが父のことをよく知っているので秘密を話した」 ウィリアムは少年の父に一度だけしか会ったことがないので不適切。

重要 Ⅵ （長文読解問題・説明文：和文英訳，要旨把握，語句解釈，語句補充，内容吟味）

（大意） インターネットは人々の生活様式を変えている。①20年前，30年前には考えられなかったことが今や可能になった。世界中のどこからでもインターネットを使用できるため，インターネット上で何が起こるかを制御することは困難だ。1999年1月，ショーン・ファニングと呼ばれるアメリカの大学生が音楽をコピーできるソフトウェアを発明した。5月，②ナップスターという会社を立ち上げた。ユーザーはナップスターにアクセスし，ソフトウェアを使用して音楽をコピーできる。彼らはCDを買う必要がなくなった。音楽会社はこれについて満足していなかった。③無料で音楽を手に入れることができたので，多くのミュージシャンも不幸だった。ナップスターは音楽会社やミュージシャンにお金を支払うことに同意した。しかし，ユーザーがファイル共有ソフトウェアを使用して無料の音楽や映画を入手するのは依然として簡単だ。このソフトウェアを使用すると，ユーザーはコンピューター上の情報(曲，写真，映画など)を，同じソフトウェアを搭載した世界中の他のコンピューターと共有できる。音楽会社はこれを止めようとしている。2005年，イギリスの90人は，他の人がコピーするために何千もの曲をコンピューターに保存したため，それぞれ約2,500ポンドを支払わなければならなかった。アメリカでは，18000人以上がファイル共有にお金を払わなければならなかった。しかし，何百万人ものユーザーが毎日ファイル共有を続けており，それを止めることはますます困難になるだろう。

インターネットは人々が情報やアイデアを共有するための素晴らしい方法だ。インターネットが登場する前は，情報は新聞，テレビ番組，本などから来ていた。新聞，本，番組を作った会社は，人々が得ることができる情報を管理していた。4もちろん，これらの企業は依然として非常に強力だが，インターネットはますます強力になり，誰もそれを制御していない。人々は世界中の場所から自分で情報を見つけることができる。

以前は，⑤自分の考えを気に入ってくれて助けてくれる会社を見つけるまで，本を書いたり売ったりすることはできなかった。本を作るのに多額の費用がかかるためだ。今日，インターネット書店は「オンデマンドで印刷」される何千もの異なる本を販売している－誰かがウェブサイトにアクセスして購入したいときに，本を1冊ずつ作成する。

音楽についても，あなたがバンドで，音楽を作って販売したいのであれば，音楽会社は必要ない。あなた自身のウェブサイトに音楽を置くことができ，人々はコピーするために支払うことができる。これはお金と時間を節約する－CDを作ったり，店に売るように頼む必要はない。そして，顧客は世界中のどこにいてもかまわない。

世界中の人々がインターネットを使用して，自分自身の情報を提供したり，友達を作ったりしている。彼らはMySpaceのようなウェブサイトで行う。MySpaceは，世界で最も人気のあるウェブサイトの1つだ。2006年8月9日には，1億人のユーザーがいて，毎週約50万人の新規ユーザーがいる。各ユーザーはWebサイトに独自のページを持っており，情報を配置できる。彼らは，何をしたか，どのように感じているかを言う日記のようなものである「ブログ」(または「ウェブログ」)を持っている。イギリスの歌手リリー・アレンは，曲をMySpaceページに載せた。何千人もの人々が耳を傾け，曲について話した。彼女の曲「スマイル」はイギリスでナンバーワンになったが，多くの人が数週間または数か月前にそれを聞いていた。

インターネット上のほとんどの情報は無料だ－あなたはほとんどすべてについての情報を見つけることができる。多くの人にとって，最初に見る場所はウィキペディアのウェブサイトだ。これは2001年に始まり，2007年までに200以上の異なる言語で600万人以上の主題に関する情報を持っていた。誰でも使用でき，誰でもWebサイトに情報を追加できる。

インターネットはまだ急速に成長している。すでに多くの方法で私たちの世界を変えており，変化は続くだろう。現時点では，世界の最貧国の人々がインターネットを使用することは容易ではないが，これも変化している。インターネットはいくつかの点で問題を引き起こす可能性があるが，世界中の人々を近づけ，より強力にすることもできる。

問1　that 以下が Things を修飾する目的格の関係代名詞を使用した英文である。

問2　ナップスターは音楽をコピーするソフトウェアを提供し，また相手も同じソフトウェアを持っていると共有することが可能である。

問3　for free「無料で」

問4　以前も今も本や新聞，テレビ番組を作る会社は力を持っているので，「もちろん(of course)」が適切である。

問5　This is because ～「これは～からである」

問6　〈It is ～ for ＋人＋ to …〉「…することは人にとって～だ」

問7　ア「ショーン・ファニングはソフトウェアを作った数年後に会社を始めた」ソフトウェアを作った同じ年に会社を始めたので不適切。　イ「インターネットはとても強力なので，誰も新聞から情報を得たいと思わない」 新聞を作る会社は今も力を持っているので不適切。 ウ「インターネットのおかげで，ミュージシャンは世界中で自分の音楽を売るより多くの機会を得た」 ウェブサイトに音楽を置くことで世界中の人に売ることができるようになったので適切。 エ「リリー・アレンは，MySpaceに歌を置き，その1曲がアメリカで1番になった」 リリー・アレンの曲はイギリスで1番になったので不適切。 オ「ウィキペディアは役に立つウェブサイトだが，誰もウィキペディアの情報を変えられない」 ウィキペディアは誰でも情報を追加できるので不適切。 カ「インターネットには悪い面もあるが，国を越えて人とつながるような良い点もある」 インターネットは問題を引き起こす可能性もあるが，世界中の人々を近づけるので適切。

★ワンポイントアドバイス★

長文読解問題は非常に長い文章になっている。素早く読むことができるように，過去問や問題集を用いて，同程度の長い英文に触れて慣れておこう。

<国語解答>

一 問一 (1) ウ (2) ア (3) エ (4) イ (5) エ 問二 (1) ついずい (2) おうだ (3) すいとう (4) けいだい (5) ただよ(う)

二 問一 Ⅰ オ Ⅱ イ Ⅲ ウ 問二 オ 問三 ② カ ③ ウ 問四 (始め) 人と人との (終わり) づける役割 問五 ウ 問六 A オ B イ 問七 1 (始め) お金のやり (終わり) れること。 2 (始め) お金がなん (終わり) せること。 問八 ウ 問九 ウ 問十 イ 問十一 (例) 感情が除去された商品ではなく，感情が込められた贈り物であることを示すため。 問十二 オ

三 問一 イ 問二 エ 問三 X 男 Y 親族 問四 (例) 男と女を会わせるために，月を見ようと女の親を誘い琴の音を聞かせ油断させる 問五 おんないいかたらうに 問六 ア 問七 イ 問八 イ

○推定配点○

一 各2点×10 二 問一・問三 各2点×5 問四・問七 各4点×3 問十一 6点 他 各3点×8 三 問四 5点 問八 2点 他 各3点×7 計100点

<国語解説>

一 (漢字の読み書き)

問一 (1) 「掲示板」とは，通知や連絡を目的に作成された紙を貼り付けておくために設置される板。ウ「掲揚」とは，旗などを高い所にかかげること。アは契機，イは啓示，エは携帯，オは傾斜となる。 (2) 「無謀」とは，結果に対する深い考えのないこと。ア「陰謀」とは，人に知られないように練る計画。イは膨大，ウは傍受，エは冒険，オは待望となる。 (3) 「搬出」とは，物を運び出すこと。エ「搬送」とは交通手段などを用いて，運び送ること。アは販売，イは諸般，ウは帆船，オは繁忙となる。 (4) 「圧倒」とは，際立って優れた力を持っていること。また，その力で相手を押さえつけること。イ「卒倒」とは，突然意識を失って倒れること。アは殺到，

ウは唐突，エは逃走，オは透明となる。（5）「譲渡」とは，有償無償を問わず，特定の権利，財産又は法的地位を他人に移転させること。エ「渡航」とは，船に乗って海をわたること。アは途方，イは吐露，ウは塗布，オは漏斗となる。

問二 （1）「追随」とは，後に付き従うこと。（2）「殴打」とは，素手または棒などで人の体をひどく叩くこと。（3）「出納」とは，金銭や物品を出し入れすること。（4）「境内」とは，神社・寺院・教会などの宗教施設が占有している土地のこと。（5）「漂う」とは，空中・水面などに浮かんで一箇所に留まらず，ゆらゆら動いている様子。

二 （論説文―接続語の問題，内容吟味，文章構成，脱文・脱語補充，文脈把握，大意）

問一 Ⅰ 空欄の前後に，人と人とのあいだでやりとりされることが，商品交換と贈与の区別が難しいので，「商品らしさ」「贈り物らしさ」を演出しているとあるので，前に述べた原因・理由より，後に述べる結果を導いているので，「だから」が適当。 Ⅱ「商品交換」と「贈与」の区別は，人と人の関係を意味づける役割を果たしているとして，家族を例に挙げている。 Ⅲ 空欄の前に，人になにか渡す場合，お金ではなく「贈り物」にしなければならないとしつつも，贈り物は相手が望むものを選ぶ必要があるとしているので，前述の事柄に対して，その条件を示す「ただし」が適当。

問二 傍線部の後に，ピエール・ブルデュの説を取り上げつつも，それだけではないとして，「お店でチョコレートを購入したあと，そのチョコレートに値札がついていたら，かならずその値札をはずすだろう。さらに，チョコレートの箱にリボンをつけたり，それらしい包装をしたりして，『贈り物らしさ』を演出するにちがいない」と演出の方法が商品交換と贈与を区別するものであるとしている。

問三 ② 傍線部の後に，「贈り物である結婚のお祝いは，お金をご祝儀袋に入れてはじめて，『祝福』という思いを込めることができる」とあるように，贈与には感情を付け加えている。
③ 傍線部の後に，「経済的な『交換』の場では，そうした思いや感情はないものとして差し引かれる」とあることから，商品交換では感情を差し引いている。

問四 傍線部の後に，商品交換か贈与かを区別することは，「人と人の関係を意味づける役割を果たしている」と筆者は主張している。

問五 「そんな家庭」とは，家事など家庭内のことを行うことで，対価交換を要求する家族を指す。よって，母親の料理にお金を払うという対価交換を説明した後，㋒に入れるのが適当。

問六 A 家族のあいだでのモノのやりとりは，交換を要求するものではなく，家族間の愛情によってなされるものであるので，「脱経済化」となる。 B 空欄の後に，「経済＝交換」とある事から，交換には感情が混ざっていないので，「脱感情化」となる。

問七 傍線部の後に，抵抗を感じる理由として，「ぼくらが『経済／非経済』というきまりに忠実だから」として，「お金のやりとりが不道徳なものに感じられること」「お金がなんらかの代償との『交換』を想起させること」の二つの決まりを挙げている。

問八 傍線部の後に，「いかにぼくらが『交換のモード』に縛られている」とある。人に何か渡す際は「贈り物」でなければならないと考え，また物乞いに渡しても代わりにくれるものはないと感じて，日本人は渡すことはないが，エチオピア人はそのような余計な思いや感情を持たずに渡すことができるのである。また，日本の社会では，「面倒な贈与を回避し，自分だけの利益を確保することを可能にする。厄介な思いや感情に振り回されることもなくなる」と交換がモードになっている理由を述べているが，逆に言えば，エチオピアの社会ではそれらを回避することはなく，厄介なことだとは感じていない。

問九 空欄の前に「交換のモード」とあるので，商品交換が現在の日本では主流になっていることを意味する「幅を利かせている」が適当。

問十　日本人は「思い」や「感情」を入れるか否かによって，「贈り物」か「商品交換」を区別し，また家族に見られるように，感情を含めたモノのやりとりが人間関係を形成すると筆者は主張している。

重要　問十一　波線部の後に，「同じチョコレートがきれいに包装されてリボンがつけられ，メッセージカードなんかが添えられていたら，たとえ中身が同じ商品でも，まったく意味が変わってしまう。ほんの表面的な『印』の違いが，歴然とした差異を生む」とあるように，感情をこめて外的な表示を整えた「贈り物」として渡すことを述べている。

問十二　感情をこめた「贈り物」という文化を，現在の日本の社会では厄介なことだとして，回避する傾向にある。しかし，面倒な贈与にこそ相手の気持ちを慮り，相手のことを思いながら行動することができる非常に大切な力だと筆者は考えている。

三　**（古文―文脈把握，内容吟味，脱文・脱語補充，仮名遣い，大意，文学史）**

〈口語訳〉　この男は，ぜひ，「対面で」と言ったので，この女に仕える女房たちは，「『このような人(女の親)が，制されるので，たとえ雲の上に行ってでさえもできない』などと(男に)言い聞かせ頂きたくて，(親族を)お迎えした」と言ったので，「今まで，なぜ私におっしゃらなかったのか。人の気配の気づかない先に，月を見ようということで，母の所に来て，私が琴を弾きましょう。それに紛れて，簾の元に呼び寄せて，ものを言いなさい」と，この，男の親族が画策したのだった。さて，この男が来て，簾の内にて，ものを言ったのだった。この親族が，「私の人徳よ」と言ったので，「嬉しきこと」などと，語らっていると，この，母の女の意地が悪く，宵のうちに眠くなって寝ていたのだったが，夜が更けたので，目を覚まして起き上がって，「ああ，いまいましい。などと言って寝られない。もしや，理由があるのかしら」と言ったので，この男が，簀子の内に，這い入って隠れたので，(母が簾の外を)覗き見ても，人もいなかったので，「おや」などと言って，奥へ入ったのだった。その間に，男が，(簀子の下から)出て来て，「まあ，この有様をご覧下さい」「こんな風だから(会うのは難しいが)，命さえあれば(いつかきっと)」などと言っていると，(女が)「まあ，おかしなところにいらしたものですね」と言って，男は(元いた所に)帰った。

たまに調律して弾いてくださる琴の音が，うまく調子が合っていても，調子外れの音も混じるのですね(たまに会えてもこのような邪魔が入るのだ)。

と(男が)言ったので，この，琴を弾いた親族が，(女に)「早く，返歌なさい」と言っている間に，親が聞きつけて，「どこの盗人の鬼が，わが子を，捕えるか」と言って，走り出て追えば，沓さえ履けず，逃げたのである。

問一　A 「なぜ私におっしゃらなかったのか」と言っているのは，男の親族であり，その中の「おっしゃる」は「言う」の尊敬語なので，主語は男が適当。　B　起きてきた母は，何か不審を感じたが，男は簀子の内に，這い入って隠れたので，母が覗き見ても，人もおらず，「おや」と言ったのである。　C　男が詠んだ歌に対して，女に早く返歌するよう琴を弾く友人も催促している場面である。

問二　「制す」は，邪魔するという意味。「雲居にてだにもえ」は，(注1)である通り。よって，女の親が男の恋路を邪魔して成就させることができないことを表している。

問三　女に仕える世話役が，男に言い聞かせるために，男の親族をお迎えしたのである。

重要　問四　男の親族は男に対して，人の気配の気づかない先に，月を見ようということで，母の所に来て，私が琴を弾くので，それに紛れて，簾の元に呼び寄せて，ものを言うよう計画したのである。

問五　語頭以外の「は・ひ・ふ・へ・ほ」は，「ワ・イ・ウ・エ・オ」となる。

問六　琴の音が「合う」と，男と女が「会う」の掛詞となっている。

問七　女の母が奥へ入った隙に，男が簀子の下から出て女に，今はこの有様だから会うのは難しいが，命さえあればいつかきっと会いましょうと伝えたのである。

問八『枕草子』とは，平安時代中期に中宮定子に仕えた女房，清少納言により執筆されたと伝わる随筆である。

★ワンポイントアドバイス★

論理的文章は，何についてどのような説明がなされているのかを整理しながら読み進めよう。古文は，助動詞や敬語についてもある程度知識をつけておくとよい。

2022年度

★★★★★★★★★★★★★★★★★★★★★★★

入　試　問　題

2022年度

拓殖大学第一高等学校入試問題

【数　学】（50分）　　＜満点：100点＞

1　次の計算をせよ。

(1)　$\frac{7}{6}-\frac{1}{6}\div\left(\frac{2}{3}-\frac{1}{9}\right)+\frac{4}{5}\div 6$

(2)　$4a^3b\times\left(-\frac{1}{2}ab^3\right)^2\div a^5b^3$

(3)　$\frac{\sqrt{40}}{\sqrt{6}}+\frac{2\sqrt{3}}{\sqrt{5}}-\sqrt{3}\times\sqrt{5}$

2　次の方程式を解け。

(1)　$\frac{x-1}{2}+3=\frac{1-x}{3}$

(2)　$(x-2)^2-5(x-2)=14$

(3)　$\begin{cases}\frac{x}{4}+\frac{y}{3}=-\frac{7}{6}\\ \frac{x}{3}-\frac{y}{4}=\frac{23}{12}\end{cases}$

3　次の［　　］に適当な式または値を入れよ。

(1)　$x^2-x^2y-2x+2xy$ を因数分解すると［　　］である。

(2)　1つのさいころがあり，その6面は1つの面が1の目，2つの面が2の目，3つの面が3の目である。このさいころを2回投げるとき，目の和が4になる確率は［　　］である。

(3)　$\frac{1}{10}$，$\frac{3}{10}$などのように，これ以上約分できない分数を既約分数という。

ここで，aは2桁の正の整数とする。$\frac{6}{a}$が既約分数となるときのaの値は全部で［　　］個である。

(4)　下の図の$\angle x$の大きさは［　　］°である。

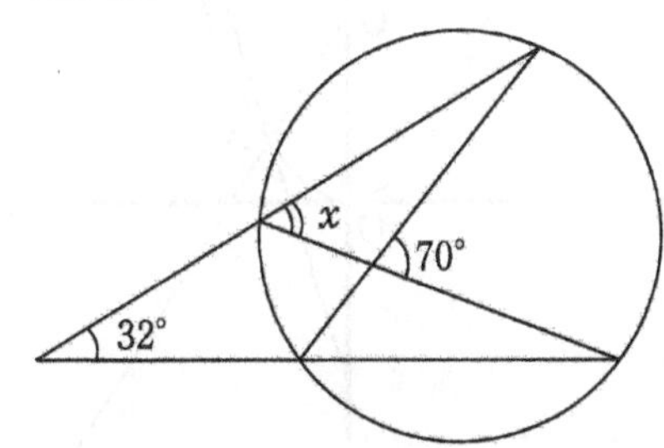

4　図において，①は関数 $y=\frac{1}{2}x+3$ のグラフである。x 軸上に点Aがあり，Aを通り y 軸と平行な直線と①との交点をBとする。線分ABを１辺とする正方形ABCDを作るとき，次の各問に答えよ。ただし，Aの x 座標はDの x 座標より小さいものとする。

⑴　点Aの x 座標が２のとき，点Cの座標を求めよ。

⑵　点Dの x 座標が９のとき，原点Oを通り，正方形ABCDの面積を２等分する直線の方程式を求めよ。

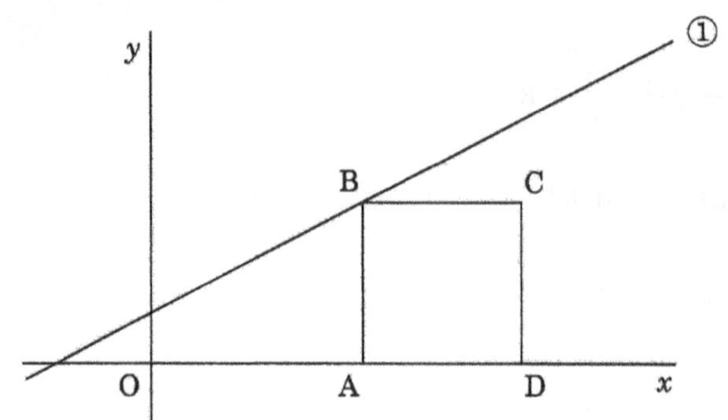

5　図のように，放物線 $y=x^2$ 上に２点A，Bがあり，x 座標をそれぞれ１，３とする。点Bを通り x 軸に平行な直線と放物線との点B以外の交点をP，直線APと y 軸との交点をQとする。また，△ABQの面積と△ABRの面積が等しくなるように，x 軸上に点Rをとる。このとき，次の各問に答えよ。

⑴　点Qの y 座標を求めよ。

⑵　点Rの x 座標が負であるとき，点Rの x 座標を求めよ。

⑶　点Rの x 座標が正であるとき，点Rの x 座標を求めよ。

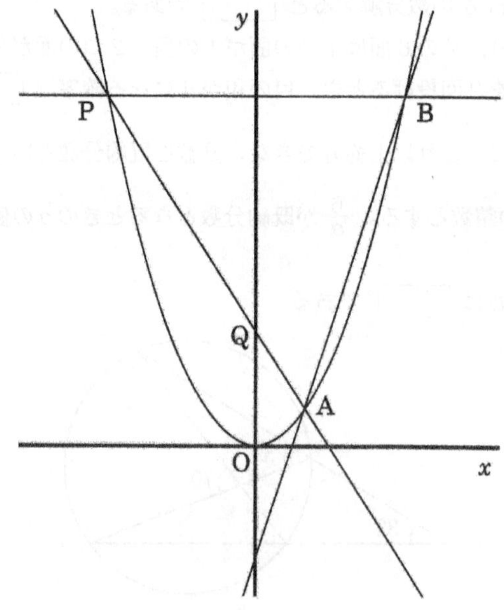

6 図のように，線分ABを直径とする半円Oの周上に点Cがあり，AB＝6，BC＝2である。∠ABCの二等分線が半円の周と交わる点をD，直線ADと直線BCの交点をPとする。このとき，次の各問に答えよ。

(1) 線分PCの長さを求めよ。

(2) 線分ADの長さを求めよ。

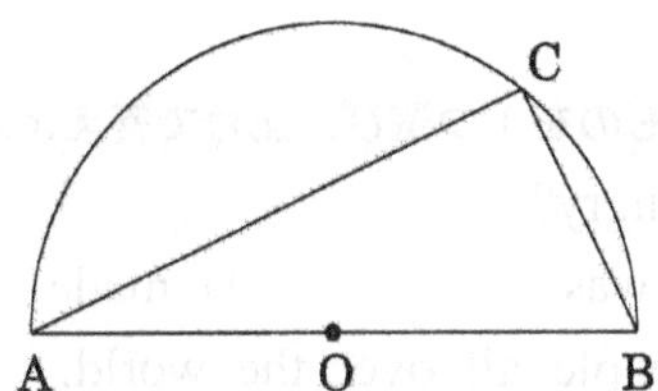

7 図のような直方体ABCD-EFGHにおいて，辺CGを3等分したときの点Cに近い方の点をIとし，線分EIとAGの交点をPとする。このとき，次の各問に答えよ。

(1) EP：PIを最も簡単な整数の比で表せ。

(2) 四角錐（すい）P-EFGHの体積は，直方体ABCD-EFGHの体積の何倍であるか。

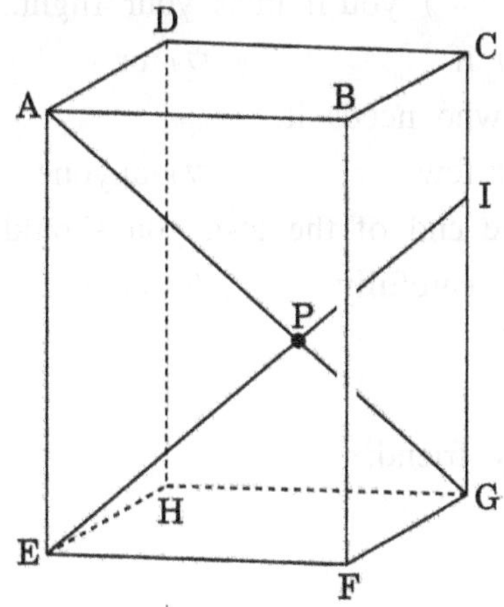

【英　語】（50分）　<満点：100点>

Ⅰ　各単語の第１アクセントの位置を記号で答えよ。

１．cal-en-dar　アイウ　２．el-e-va-tor　アイウエ　３．chal-lenge　アイ　４．sham-poo　アイ　５．en-er-gy　アイウ

Ⅱ　次の（　）に入る最も適当なものを１つ選び，記号で答えよ。

１．What（　　）you so angry?
ア）were　イ）was　ウ）made　エ）did

２．He is a star（　　）people all over the world.
ア）knowing to　イ）knowing by　ウ）known to　エ）known for

３．When did you get back? We（　　）you for a long time.
ア）aren't seeing　イ）don't see　ウ）haven't seen　エ）won't see

４．Mary had a lot of family that she had to look（　　）.
ア）out　イ）after　ウ）around　エ）back

５．You'd better hurry,（　　）you'll miss your flight.
ア）and　イ）if　ウ）or　エ）but

６．Give help to（　　）who needs it.
ア）other　イ）few　ウ）anyone　エ）himself

７．Five minutes before the end of the test, you should do a（　　）review.
ア）careful　イ）carefully　ウ）care　エ）careless

８．A：What do you do?
B：（　　）
ア）I'm waiting for my friend.
イ）How do you do?
ウ）I'm a student.
エ）I'm feeling sick.

９．A：Why don't we meet in front of the station at 11:30 tomorrow?
B：（　　）
ア）It's a little early.　Let's meet at twelve o'clock.
イ）Because it's too early to meet at twelve.
ウ）We are going to take that train to the zoo.
エ）I'd even like to know why, too.

10．A：（　　）
B：I'll explain it to you later.　Just be quiet for a while.
ア）I would like to go to the library right now.
イ）His lecture doesn't make sense to me.
ウ）I'm tired of sitting here quietly.
エ）What do you think about getting out of here?

Ⅲ 次の各英文には，それぞれ文法・語法上の誤りが１カ所ある。その部分を記号で答え，正しい形を記せ。

1．Have you finished(ア) to write(イ) your report(ウ) yet(エ)?

2．I have met(ア) my best(イ) friend from(ウ) elementary school(エ) five days ago.

3．He told me(ア) that he will join(イ) the soccer team, but he belongs(ウ) to(エ) the baseball club now.

4．I am planning(ア) to go(イ) to an amusement park with my family(ウ) in this summer(エ).

5．This book is enough easy(ア) to read(イ) that even(ウ) children can enjoy(エ) it.

Ⅳ 日本語に合うように（ ）内の語（句）を並べかえたときに，［X］と［Y］にくるものをそれぞれ記号で答えよ。なお，文頭に来る語も小文字で始めてある。

1．ペンを忘れてしまった。何か書くものを貸してくれるかい。

I forgot my pen. ＿＿ ＿＿ ＿＿ ＿＿ ［X］ ＿＿ ＿＿ ［Y］?

（ア lend イ me ウ can エ with オ to カ you キ write ク something ）

2．彼女が作るケーキは，なんておいしいんだろう！

＿＿ ［X］ ＿＿ ＿＿ ［Y］ ＿＿!

（ア she イ what ウ a エ makes オ cake カ tasty ）

3．世界では，多くの環境問題が起こっているそうだ。

＿＿ ＿＿ ［X］ ＿＿ ［Y］ ＿＿ ＿＿ in the world.

（ア are イ there ウ many エ that オ heard カ I キ environmental problems ）

4．窓を閉めておいても構わないですか。

＿＿ ＿＿ ＿＿ ［X］ ＿＿ ＿＿ ［Y］ ＿＿?

（ア closed イ mind ウ the window エ do オ I カ you キ keep ク if）

5．インタビューでは，記者からいくつかの質問を受けました。

During the interview, ＿＿ ＿＿ ［X］ ＿＿ ＿＿ ＿＿ ＿＿ ［Y］.

（ア was イ by ウ questions エ asked オ a カ few キ I ク the reporter ）

Ⅴ イタリアのルネサンス（the Renaissance）を代表する芸術家で，『最後の晩餐（The Last Supper）』や『モナ・リザ』などの作品で知られるレオナルド・ダ・ヴィンチ（Leonardo da Vinci）は，若い頃フィレンツェ（Florence）のヴェロツキオ（Verrocchino）という画家のエ房で絵画の修行に励んでいた。この時期以降のダ・ヴィンチについて書かれた次の英文を読み，設問に答えよ。

There is a story about Leonardo when he was a young painter. One day, Leonardo was finishing a Verrocchio painting in the workshop when Verrocchio came in. Leonardo's work was beautiful, and Verrocchio knew it. 'I'll never paint again,' the older man said. Leonardo was not an ①apprentice any more – he was one of the best young painters in Florence.

Most workshops at the time used a paint that was made with eggs, but Leonardo tried a new paint – oil paint. ②It was possible to do more things with oil paint, and it helped him to paint deeper, brighter *colours. Leonardo went outside and drew things like flowers, water, and stones. He studied these things like a scientist. He also worked with doctors to understand how our bodies work. Because of ③this, everything in his pictures was very real.

Leonardo's father helped him to open a workshop in Florence, but it was not an easy time for Leonardo. ④He had a lot of problems with some important people. In 1482, Leonardo left Florence and travelled to Milan. Leonardo left angry people behind him back in Florence, because he had not finished paintings for them. This happened all through his life. Leonardo is one of the most famous painters in history, but he only finished about twenty paintings! **This painting of Cecilia Gallerani is one of them.

Leonardo was happy in Milan. He had a busy workshop with lots of young apprentices. The ruler of Milan, Ludovico Sforza, spent a lot of money on art because ⑤he wanted to show that he was as good as the rulers of places like Florence. Leonardo was given money to be a part of Sforza's court – the circle of important people who worked for him. He designed buildings and machines for Sforza. He also painted beau-tiful pictures, like the painting of Cecilia Gallerani– Sforza's young love.

In 1495, Sforza asked Leonardo to paint a picture (ア call) *The Last Supper*. The painting was for the wall of an important church building, and it told the story of the last meal Jesus had with his followers. It took Leonardo many months to plan the picture. He drew each person and changed how they sat or stood around the table. Leonardo's design for the painting is amazing. The lines of the walls in the real room are the same as the lines in the picture: It is like looking into another part of the same room.

The Last Supper is a very big painting, 4.6 meters tall and 8.8 meters long, and it is on a very high wall. People built places for Leonardo to stand while he worked. Sometimes, he worked for hours and did not stop to eat. At other times, he stood and looked at the painting for hours, but he did not touch his paints.

Leonardo finally finished *The Last Supper* in 1498. It was one of the greatest paintings of the Renaissance, but Leonardo was (イ worry). When he painted *The Last Supper*, he worked in a different way from most painters, and he made the paint in a different way too. Soon, he understood his mistake. The painting started to break into pieces. When Leonardo looked at his great work, he probably thought, 'It will fall off this wall in a few years.' Luckily for us, people found ways to save it.

*colour：color の英国式つづり

**This painting：原書に掲載されているチェチーリア・ガッレラーニの肖像画の図版を指す。

問１　下線部①の意味として最も適切なものを１つ選び，記号で答えよ。

ア）a person who isn't rich enough to buy paints

イ）a person who is too young to learn some skills

ウ）a person who works for a skilled person to learn the skills

エ）a person who doesn't have much talent for painting pictures

問２　省略されている比較の対象を具体的に明らかにしながら下線部②を日本語に訳せ。

問３　下線部③の指す内容として最も適切なものを１つ選び，記号で答えよ。

ア）医師でもあったレオナルドが，油絵具の性能を生かすだけでなく，科学者のように自然の事物や人間の体の動きもよく理解して絵を描いたこと。

イ）科学者と医師を兼業していたレオナルドが，油絵具の性能，自然の事物，人体の動きに精通し，これらの知識を絵の制作に反映させたこと。

ウ）レオナルドが科学者とともに自然の事物を観察し，人体の動きを理解するために医師たちと研究を進めながら，性能の優れた油絵具の開発に取り組んだこと。

エ）レオナルドが油絵具の性能を生かして絵を描き，科学者のように自然の事物を観察し，人体の動きを理解するために医師たちと研究をしたこと。

問４　下線部④の具体的な内容として最も適切なものを１つ選び，記号で答えよ。

ア）レオナルドがフィレンツェを離れてミラノに行き，最も有名な画家の一人になったことを，フィレンツェの人々は快く思わなかった。

イ）レオナルドが依頼された絵を仕上げないでフィレンツェを離れ，ミラノに旅立ってしまったので，フィレンツェの人々は腹を立てた。

ウ）レオナルドが，チェチーリア・ガッレラーニの肖像画を含めて，20枚程度の絵しか仕上げなかったことにフィレンツェの人々は腹を立てた。

エ）レオナルドが依頼された絵を仕上げないうちに，ミラノのチェチーリア・ガッレラーニの肖像画を描いたことを，フィレンツェの人々は快く思わなかった。

問５　下線部⑤の日本語訳として最も適切なものを１つ選び，記号で答えよ。

ア）彼は，フィレンツェのような場所を好む統治者は優秀だということを示したかった。

イ）彼は，自分がフィレンツェのような場所の統治者と同じくらい優秀だということを示したかった。

ウ）彼は，自分が他の優秀な統治者と同じくらいフィレンツェという場所が好きだということを示したかった。

エ）彼は，フィレンツェが統治者にとって好ましい場所だということを示したかった。

問6　文中の（ア call）（イ worry）を適切な形に変えて，それぞれ1語で答えよ。

問7　本文の内容と一致するものを2つ選び，記号で答えよ。

ア）Verroccio said he would never paint again because he felt he was very old and couldn't keep the workshop anymore,

イ）Painters painted pictures with eggs, but Leonardo tried to create oil paint to paint new kinds of colours.

ウ）Leonardo knew a lot of important people in Florence and he painted about twenty pictures for them.

エ）While Leonardo was in Milan, he worked with many young people and he not only painted pictures but also did something else for Ludovico Sforza.

オ）When Leonardo was painting *The Last Supper*, he met the followers of Jesus and advised them how they should sit or stand around the table.

カ）As *The Last Supper* was a large work, Leonardo continued painting it even while he was eating a meal.

キ）Leonard was probably afraid that *The Last Supper* would not stay in good condition for a long time, but some ways to keep it fine were found.

問8　本文の表現を参考に，以下の日本語の意味になるように，（　）内に入る英語をそれぞれ答えよ。

「私がその本を読むのに3日かかった」

It (　　)(　　)(　　)(　　)(　　) read the book.

Ⅵ　次の英文を読んで各設問に答えよ。

One dollar and eighty-seven cents. That was all. Every day, when she went to the shops, she spent very [①] money. She bought the cheapest meat, the cheapest vegetables. And when she was tired, she still walked round and round the shops to find the cheapest food. She saved every cent possible.

Della counted the money again. There was no mistake. One dollar and eighty-seven cents. That was all. And the next day was Christmas.

She couldn't do anything about it. She could only sit down and cry. So she sat there, in the poor little room, and she cried.

Della lived in this poor little room, in New York, with her husband, James Dillingham Young. They also had a bedroom, and a kitchen and a bathroom—all poor little rooms. James Dillingham Young was lucky, because he had a job, but it was not a good job. These rooms took most of his money. Della tried to find work, but times were bad, and there was no work for her. But when Mr. James Dillingham Young came home to his rooms, Mrs. James Dillingham Young called him 'Jim' and put her arms round him. And that was good.

Della stopped crying and she washed her face. She stood by the window, and looked out at a grey cat on a grey wall in the grey road. Tomorrow was Christmas Day, and she had only one dollar and eighty-seven cents to buy Jim a Christmas present. Her Jim. She wanted very much to buy him something really fine, something to show how much she loved him.

Suddenly, Della turned round and ran over to look in the glass on the wall. Her eyes were bright.

Now, the James Dillingham Youngs had two very special things. One was Jim's gold watch. It once belonged to his father, and, before that, to his grandfather. [②] special thing was Della's hair.

Quickly, Della let down her beautiful, long hair. It fell down her back, and it was almost like a coat around her. Then she put her hair up again, quickly. For a second or two she stood still, and cried a little.

Then she put on her old brown coat, and her old brown hat, turned, and left the room. She went downstairs and out into the road, and her eyes were bright.

She walked along by the shops, and stopped when she came to the door with 'Madame Eloise — Hair' on it. Inside there was a fat woman. She did not look like an 'Eloise'.

'Will you buy my hair?' Della asked.

'I buy hair,' Madame replied. 'Take your hat off, then, and show me your hair.'

The beautiful brown hair fell down.

'[③] dollars,' Madame said, and she touched the hair with her hand.

'Quick! Cut it off! Give me the money!' Della said. The next two hours went quickly. Della was happy because she was looking round the shops for Jim's present.

At last she found it. It was a gold chain for The Watch. Jim loved his watch, but it had no chain. When Della saw this gold chain, she knew immediately that it was right for Jim. She must have it.

The shop took twenty-one dollars from her for it, and she hurried home with the eighty-seven cents.

When she arrived there, she looked at her very short hair in the glass. '[A]' she thought. For the next half an hour she was very busy.

Then she looked again in the glass. Her hair was now in very small curls all over her head. 'Oh, dear. I look like a schoolgirl!' she said to herself. 'What's Jim going to say when he sees me?'

At seven o'clock the dinner was nearly ready and Della was waiting. 'Oh, I hope he thinks that I'm still beautiful!' she thought.

The door opened and Jim came in and closed it. He looked very thin and he needed a new coat. His eyes were on Della. She could not understand the look on his face, and she was afraid. He was not angry or surprised. He just watched her, with that strange look on his face. Della ran to him.

'Jim,' she cried. '[B] I sold my hair because I wanted to give you a present. It will soon be long again. I had to do it, Jim. Say "Happy Christmas", please. I have a wonderful present for you!'

'You've cut off your hair?' asked Jim.

'Yes. I cut it off and sold it,' Della said. 'But don't you love me any more, Jim? I'm still me.'

Jim looked round the room. 'You say your hair has gone?' he said, almost stupidly.

'Yes. I told you. Because I love you! Shall I get the dinner now, Jim?'

Suddenly Jim put his arms round his Della. Then he took something from his pocket and put it on the table.

'I love you, Della,' he said. '[C] ④<u>But if you open that, you'll see why I was unhappy at first.'</u>

Excited, Della pulled off the paper. Then she gave a little scream of happiness. But a second later there were cries of unhappiness.

Because there were The Combs(くし) — the combs for her beautiful hair. When she first saw these combs in the shop window, she wanted them. They were beautiful combs, expensive combs, and now they were her combs. But she no longer had her hair!

Della picked them up and held them. Her eyes were full of love.

'But my hair will soon be long again, Jim.'

And then Della remembered. She jumped up and cried, 'Oh! Oh!' She ran to get Jim's beautiful present, and she held it out to him.

'Isn't it lovely, Jim? I looked everywhere for it. Now you'll want to look at your watch a hundred times a day. Give it to me! Give me your watch, Jim! Let's see it with its new chain.'

But ⑤<u>Jim did not do this.</u> He sat down, put his hands behind his head, and he smiled.

'Della,' he said. 'Let's keep our presents for a time. They're so nice. You see, I sold the watch to get the money to buy your combs. And now, let's have dinner.'

And this was the story of two young people who were very much in love.

問1 [①] に入る最も適当なものを1つ選び記号で答えよ。

ア) few　イ) much　ウ) little　エ) small

問2 [②] に入る最も適当なものを1つ選び記号で答えよ。

ア) Other　イ) The other　ウ) Another　エ) No other

問3 [③] に入る数字を英語のつづりで答えよ。大文字で始めること。

問4 本文中の [A] ～ [C] に入る最も適切な英文をあとの中から1つずつ選び，記号で答えよ。

ア) Don't look at me like that.

イ）It doesn't matter if your hair is short or long.

ウ）What can I do with it?

エ）I'm very glad that you cut your hair.

問５　下線部④について，ジムがこのようなことを言った理由として最も近いものを１つ選び，記号で答えよ。

ア）The present Jim. bought Della was useless to her at that time.

イ）The present Jim would give Della was the same one she gave him.

ウ）The present Jim bought Della was cheaper than the one she bought him.

エ）The present Jim bought Della wasn't the one which she wanted.

問６　下線部⑤について，ジムがこのような行動をとった理由として最も近いものを１つ選び，記号で答えよ。

ア）Jim loved the watch and wore it every day, so he got tired of looking at it.

イ）The watch was precious for both of them, but Jim lost it somewhere.

ウ）Jim needed the money for Christmas dinner, so he sold the watch.

エ）Jim sold the watch to make money to buy a present for Della.

問７　本文の内容に一致しているものを２つ選び，記号で答えよ。

ア）Della had no work because she wanted to have a lot of time to do housework.

イ）Della wanted to buy a nice Christmas present as an expression of her love for Jim.

ウ）Jim didn't need to use most of his money to pay for their rooms.

エ）Della decided to buy a gold chain for the watch for Jim and went to a hair salon.

オ）Jim bought combs for Della's long hair, so he was a little surprised to see her short hair.

カ）Della received a Christmas present she wanted, but she had mixed feelings about it.

キ）This young couple felt it was necessary to exchange presents on Christmas Day.

エ　人から借りた水瓶を、留守中に人に取られるかもしれないと不審に思ったから。

2　最終的に、教懐聖人はどのような行動に出たか。十五字以内で答えよ。

問二　傍線部②「またなき物」とはどのような意味か。最も適当なものを次の中から選び、記号で答えよ。

ア　自分にとって大切な物　　イ　人々を癒すための物
ウ　二度と現れない物　　エ　寺の財産となる物

問三　傍線部③「驚き怪しみて」について、この時の弟子の心情として最も適当なものを次の中から選び、記号で答えよ。

ア　陽範の植えた紅梅が、知らない間に何者かに切り倒されたことに仰天し、誰の仕業かと怪しむ気持ち。
イ　陽範が自分で植えた紅梅を切られたのに悲しんでいないことに驚き、陽範の態度を不審に思う気持ち。
ウ　小法師が陽範に秘密で紅梅を切ったことが信じられず、どうしてそんなことをしたのかと悲しむ気持ち。
エ　陽範がわざわざ自分で植えた紅梅を切ったことに驚き、なぜそんなことをしたのかと不思議がる気持ち。

問四　空欄 X にあてはまる本文中の一文字を次の中から選び、記号で答えよ。

ア　執　　イ　華　　ウ　故　　エ　家

問五　3段落に書かれた筆者の主張として最も適当なものを次の中から選び、記号で答えよ。

ア　教懐と陽範はこの世が無常であることに気づき、煩悩に打ち勝つことができたので、そうではない世間の人々を愚か者だと感じていたはずだ。
イ　いつか離れることになるこの世の物を惜しんでも仕方が無いということに気づいた教懐と陽範は立派だが、召使いの身分の者がそれに気づくのは難しい。
ウ　人はみな、この世の中で煩悩を抱くのは馬鹿らしいことだと気づいてはいるが、それでも煩悩に心を奪われてしまい、振り切ることができない。
エ　はかないこの世の中で欲望をもっていても仕方が無いので、欲に心が奪われないように無関心を貫けば、誰でも極楽往生することができる。

問六　1段落の教懐と2段落の陽範の事例から読み取れる、二者の行動の共通点を二十字以内で答えよ。

問七　二重傍線部「思ふ様なるを儲けて」を全て現代仮名遣いの平仮名に直せ。

問八　『発心集』は鴨長明による説話集である。鴨長明の作品を次の中から選び、記号で答えよ。

ア　徒然草　　イ　方丈記　　ウ　平家物語　　エ　今昔物語集

とってみても、失敗をしてしまった等の相手には『　a　責任概念』によってではなく、『　b　責任概念』に基づいたアドバイスや励ましが有効なのではないか。」ということでしょう。

三　次の文章を読んで、後の問いに答えよ。

[1] 小田原といふ寺に、教懐聖人といふ人ありけり。後には、高野に住みけるが、新しき水瓶の、様なども思ふ様なるを儲けて(注1)、殊に執し思ひけるを、縁に打ち捨てて、奥の院へ参りにけり。かしこにて、念誦(注2)なんどして、一心に信仰しける時、この水瓶を思ひ出だして、「あだに(注3)並べたりつる物を、人や取らむ」と不審にて、①心、一向(注4)にもあらざりければ、よしなく覚えて、帰るや遅きと、あまだりの石だたみ(注5)の上に並べて、打ちくだき捨ててけり。

[2] 又、横川に、尊勝の阿闍梨陽範といひける人、めでたき紅梅を植ゑて、②またなき物にして、華ざかりには、ひとへにこれを興じつつ、自ら、人の折るをも、ことに惜しみ、さいなみける程に(注6)、いかが思ひけん、弟子なんどもほかへ行きて、人も無かりけるひまに、心もなき小法師の独りありけるを呼びて、「よき(注7)やある。持て来よ」と言ひて、この梅の木を土際より切つて、上に砂打ち散らして、跡形なくて居たり。弟子、帰りて、③驚き怪しみて故を問ひければ、ただ、「よしなければ(注8)」とぞ答へける。

[3] これらは、皆　X　をとどめる事を恐れけるなり。教懐も陽範も、ともに往生を遂げたる人なるべし。実に、仮の家にふけりて(注9)、長き闇に迷ふ事、誰かは愚かなりと思はざるべき。しかれども、世々生々に、煩悩のつぶね・やつこ(注10)となりける習ひの悲しさは知りながら、我も人も、え(注11)思ひ捨てぬなるべし。

（『発心集』より）

（注1）儲けて…手に入れて
（注2）念誦…仏を念じ、経を唱えること
（注3）あだに…いい加減に
（注4）一向…統一すること
（注5）あまだりの石だたみ…軒下の石を敷きつめてある所
（注6）さいなみける程に…しかりつけるくらいだったが
（注7）よき…斧
（注8）よしなければ…無用なので
（注9）仮の家にふけりて…はかないこの世の中に心を奪われて
（注10）つぶね・やつこ…召使い
（注11）え～ぬ…～できない

問一　傍線部①「心、一向にもあらざりければ」について、次の問い1・2に答えよ。

1　その理由として最も適当なものを次の中から選び、記号で答えよ。

ア　大事にしていた水瓶を、うっかり縁側に置き忘れて奥の院に来てしまったから。

イ　大切な水瓶を、誰かに盗まれてしまったらどうしようと気が気でなくなったから。

ウ　いい加減に並べた水瓶を、誰かが壊してしまうのではないかと不安になったから。

らしげに糾弾し合っている状況を生みやすい。

オ　ピアジェの唱えた子どもの成長過程の研究には個人差があり、全ての子どもが理論通りに成長するわけではない。

カ　子どもを指導するときは客観的な判断材料ではなく、動機や理由に目を向けながら導くことが大切である。

キ　仲間との相互作用を大切にするという意味では、子どもが友人と衝突することがあっても様子を見るべきだ。

問九　次の会話文は、拓大一高の先生と生徒たちが本文の内容について授業の最後に振り返りを行ったものである。空欄［a］～［d］にあてはまる部分をそれぞれ指定の字数で文中から抜き出せ。

先生　それでは、本文にある「［a（三字）］責任概念」と「［b（三字）］責任概念」について理解を深めていきたいと思います。
　具体的には、「［a］責任概念」と「［b］責任概念」という考え方をもとに、「体育祭に出場するある種目の練習で、何度か失敗を繰り返してしまったクラスメイトにどういった声掛けをしていくか」について考えてみましょう。
　A君ならば、本文の内容に関わらずミスをしたクラスメイトにどんな声掛けをしますか。

生徒A　「励ます」と思います。

先生　なるほど、そうですね。励ましたりしますよね。
　では、もう少し文章内容に合わせて、議論を深めていきたいと思います。まず、失敗してしまったことについて、「［a］責任判断」をすると、失敗のどういった側面に注目することになりますか？なるべく短い言葉で答えてくださいね。では、Bさん、いかがでしょうか。

生徒B　失敗をしてしまったという「［c（二字）］」自体に注目をします。

先生　その通りですね。「［a］責任概念」で考えると、「失敗をした」ということ自体、つまり、［c］によって価値判断をすることになりますね。では、「［b］責任概念」だとどうでしょう？　失敗のどういった側面を考えることになりますか。本文中から五文字で抜き出して答えられますか。それでは、C君、どうでしょうか。

生徒C　失敗の前段階にある「［d（五字）］」によって判断すると思います。

先生　そうですね。「［b］責任概念」だと、失敗をしてしまった人の、失敗に至る前のそもそもの［d］によって考えることになります。
　それでは、皆さん。自分自身が体育祭のある種目の練習で何度か失敗をしたとして、その［c］で判断されてアドバイスを受けるのと、失敗の動作に至った［d］を考えた上でのアドバイスとでは、どちらが素直にアドバイスを受け入れやすいでしょうか。
　もう皆さんお分かりの通り、ミスをしたプレイの［d］を考慮した上でのアドバイスの方が、自分のことを考えてもらった感覚がありますよね。
　この本文から学べることは、「10歳を越えている我々に物事を判断するようになる。第三段階では他人のことを考えたうえで行動するようになる。

イ　第一段階では協同的なやりとりをすることができず、第二段階で初めて共同性を獲得していく。第三段階では大人のように協同的な行動ができるようになる。

ウ　第一段階では社会的な行動がみられず、第二段階でそれがみられるようになる。第三段階では大人の行動を真似て、仲間を尊重するような社会性を獲得していく。

エ　第一段階では物事の規則に目を向け始め、第二段階では規則を遵守する態度が生まれる。第三段階では他人との関係を踏まえて規則を尊重するようになる。

オ　第一段階では規則の認識が芽生え始め、第二段階では規則を本質的に理解するようになる。第三段階では規則に修正を加えたり、変化させてみたりするようになる。

問四　傍線部②「何かしなければならないといった義務だとか、友達との決めごとによって拘束されているといった社会的な意味合いを持つような行動」とあるが、「何かしなければならないといった義務」からくる行動に加えて「友達との決めごと」によって行動するようになった子どもは、どのような成長を遂げていると説明されているか。文中から十八字で抜き出し、最初と最後の五字を答えよ。

問五　傍線部③「他者とのやりとりの意味や、他者の気持ちや考えを配慮しようという相互関係はまだ見えません」とあるが、なぜそういった関係性が見えないのか。その理由説明がされている部分を文中から二十二字で抜き出し、最初と最後の五字を答えよ。

問六　傍線部④「動機についてほとんど言及しません」とあるが、子どもがどういった発育段階にあるからか。六十字以内で説明せよ。

問七　傍線部⑤「ピアジェの課題に類似した絵図版」とあるが、空欄**甲・乙**に入る説明として最も適当なものを次の中からそれぞれ一つずつ選び、記号で答えよ。

ア　エミリーは、冷蔵庫へ向かう途中、割れている一枚のお皿が台所の床に置いてあることに気が付きました。

イ　ジュリーは、台所で遊んではいけません、と言われているのに、ふざけて、お皿を一枚割ってしまいました。

ウ　リリーは、お母さんと一緒に食器洗いをしていたところ、手を滑らせてしまい、お皿を割ってしまいました。

エ　マリーは、お母さんのお手伝いをしていて、誤ってお皿を割ってしまいました。お皿がたくさん割れました。

オ　エイミーは、台所で遊んでいてお皿を割ってしまいました。お母さんに知られないように隠そうとしました。

問八　本文の説明として<u>不適当なものを次の中から二つ選び</u>、記号で答えよ。

ア　筆者は、ピアジェが明らかにしたことに沿って、子どもが規則に関する認識をどのように獲得していくのかを説いた。

イ　筆者は、子どもが行動を繰り返していく中で物事の法則性を感じ取るような力を身に付けていくことを発見した。

ウ　物理的な事象を含む子どもの周りにあるすべてのものが、子どもに規則性の概念を印象付ける役割を果たしている。

エ　規則通りふるまおうとする意識の強い子どもは、他人の失敗を誇さて、こうした二つの判断はなぜ存在するのでしょう。

物理的な損害である結果を重視する原因として、先にも述べたように、このころの子どもが、大人への一方的な尊敬の念から、大人の行動を模倣していることにあると考えられます。

実際のところ、大人はこれぐらいの年齢の子どもの過失の「結果」に対してかなり厳しく叱ることが多いように思います。また、幼児期は、規則を自分の生活に密接にかかわる存在として考えていない時期であり、しかも、自己中心的な思考のため、結果以外のことを含めて判断することが難しいと考えられます。

他方、動機に基づく判断は、友達との相互作用が増えることによって、自己中心的思考から脱し、大人のコントロールから解放されるようになると、できるようになると考えられます。仲間とのやりとりを通して、協同や相互の尊敬の念が存在するようになり、他者の意図や動機を視野に入れて判断ができるようになると考えられるのです。

こうした変化は、必ずしも10歳で全員に訪れるわけではありませんし、当然個人差があります。ただ、年齢とともに放っておけば自然に変化するということでもありません。社会自体がどちらの責任概念を選択しているかという問題にもかかわってくると考えられますが、ピアジェは仲間との相互作用をする機会を十分に与えることが、動機をもとに判断ができるようになるためには重要だと考えています。

なにかトラブルがあるたびに、大人は、「何がこわれた」とか、「どれだけこわした」という客観的な量によって叱ってしまいがちですが、どうしてこわしてしまったのか、それによってどのような迷惑が相手にかかるかといった、動機や理由に目を向けさせてやることが大切です。

また、こうした学ぶべきトラブルの機会が与えられるのは、友達とのかかわりがあってこそであり、その意味でも、子どものときの友達とのけんかやいさかいは、大事な学びのときと言えましょう。いたずらに、けんかをする前に止めてしまわないことです。

（渡辺弥生『子どもの「10歳の壁」とは何か？』より）

（注1）マーブルゲーム…おはじき
（注2）オープンエンドの…自由記述式の

問一　文中において、次の一文が削除されている。削除された一文を挿入するべき箇所の直前の十字を抜き出して答えよ。

そして、不安定な状態からバランスのとれたものにしていこうとする心のメカニズムが働き、自分の認識を再び構造化させて、より新しいシェマを構成すると考えられるのです。

問二　空欄 a ～ e に入る語句の組み合わせとして、最も適当なものを次の中から一つ選び、記号で答えよ。

ア　a 絶対　b 根源　c 一般　d 内在　e 社交
イ　a 絶対　b 根源　c 日常　d 潜在　e 友好
ウ　a 絶対　b 絶対　c 一般　d 内発　e 普遍
エ　a 一方　b 絶対　c 日常　d 外発　e 一般
オ　a 一方　b 絶対　c 一般　d 外在　e 社会

問三　傍線部①「プロセス」とあるが、4歳から13歳の子どもたちの規則との関わり方は、どのように変化していくと説明されているか。筆者の説明として最も適当なものを次の中から一つ選び、記号で答えよ。

ア　第一段階では自意識が芽生え、第二段階では自身の欲求に従ってとか、「やってみる?」ということになって、友達がみんな「うん」と合意すれば、規則を変更できると考えるようになるのです。

これは、大人からの拘束力を意識する段階から、協同で規則を生み出すことのできる段階への移行であり、まさに、他律から自律の道徳性へと発達しているというわけです。

過失、盗み、嘘に関する道徳判断——「結果」から「動機」へ

また、ピアジェは、子どもに個別に例話を提示し、オープンエンド(注2)の質問をする方法（臨床法：clinical method）によって、5歳から13歳の子どもの善悪の判断を調べました。

例話の内容は、過失、盗み、嘘に関するものでした。過失についての例話はつぎのようなものです。

A：ジャンという男の子がお部屋の中にいました。食事に呼ばれたので食堂に行きます。ところがドアの反対側に椅子が置いてあり、その椅子の上には15個のコップがのせられたトレイが置かれていました。そんなことは知らないジャンは、ドアを開けたので、コップは15個ともみんなこわれてしまいました。

B：アンリという男の子がいました。ある日、お母さんの留守中に戸棚からジャムを取ろうとしました。椅子を出して上にのぼり手をのばしたところ、無理をして、そばにあったコップを一つ落として割ってしまいました。

例話を理解したかどうかを確認した後、「どっちの子が悪い?」「なぜ?」といった質問をします。その結果、「コップをたくさん割った方が悪い」といった物質的な結果から評価する判断と、「ジャムを取ろうとしたから」といった動機から評価する判断に分かれることがわかります。

幼児の大半は、「コップをたくさん割った方が悪い」と判断します。理由は、「たくさん割ったから」ということで、④動機についてはほとんど言及しません。

このように、結果を客観的にとらえて判断するのは、「客観的責任判断」と呼びます。他方、意図や動機などの主観的なとらえ方を重視して判断することを「主観的責任判断」と呼びます。10歳以降になると客観的責任概念は減少し、主観的責任概念のものが増加してきます。図22は、⑤ピアジェの課題に類似した話の絵図版です。

図22　結果論と動機論——どちらが悪いでしょう（ピアジェ類似の問題）

（高尾正　2001　より引用）

他律から自律へ――「規則は変えられる」と感じ始める9歳、10歳

こうした段階を経て、やがて、幼児期から小学校低学年の子どもは、周囲の大人の真似をし、規則どおり振る舞おうとする第二段階に入るようになります。

ピアジェは、こうした真似をしようとする義務感は、〝大人に対する［a］的な尊敬の念〟を持っていることによると考えました。つまり、大人が示す規則というものを、子どもは［b］的な正しいものとして受け止め、それに服従しようとしているのではないかと考えたわけです。

したがってこのころは、不完全な形でも、ゲーム遊びやジャンケンなどの規則性のある行動をまねるようになります。大人をまねて従うようになり、規則というものには従わねばいけないんだ、というやみくもさが出てきます。

しかし、そこには、③他者とのやりとりの意味や、他者の気持ちや考えを配慮しようという相互関係はまだ見えません。このころの子どもは、大人に対する尊敬の念から、規則を「犯してはならない神聖なもの」として感じ、かたくなにまねようとするのです。

このことは、小学校低学年のホームルームに参加してみるとよくわかります。「今日、〇〇ちゃんが、廊下を走っていました！」「□□ちゃんが、宿題を忘れたそうです！」と、手をあげて、他人の失敗を誇らしげに糾弾し合っている状況によく出くわします。

彼らはまだ、「規則を破ってはいけないのだ」という、大人から拘束された気持ちでいっぱいなのです。友達がどう思うかよりも、「絶対に規則は守らなければいけない」と強く思っています。

これは、この段階にいる子どもがまだ、「自己中心的な思考の段階」にいる、ということとかかわっています。これは［c］的に言う「わがまま」とは区別しなければなりません。つまり、相手を困らせようとしたり、相手の気持ちがわかっていても自分の欲求を通そうとしているのとは違うのです。まだ自己と他者の存在を明確に区別できないために、相手の気持ちにまで配慮できず、自分の欲求どおりにふるまってしまう思考のことを指します。

ものごとの判断が、自分自身の欲求によるものであるのか、［d］的なものによるのかという区別が、まだできないわけです。そのため、他人の立場に立って自由に考えることができませんから、相互の気持ちを考えたうえで規則をとらえる、といった認識を持つことができません。

ところが、友達とのかかわりを重ねる中で、しだいに勝ち負けを気にするようになると、他人を強く意識するようになり、他人（友達）との関係に［e］的な意味合いを感じるようになります。第二段階での大人への［a］的な尊敬から、〝仲間同士の相互の尊敬〟に基づくようになる第三段階へとうつるわけです。

こうなると、自己中心的な思考から脱して、他人の視点に立てるようになります。そして、規則の認識は、［b］的なものではなくなり、みんなの合意があれば修正が可能であると考えられるようになるのです。

このように「規則は変えることができる」ととらえられるようになるのが、まさに「9歳」「10歳」以降であると考えられています。

たとえば、トランプ遊びを考えてみましょう。9歳、10歳より前の子どもに、「今度は、ジョーカーなしでやってみよう」などといった規則の変更について提案しても、「それは、ダメ！」といった反応を返してくるでしょう。ところが、小学校中学年以降になれば、「そうだねぇ」

4歳から13歳の子どもたちのマーブルゲーム(注1)を観察して、子どもが規則に関する知識をどのように身に付けていくのか、どのように規則を用いているかなどについて観察しました。その結果、子どもたちが、規則に関する認識を身に付けていく①プロセスが3段階に分かれることを明らかにしています。

最初の段階は、2、3歳です。

遊びを観察しているとわかりますが、子ども同士の遊びのやりとりの中に、協同的な意味を持つようなやりとりがいっさいない段階です。②何かしなければならないといった義務だとか、友達との決めごとによって拘束されているといった社会的な意味合いを持つような行動がまったく見られません。近くで遊んでいても、一緒に何かをしようといったかかわりがなく、ひとりで楽しんで遊んでいます。

ところが、3歳を過ぎて、4、5歳になってくると、しだいに規則の認識の芽生えらしきものがうかがわれるようになります。たとえば、「順番こ」ということがわかったり、先に遊んでいる子に優先権がある、といった理解です。

また、子どもたちは、石を何度も落としてみるといった繰り返しの行動を見せるようになります。親からすると、同じことばかりしているように見えますが、ピアジェの観察からすると、子どもはただ単に同じことを飽きることなく繰り返しているのではないようです。子どもはそうした繰り返しの行動から、ものの因果や時間の前後、さまざまな法則性を感じ取るような力を身に付けているらしいのです。

一度、小さい子どもの遊びを観察してみてください。本当に同じことを何度も何度も繰り返しています。同じことを「やって！　やって！」と何度もせがまれた経験がある方も少なくないと思います。「この飽くなき行動は何ゆえかぁ……」とついつい思ってしまいますが、こういう一見無駄なエネルギーの浪費のような行動が、実は、ものごとの規則性を認識することにつながっているというわけですから、大事なことなのです。

子どもたちは、このように同じ行動を繰り返しながら、外の世界で生じることを自分の枠組みに取り入れていきます。これを「同化」と言います。また、自分の認識を変えて外界に合わせていくこともします。これを「調節」と言います。

新奇な体験に遭遇すると、私たちは驚き、しばらくはどうしてよいのかわからない、理解できないといったジレンマを経験します。たとえば、「りんご」しか知らないときに、「モモ」をもらったら、何これっ、と思うでしょう。これもりんごだと認識すれば同化ですし、新しいものだと認識すれば調節ということになります。

その際の「なんだろう!?」という葛藤が、新しいことを経験する以前に持っていたシェマ（＝スキーマ、考える枠組みのようなもの）を揺さぶり、不安定な状態にします。これは「均衡化」と呼ばれたりしています。

このように、生まれた直後から、子どもの周りにある森羅万象が、子どもに影響を与えて、規則性の概念を印象づける役割を果たしているのです。ですから、朝が来てまた夜が来る、といった、正確な昼夜の交替などの物理的な事象も、まさに規則の認識を生み出しています。毎日正確に繰り返されるさまざまな外界の事象から、法則性といった規則を学ぶ土壌が与えられているわけです。

【国　語】（五〇分）〈満点：一〇〇点〉

【注意】 本文からの抜き出し問題および記述問題については、句読点やかっこもそれぞれ一字に数えます。

一　次の各問いに答えよ。

問一　次の傍線部の漢字と同じ漢字を用いているものを後の選択肢から選び、記号で答えよ。

（1）周到に張り巡らされた**フク**センに気づかなかった。
ア　フクブチョウに選ばれた。
イ　新薬の開発が人類にフクインをもたらす。
ウ　彼はメンジュウフクハイの態度を貫いた。
エ　思わぬフクヘイの活躍が勝敗に影響した。
オ　古代の遺跡をフクゲンする。

（2）犯人のイン**トク**も罪だ。
ア　トクシカからの寄付を受ける。
イ　トクメイで投書をする。
ウ　奥義をエトクする。
エ　アクトク商法の被害にあう。
オ　その村にはトクイな風習がある。

（3）言い訳をして責任を**キ**ヒした。
ア　キンキを犯し、集団から制裁を受けた。
イ　アルコールにはキハツセイがある。
ウ　生徒会選挙をキケンした。
エ　財政キキュウの際に有効な対策をうった。
オ　ジョウキを逸した行動に驚愕した。

（4）地図でオ**ウ**サンミャクを探す。
ア　ウヨク団体に組する。
イ　ウチュウの神秘に思いを馳せる。
ウ　ウイテンペンは世のならいである。
エ　台風が集中ゴウウをもたらす。
オ　ウモウ布団をかける。

（5）所得から医療費を**コウ**ジョする。
ア　コウキシュクセイを保つ。
イ　コウガイに引っ越す。
ウ　判決を不満に思いコウソする。
エ　権力にテイコウする。
オ　世界的なキョウコウが起こる。

問二　次の傍線部の読みをひらがなで答えよ。

（1）資源が**乏**しい国に生まれる。
（2）**恋慕**の情にかられる。
（3）**霊峰**富士山を望む。
（4）理想と現実が**相克**する。
（5）頭を下げるのが嫌いな**性分**で損をした。

二　次の文章を読んで、後の問いに答えよ。

規則の認識――外界の事象、親の働きかけから学ぶ

ピアジェ（Piaget）は1932年に、規則の認識について多くのことを明らかにしました。

2022年度

解 答 と 解 説

《2022年度の配点は解答欄に掲載してあります。》

＜数学解答＞

1 (1) 1 (2) b^4 (3) $\frac{\sqrt{15}}{15}$

2 (1) $x=-\frac{13}{5}$ (2) $x=0,\ 9$ (3) $x=2,\ y=-5$

3 (1) $-x(x-2)(y-1)$ (2) $\frac{5}{18}$ (3) 30 (4) 51

4 (1) C(6, 4) (2) ア $y=\frac{5}{13}x$

5 (1) $y=3$ (2) $x=-\frac{3}{4}$ (3) $x=\frac{9}{4}$

6 (1) 4 (2) $2\sqrt{3}$

7 (1) 3：2 (2) $\frac{2}{15}$倍

○推定配点○

1～4 各5点×12　5 各6点×3　6 各5点×2　7 各6点×2　計100点

＜数学解説＞

1 (数・式の計算，平方根)

(1) $\frac{7}{6}-\frac{1}{6}\div\left(\frac{2}{3}-\frac{1}{9}\right)+\frac{4}{5}\div6=\frac{7}{6}-\frac{1}{6}\div\frac{6-1}{9}+\frac{4}{5\times6}=\frac{7}{6}-\frac{1\times9}{6\times5}+\frac{2}{15}=\frac{7}{6}-\frac{3}{10}+\frac{2}{15}=\frac{35-9+4}{30}=\frac{30}{30}=1$

(2) $4a^3b\times\left(-\frac{1}{2}ab^3\right)^2\div a^5b^3=4a^3b\times\frac{a^2b^6}{4}\div a^5b^3=\frac{4a^5b^7}{4a^5b^3}=b^4$

(3) $\frac{\sqrt{40}}{\sqrt{6}}+\frac{2\sqrt{3}}{\sqrt{5}}-\sqrt{3}\times\sqrt{5}=\frac{2\sqrt{2}\times\sqrt{5}}{\sqrt{2}\times\sqrt{3}}+\frac{2\sqrt{3}\times\sqrt{5}}{\sqrt{5}\times\sqrt{5}}-\sqrt{3}\times\sqrt{5}=\frac{2\sqrt{5}\times\sqrt{3}}{\sqrt{3}\times\sqrt{3}}+\frac{2\sqrt{15}}{5}-\sqrt{15}=\frac{2\sqrt{15}}{3}+\frac{2\sqrt{15}}{5}-\sqrt{15}=\frac{10\sqrt{15}+6\sqrt{15}-15\sqrt{15}}{15}=\frac{\sqrt{15}}{15}$

2 (1次方程式，2次方程式，連立方程式)

(1) $\frac{x-1}{2}+3=\frac{1-x}{3}$　両辺を6倍すると$3(x-1)+18=2(1-x)$　$3x-3+18=2-2x$　$5x=-13$　$x=-\frac{13}{5}$

基本 (2) $x-2=$Aとおくと$\mathrm{A}^2-5\mathrm{A}=14$　$\mathrm{A}^2-5\mathrm{A}-14=0$　$(\mathrm{A}+2)(\mathrm{A}-7)=0$　$(x-2+2)(x-2-7)=0$　$x(x-9)=0$　$x=0,\ 9$

(3) $\frac{x}{4}+\frac{y}{3}=-\frac{7}{6}$は両辺を12倍して$3x+4y=-14$…①　$\frac{x}{3}-\frac{y}{4}=\frac{23}{12}$は両辺を12倍して$4x-3y=23$…②　①×3は$9x+12y=-42$　②×4は$16x-12y=92$　①×3＋②×4は$25x=50$　$x=2$　①に代入すると$6+4y=-14$　$4y=-20$　$y=-5$

3 （因数分解，確率，整数の性質，円の性質，角度）

(1)　$x^2-x^2y-2x+2xy=x^2(1-y)-2x(1-y)=(x^2-2x)(1-y)=-x(x-2)(y-1)$

(2)　さいころの目を1，2ア，2イ，3ウ，3エ，3オの6つとする。目の出方は全部で$6\times6=36$(通り)であり，その中で2回投げたときの目の和が4になるのは(1回目の目，2回目の目)＝(1，3ウ)，(1，3エ)，(1，3オ)，(2ア，2ア)，(2ア，2イ)，(2イ，2ア)，(2イ，2イ)，(3ウ，1)，(3エ，1)，(3オ，1)の10通り。したがってその確率は$\frac{10}{36}=\frac{5}{18}$

(3)　2桁の正の整数は10～99の$99-9=90$(個)　$\frac{6}{a}$が既約分数とならない(約分できる)のは，aが2または3の倍数のとき。90個から，既約分数とならないものの個数を引けばよい。2の倍数は$2\times5=10$から$2\times49=98$の$49-4=45$(個)　3の倍数は$3\times4=12$から$3\times33=99$の$33-3=30$(個)　6の倍数は$6\times2=12$から$6\times16=96$の$16-1=15$(個)　したがって2桁の2または3で割り切れる数は$45+30-15=60$(個)　約分できない(既約分数となる)のは$90-60=30$(個)

(4)　右図のように頂点に名前をつける。△BCFについて外角の定理により$\angle BCF=\angle CFE-\angle CBF=70-x$　$\overset{\frown}{BD}$に対する円周角の定理により$\angle BED=\angle BCF=70-x$　△BAEについて外角の定理により$\angle BAE+\angle BED=\angle CBE$　$32+(70-x)=x$　$2x=102$　$x=51$

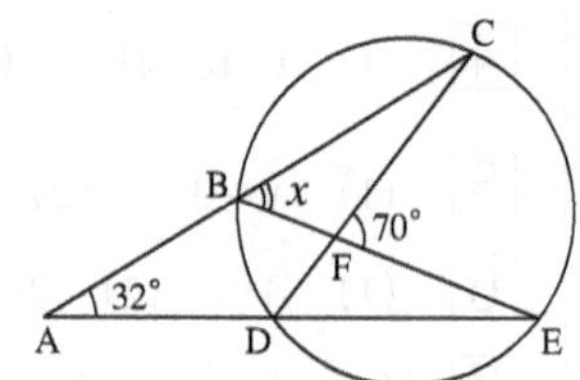

4 （図形と関数・グラフの融合問題，1次関数）

(1)　A(2，0)　BはAの真上にあるのでx座標がAと等しく$x=2$であり直線①上の点なので，$y=\frac{1}{2}\times2+3=4$　点B(2，4)　四角形ABCDは正方形なのでAD＝BA＝4　点DはD(6，0)　点Cは，x座標は点Dと等しくy座標は点Bと等しいのでC(6，4)

重要　(2)　点Aの座標をA$(a,\ 0)$とおくとB$\left(a,\ \frac{1}{2}a+3\right)$となりAD＝BA＝$\frac{1}{2}a+3$　D$\left(\frac{3}{2}a+3,\ 0\right)$となる。$\frac{3}{2}a+3=9$より$3a+6=18$　$a=4$　A(4，0)，B(4，5)，D(9，0)となる。BDの中点MはM$\left(\frac{4+9}{2},\ \frac{5+0}{2}\right)$＝M$\left(\frac{13}{2},\ \frac{5}{2}\right)$となり，原点を通り正方形ABCDの面積を2等分する直線は直線OMである。その方程式を$y=mx$とおくと，点Mを通ることから$\frac{13}{2}m=\frac{5}{2}$　$m=\frac{5}{13}$　$y=\frac{5}{13}x$

5 （図形と関数・グラフの融合問題）

基本　(1)　点Aは$y=x^2$上の点で$x=1$なのでA(1，1)，点Bは$y=x^2$上の点で$x=3$なのでB(3，9)，点Pはy軸に関して点Bと対称な点になるのでP(−3，9)　直線APの式を$y=mx+n$とおくとAを通ることから$m+n=1$…①　Pを通ることから$-3m+n=9$…②　①−②は$4m=-8$　$m=-2$　①に代入すると$-2+n=1$　$n=3$　直線APの式は$y=-2x+3$　点Qはこの直線上の点でy軸$(x=0)$上の点なのでQ(0，3)　y座標は$y=3$

(2)　直線ABの式を$y=mx+n$とおくと点Aを通ることから$m+n=1$…①　点Bを通ることから$3m+n=9$…②　②−①は$2m=8$　$m=4$　①に代入すると$4+n=1$　$n=-3$　直線ABの式は$y=4x-3$　点Qを通り直線ABに平行な直線は直線ABと傾きが等しくy切片が3なので$y=4x+3$　この直線とx軸$(y=0)$の交点をRとすれば△ABQと△ABRは底辺ABが共通で高さが等しい三角形なので面積も等しくなる。$4x+3=0$より$x=-\frac{3}{4}$　R$\left(-\frac{3}{4},\ 0\right)$である。

やや難 (3) 直線ABとx軸の交点をSとすると，$4x-3=0$より$x=\frac{3}{4}$　S$\left(\frac{3}{4}, 0\right)$　△ABQ＝△ABR＝△BRS－△ARS＝$\frac{1}{2}\times\left(\frac{3}{4}+\frac{3}{4}\right)\times9-\frac{1}{2}\times\left(\frac{3}{4}+\frac{3}{4}\right)\times1=6$　(2)の点Rと区別するために，x座標が正であるRをR′とする。R′(r, 0)とおく。△ABR′＝6となればよい。△ABR′＝△BR′S－△AR′S＝$\frac{1}{2}\left(r-\frac{3}{4}\right)\times9-\frac{1}{2}\left(r-\frac{3}{4}\right)\times1=6$　$\frac{1}{2}\left(r-\frac{3}{4}\right)\times8=6$　$4\left(r-\frac{3}{4}\right)=6$　$4r-3=6$　$4r=9$　$r=\frac{9}{4}$

6 (平面図形の計量，三平方の定理，相似)

やや難 (1) ABが直径なので，∠ACB＝90°となり，△ABCについて三平方の定理が成り立つ。$AC^2=AB^2-BC^2=36-4=32$　$AC=4\sqrt{2}$　ACとBDの交点をQとする。BQが∠ABCの二等分線なので，角の二等分線の定理によりAQ：CQ＝AB：BC＝6：2＝3：1　$AQ=4\sqrt{2}\times\frac{3}{3+1}=3\sqrt{2}$　$CQ=4\sqrt{2}-3\sqrt{2}=\sqrt{2}$　△BCQについて三平方の定理より$BQ^2=BC^2+CQ^2=4+2=6$　$BQ=\sqrt{6}$　ABが直径なので∠ADB＝90°＝∠BCQ　対頂角は等しいので∠AQD＝∠BQC　2組の角がそれぞれ等しいので△ADQ∽△BCQ　対応する辺の比は等しいのでAQ：BQ＝DQ：CQ　$3\sqrt{2}:\sqrt{6}=DQ:\sqrt{2}$　$DQ=3\sqrt{2}\times\sqrt{2}\div\sqrt{6}=\sqrt{6}$　$BD=BQ+DQ=\sqrt{6}+\sqrt{6}=2\sqrt{6}$　∠BCQ＝∠BDP(＝90°)，∠CBQ＝∠DBP(共通)より2組の角がそれぞれ等しいので△BCQ∽△BDP　対応する辺の比は等しいのでBC：BD＝BQ：BP　$2:2\sqrt{6}=\sqrt{6}:BP$　$BP=2\sqrt{6}\times\sqrt{6}\div2=6$　PC＝BP－BC＝6－2＝4

(2) △ADQについて三平方の定理により$AD^2=AQ^2-DQ^2=18-6=12$　$AD=2\sqrt{3}$

7 (空間図形の計量，相似)

(1) AE//CGより錯角は等しいので∠PAE＝∠PGI，∠PEA＝∠PIG　2組の角がそれぞれ等しいので△PAE∽△PGI　対応する辺の比は等しいのでEP：PI＝AE：GI＝(1＋2)：2＝3：2

重要 (2) $CG=3h$とすると，$IG=3h\times\frac{2}{1+2}=2h$　点PからEGに垂線をおろし，EGとの交点をP′とする。PP′//IGより同位角は等しいので∠EPP′＝∠EIG，∠EP′P＝∠EGI　2組の角がそれぞれ等しいので△PEP′∽△IEG　EP：PI＝3：2よりPP′：IG＝EP：IE＝3：(3＋2)＝3：5　$PP'=2h\times\frac{3}{5}=\frac{6h}{5}$　四角形EFGHの面積＝Sとおくと，四角錐P－EFGH＝$S\times\frac{6h}{5}\times\frac{1}{3}=\frac{2}{5}hS$　直方体ABCD－EFGH＝$S\times3h=3hS$　$\frac{2}{5}hS\div3hS=\frac{2}{15}$(倍)

★ワンポイントアドバイス★

中学数学の広い範囲から，典型的な問題が出題される。しっかりした大問が多く出題されるので，標準的な問題に解きなれ，過去問演習をしておかないと，時間配分にも苦しむことになるだろう。

＜英語解答＞

Ⅰ 1 ア　2 ア　3 ア　4 イ　5 ア
Ⅱ 1 ウ　2 ウ　3 ウ　4 イ　5 ウ　6 ウ　7 ア　8 ウ　9 ア　10 イ
Ⅲ 1 記号 イ　正しい形 writing　2 記号 ア　正しい形 met
3 記号 イ　正しい形 would join　4 記号 エ　正しい形 this summer
5 記号 ア　正しい形 so easy
Ⅳ 1 X ク　Y エ　2 X ウ　Y ア　3 X エ　Y ア
4 X ク　Y ウ　5 X エ　Y ク
Ⅴ 問1 ウ　問2 油絵具を使うと，卵で作った絵具を使うよりも多くのことをすることが可能だった。　問3 エ　問4 イ　問5 イ　問6 ア called　イ worried
問7 エ・キ　問8 (It) took me three days to (read the book.)
Ⅵ 問1 ウ　問2 イ　問3 Twenty　問4 A ウ　B ア　C イ　問5 ア
問6 エ　問7 イ・カ

○推定配点○
Ⅰ 各1点×5　Ⅱ 各1点×10　Ⅲ 各3点×5(各完答)　Ⅳ 各2点×5(各完答)
Ⅴ 各3点×10　Ⅵ 各3点×10　計100点

＜英語解説＞

基本 Ⅰ（単語のアクセント）
1・2・3・5は第1音節を，4は第2音節を強く発音する。

Ⅱ（書き換え：文型，分詞，現在完了，語彙，接続詞，疑問詞）
1. 〈make＋A＋B〉で「AをBにする」という意味の第5文型。
やや難 2. a star を分詞以下が修飾している文。a star は「(世界中の人々によって)知られる」ので，過去分詞 known「知られる」を使うのが適切。know「知っている」は受け身で「～によって」を表す場合，by ではなく to を用いるのが普通。
3. for ～「～の間」を用いた継続の用法の現在完了の文。現在完了の否定文は〈主語＋ have[has] not ＋動詞の過去分詞形〉の形。
4. look after ～「～の世話をする」
5. or は肯定命令文や must, had better などの後で「そうでなければ」の意味で用いられる。
6. anyone は肯定文で「誰でも」の意味で使われる。
7. 冠詞 a と名詞 review「見直し」の間に入るのは形容詞 careful「注意深い」である。carefully「注意深く」は副詞。care は名詞で「注意」，動詞で「心配する」の意味。
重要 8. what は職業を尋ねるときに使う。
9. A：明日11時30分に駅の前で会うのはどうだい。／B：少し早いな。12時に会おうよ。
10. A：彼の講義は僕にはわかりにくいな。／B：私が後であなたに説明するわ。しばらくの間ちょっと静かにしていて。

Ⅲ（正誤問題：動名詞，現在完了，接続詞，語彙）
1. finish は目的語に動名詞をとり，finish —ing で「～し終える」の意味になる。
2. 〈have[has]＋動詞の過去分詞形〉の形をとる現在完了の文と明らかに過去の一時点を示す語句とは一緒に使えない。ここでは明らかに過去の一時点を示す five days ago「5日前」が用いられているので過去形にするのが適切。met は meet「会う」の過去形，過去分詞形。

3. 接続詞 that より前の動詞が tell「言う」の過去形 told なので，that 以下も過去の時制に合わせる。will ではなく過去形の would とするのが適切。

4. 季節や月，曜日，時間帯を表す語の前に this，last，next，every などをつける場合は，それらが副詞句となるため in などの前置詞は不要になる。

5. 〈so ～ that ＋主語＋ can[could]＋動詞〉で「とても～なので…できる[できた]」の意味。enough easy ではなく so easy とするのが適切。

Ⅳ （語句整序：助動詞，文型，不定詞，感嘆文，接続詞，受動態）

1. (I forgot my pen.) Can you lend me <u>something</u> to write <u>with</u>(?)　Can I ～? で「～しても良いですか」の意味。lend は〈lend ＋A＋B〉という文型を作り，「(主語)がAにBを貸す」という意味になる。―thing という代名詞を使った不定詞の形容詞的用法の文では〈―thing ＋形容詞(～)＋ to ＋動詞の原形〉の語順で「何か～なもの」の意味。

2. What <u>a</u> tasty cake <u>she</u> makes(!)　what を使った感嘆文は〈What(a／an)＋形容詞＋名詞＋主語＋動詞 !〉の形。

3. I heard <u>that</u> there <u>are</u> many environmental problem (in the world.)　〈I hear(that)＋主語＋動詞～〉で「～だそうだ」の意味。主語が不特定なもので「…が～にある」という意味を表す場合，〈There ＋be動詞＋数量[a／an]＋名詞～〉の形にする。

4. Do you mind <u>if</u> I keep <u>the window</u> closed(?)　接続詞 if を使った文。〈主語A＋動詞B＋ if ＋主語C＋動詞D〉で「もしCがDならばAがB」という意味。〈keep ＋A＋B〉「AをBにしておく」の形では，Bに動詞を使う場合，AとBとの間に成り立つ主語・述語の関係が受動的関係「AがBされる」なら過去分詞を用いる。

5. (During the interview,) I was <u>asked</u> a few questions by <u>the reporter</u>(.)　by「～によって」があることから受動態の文にすると判断できる。受動態は〈be動詞＋動詞の過去分詞形〉の形。asked は ask の過去分詞形。

Ⅴ （長文読解・伝記文：語句解釈，英文和訳，指示語，内容吟味，語句補充）

（大意）　若い画家だったときのレオナルドについての話がある。レオナルドの作品は美しく，ヴェロッキオはそれを知っていた。「私はもう2度と絵を描かない」と老人は言った。レオナルドはもう①<u>見習い</u>ではなく，フィレンツェで最も若い画家の1人だった。当時のほとんどの工房は卵で作った絵具を使ったが，レオナルドは新しい絵具，油絵具を試した。②<u>油絵具を使うとより多くのことをすることが可能で</u>，それは彼がより深くより明るい色を描くことを助けた。レオナルドは外へ出て，花や水，石のようなものを描いた。彼は科学者のようにこれらのものを研究し，私たちの体がどのように機能するのかを理解するために，医師と一緒に働きもした。③<u>これ</u>のおかげで，彼の絵の全てはとても真に迫っていた。フィレンツェでは，レオナルドは安楽ではなかった。④<u>何人かの有力な人々のことで彼はたくさんの問題を抱えていた</u>。1482年にレオナルドはフィレンツェを去ってミラノへ旅した。彼らのために描き終えていなかったので，レオナルドは怒った人々をフィレンツェに残してきた。このことは彼の生涯を通して起こった。レオナルドは歴史上最も有名な画家の1人だが，20枚程度の絵しか描き終えなかった。レオナルドはミラノでは幸せだった。彼はたくさんの若い見習いと一緒に忙しい工房を持った。ミラノの統治者，ルドヴィーコ・スフォルツァは，⑤<u>彼は，自分はフィレンツェのような場所の統治者と同じくらい優秀だということを示したかった</u>ので，芸術にたくさんのお金を費やした。レオナルドはスフォルツァのために建物や機械を設計した。彼はスフォルツァの若い恋人のチェチーリア・ガッレラーニの絵のような美しい絵を描きもした。1495年に，スフォルツァはレオナルドに，『最後の晩餐』(ア)<u>と呼ばれる</u>絵を描くように頼んだ。

その絵は重要な教会の建物の壁のための絵で，それはイエスが彼の弟子たちととった最後の食事の物語を示した。彼はそれぞれの人を描き，彼らがテーブルの周りでどのように立ったり座ったりするかを変えた。『最後の晩餐』は高さ4.6m，長さ8.8mのとても大きな絵で，それはとても高い壁にある。彼は何時間も働き，食べるために中断しないこともあった。レオナルドは1498年に『最後の晩餐』を描き終えた。それはルネサンスの最も偉大な絵の1つだったが，レオナルドは(イ)心配だった。レオナルドは彼の偉大な作品を見たとき，「それは数年でこの壁からはがれ落ちるだろう」とおそらく考えただろう。私たちにとって幸運なことに，人々はそれを保存する方法を見つけた。

問1　ア）「絵を買うほど十分に裕福ではない人」(×)　イ）「若すぎて技術を学ぶことができない人」(×)　ウ）「技術を学ぶために熟練した人の下で働く人」(○)「フィレンツェで最も若い画家の1人だった」(下線部①の直後部)のだから，もう技術を学ぶ必要はないのである。
エ）「絵を描くための才能があまりない人」(×)

問2　「油絵具(を使うこと)」と比較しているのだから，比較の対象は「卵で作った絵具」(第2段落第1文)である。〈It is ~ to …〉で「…することは~だ」という意味。この it は形式上の主語なので「それ」などと訳に出てくることはない。ここでは is ではなく過去形の was が使われている。

問3　ア）第2段落最後から2文目参照。(×) 医師であるという記述はない。　イ）第2段落第4文参照。(×) 科学者と医師を兼業していた，という記述はない。　ウ）第2段落第1文参照。(×) 研究しながら絵具の開発をしていた，という記述はない。　エ）第2段落第1文~第5文参照。(○)

問4　下線部④の直後の2文目参照。

問5　ここでの like ~ は「~のような」の意味。下線部⑤の主節の動詞は want で，that節の中の動詞は was であるから，like を「好む」の意味の動詞であると考えるのは不適切。

問6　(ア)　a picture を分詞以下が修飾している文。a picture は「(『最後の晩餐』)と呼ばれる」ので，過去分詞 called「~と呼ばれる」を使うのが適切。　(イ)　ここでの worry は「心配させる」の意味。レオナルドは「心配している」，つまり「心配させられている」のだから，「~される」の意味の受動態にするのが適切。受動態は〈be 動詞＋動詞の過去分詞形〉の形。

問7　ア）「ヴェロッキオはとても年老いて工房をもう維持することができないと感じたので，もう決して描かなついもりだ，と言った」(×)　とても年老いている，という記述はない。
イ）「画家たちは卵で絵を描いたが，レオナルドは新しい種類の色を塗るための油絵具をつくり出そうとした」(×)　第2段落第1文・第2文参照。より深く明るい色を描けたのである。
ウ）「レオナルドはフィレンツェのたくさんの有力な人々を知っていて，彼らのために約20枚の絵を描いた」(×)　第2段落第2文・第4文・最終文参照。彼らのためには描き終えなかったのである。　エ）「レオナルドはミラノにいたとき，たくさんの若い人々と働き，ルドヴィーコ・スフォルツァのために，彼は絵を描くだけでなく他のこともした」(○)　第4段落第1文・第2文・最後から2文目・最終文参照。　オ）「レオナルドは『最後の晩餐』を描いていたとき，キリストの弟子たちと会って，彼らがテーブルの周りでどのように立ったり座ったりするべきか，彼らに助言した」(×)　キリストの弟子と会った，という記述はない。　カ）「『最後の晩餐』は大きな作品だったので，レオナルドは食事をとっている間さえそれを描き続けた」(×)　第6段落第3文参照。食べるための中断をしなかったのである。　キ）「『最後の晩餐』は長い間良い状況のままでいないだろう，とレオナルドはおそらく恐れたが，それをすばらしいままにする方法が見つけられた」(○)　最終段落最後から2文目・最終文参照。

問8　(It) took me three days to (read the book.)「…するのに~(時間)かかる」の意味には〈it takes ~(時間)＋ to do〉を使う。〈it take ＋人＋~(時間)〉の形を使うと人(行為者)の長い苦労

を含意した表現となる。took は take の過去形(第5段落第3文)。

Ⅵ (長文読解・物語文：語句補充，内容吟味)

(大意) 1ドル87セント。それが全てだった。店へ行くと，彼女はとても①少しだけお金を使った。最も安い肉や最も安い野菜を買った。次の日はクリスマスだった。デラはニューヨークの貧しく小さな部屋に夫のジェームスと住んでいた。彼のお金のほとんどが部屋にかかった。デラは仕事を探そうとしたが，時代が悪く，彼女に仕事はなかった。明日はクリスマスで，ジムにプレゼントを買うために彼女には1ドル87セントしかなかった。彼女は何かすばらしいもの，彼女がどれくらい彼を愛しているかを示すためのものがとても買いたかった。突然，壁の鏡を見て，デラの目が輝いた。ジェームスには2つの特別なものがあった。1つはジムの金の時計で，それはかつては彼の父，その前は彼の祖父のものだった。②もう1つの特別なものはデラの髪だった。彼女は部屋を出て，「エロイーズ美容室」とある扉のところに来た。「私の髪を買ってくれますか」とデラは尋ねた。「買うわ」と女性は答えた。「帽子をとって髪を見せて」美しい茶色の髪が垂れた。「③20ドルね」と女性は言った。「すぐに切って。お金をください」とデラは言った。次の2時間は素早く過ぎた。ジムのプレゼントのために店を見て回って，デラは幸せだった。彼女はついにそれを見つけた。時計用の金の鎖だった。ジムは自分の時計が大好きだったが，鎖を持っていなかった。彼女はそれを買わなければならない。店は彼女から21ドル受け取り，87セント持って彼女は家へ急いだ。そこに着くと，彼女は鏡にとても短い髪の自分を見た。「Aそれで私に何ができるの」と彼女は考えた。7時には食事はほとんどを準備できていて，デラは待っていた。扉が開き，ジムが入ってきた。彼の目はデラに向けられた。彼女は彼の顔の表情を理解することができず，恐れた。彼は怒っても驚いてもいなかった。彼は顔に奇妙な表情を浮かべて，ただ彼女を見た。デラは彼のところへ走った。「ジム」と彼女は叫んだ。「Bそんな風に私を見ないで。あなたにプレゼントをあげたかったから，髪を売ったの」「髪を切ってしまったのかい」とジムは言った。「そうよ。切って売ったの。もう私を愛していないの，ジム。私はまだ私よ」ジムはポケットから何かを取り出してテーブルに置いた。「愛しているよ，デラ」と彼は言った。「C君の髪が短くても長くても問題ないよ。④でもそれを開ければ，僕がなぜ最初にうれしくなかったか，君にはわかるよ」デラは紙をひきはがし，小さな喜びの叫びを上げた。しかし，数秒後には不幸の叫びになった。彼女の美しい髪用の櫛があったからだ。店の窓にその櫛を初めてみたとき，彼女はそれが欲しかった。美しくて高価な櫛で，今は彼女の櫛だった。でももう彼女には髪がなかった。それから彼女はジムの美しいプレゼントを取りに走った。「素敵じゃない，ジム。あなたは1日に100回時計を見たいと思うわ。私に時計を渡して。新しい鎖のついたそれを見ましょう」しかし，⑤ジムはこれをしなかった。「デラ」と彼は言った。「僕たちのプレゼントはしばらくの間とっておこう。それらは素敵だよ。僕は君の櫛を買うためのお金を得るためにその時計を売ったんだよ。食事にしよう」これはとても愛し合っている2人の若者の物語だった。

問1 few「少ししかない」は数えられる名詞につく。much「たくさんの」と little「ほとんどない」は数えられない名詞につく。money は数えられない名詞。「最も安い肉や最も安い野菜を買った」(第1段落第4文)のだから，お金は「ほとんどない」のだと考えるのが適切。

問2 one ~ the other … で「(2つあるうちの)1つは～残りの1つは…」の意味。第7段落第2文に one がある。

問3 「プレゼントを買うために彼女には1ドル87セントしかなかった」(第5段落第3文)が，髪を売った後で鎖を買うときに「店は彼女から21ドル受け取り，87セント持って彼女は家へ急いだ」(空欄Aの直前の2文目)のだから，21ドル＋87セント－1ドル87セント＝20ドルで髪が売れたと考えられる。

問4　Ａ「それ」とは髪を売る前に手元にあった1ドル87セントのことである。Ｂ「顔に奇妙な表情を浮かべて，ただ彼女を見た」(空欄Bの直前の3文目)ジムに対してのデラの発言である。
Ｃ　髪を「切っ」た(空欄Bの直後の8文目)「私を愛していないの」(空欄Bの直後の9文目)と尋ねるデラに対してのジムの発言である。

問5　ア)「ジムがデラに買ったプレゼントはそのときは彼女の役に立たなかった」(○)　下線部④の直後の1文目～7文目参照。　イ)「ジムがデラにあげるつもりだったプレゼントは，彼女が彼にあげたものと同じものだった」(×)　ウ)「ジムがデラに買ったプレゼントは彼女が彼に買ったものよりも安かった」(×)　エ)「ジムがデラに買ったプレゼントは彼女が欲しかったものではなかった」(×)

問6　ア)「ジムはその時計が大好きで毎日それを着けていたので，それを見ることに飽きた」(×)
イ)「その時計は彼ら2人にとって大切だったが，ジムはどこかでそれをなくした」(×)
ウ)「ジムはクリスマスの食事のためのお金が必要だったので，その時計を売った」(×)
エ)「ジムはデラへのプレゼントを買うためのお金を作るためにその時計を売った」(○)　下線部⑤の直後の5文目参照。

問7　ア)「デラは家事をするためにたくさんの時間を持ちたかったので，仕事を持たなかった」(×)　第4段落第5文参照。時代が悪かったのである。　イ)「デラはジムへの彼女の愛の表現として良いクリスマスプレゼントを買いたかった」(○)　第5段落最終文参照。　ウ)「ジムは彼らの部屋へ支払うために彼のお金のほとんどを使う必要がなかった」(×)　第4段落第4文参照。ほとんどを使わなければならなかったのである。　エ)「デラはジムのためにその時計のための金の鎖を買おうと決めて，美容院へ行った」(×)　第5段落最終文参照。美容院へ行く前には漠然と何かすばらしいものを買いたいと思っていたのである。　オ)「ジムはデラの長い髪のための櫛を買ったので，彼女の短い髪を見て少し驚いた」(×)　空欄Bの直前の4文目参照。驚いていなかったのである。　カ)「デラは彼女が欲しかったプレゼントを受け取ったが，それについて相反するものを含んでいる感情を持った」(○)　下線部④の直後の2文目・3文目参照。
キ)「この若い夫婦は，クリスマスにプレゼントを交換することが必要だ，と感じた」(×)　プレゼント交換が必要だ，という記述はない。

★ワンポイントアドバイス★
長文を読み始める前に内容一致問題の日本語で書かれている設問を見てみよう。
長文を読み進めるヒントとなる内容が書かれていることが多い。

＜国語解答＞

一　問一　(1)　エ　(2)　イ　(3)　ア　(4)　オ　(5)　ウ　問二　(1)　とぼ
(2)　れんぼ　(3)　れいほう　(4)　そうこく　(5)　しょうぶん

二　問一　安定な状態にします。　問二　オ　問三　エ　問四　他律から自～達している
問五　まだ自己と～きないため　問六　大人の行動を模倣し，規則を自分の生活に関わるものとして考えず，自己中心的で，「客観的責任判断」をしがちな段階にあるから。
問七　甲　イ　乙　エ　問八　イ・カ　問九　a　客観的　b　主観的　c　結果
d　意図や動機[動機や理由]

三 問一 1 イ 2 水瓶を打ち砕いて捨てた。 問二 ア 問三 エ 問四 ア
問五 ウ 問六 大切な物を自分の手でなくしてしまう点。 問七 おもうようなるを
もうけて 問八 イ

○推定配点○

一 各2点×10 二 問一・問四・問五 各5点×3 問六 6点 問八 各2点×2
他 各3点×8 三 問二・問六 各5点×2 他 各3点×7 計100点

＜国語解説＞

一 (漢字の読み書き)

問一 (1) 「伏線」とは小説や戯曲などで，後の展開に備えてそれに関連した事柄を前の方で仄めかしておくこと。また，後のことが上手くゆくように，前もってそれとなく用意しておくこと。エ「伏兵」とは，敵の不意を襲うために待ち伏せしている軍勢。また予期しない時に現れ，立ちはだかる人物や障害。他の選択肢として，アは副部長，イは福音，ウは面従腹背，オは復元となる。 (2) 「隠匿」とは，人目に触れないように隠しておくこと。また，隠れた悪事。イ「匿名」とは，自分の名前を隠して知らせないこと。他の選択肢として，アは篤志家，ウは会得，エは悪徳，オは特異となる。 (3) 「忌避」とは，嫌って避けること。ア「禁忌」とは忌み嫌って，慣習的に禁止したり避けたりすること。また，人体に悪影響を及ぼす危険がある薬剤の配合や治療法を避けて行わないようにすること。他の選択肢として，イは揮発性，ウは棄権，エは危急，オは常軌となる。 (4) 「奥羽山脈」とは，東北地方の中央部を南北に走る山脈。青森県の陸奥湾に突出する夏泊半島から福島県に至る。オ「羽毛布団」とは，鳥の羽毛を中に入れた布団。他の選択肢として，アは右翼，イは宇宙，ウは有為転変，エは豪雨となる。 (5) 「控除」とは，金銭や数量などを差し引くこと。ウ「控訴」とは，第一審判決に不服のある場合に上級裁判所に再審査を求めること。他の選択肢として，アは綱紀粛正，イは郊外，エは抵抗，オは恐慌となる。

問二 (1) 「乏しい」とは十分でない，経済的に貧しいという意味。 (2) 「恋慕」とは，特定の異性を恋い慕うこと。 (3) 「霊峰」とは神仏などを祭り，信仰の対象として神聖視されている山。 (4) 「相克」とは対立や矛盾する二つのものが，互いに相手に勝とうと争うこと。
(5) 「性分」とは，生まれつきの性質。

二 (論説文一脱文・脱語補充，内容吟味，文脈把握，大意)

問一 自分の持っているシェマを揺さぶり，不安定な状態にあるものを，心のメカニズムによって自分の認識を構造化し直し，新しいシェマを構成することを「均衡化」という。

問二 大人が子どもを服従させようとするのではなく，服従しようと子ども自身が思うことにあるので，aは「一方」が入る。また，大人は間違いなく正しいものであるとするので，bは「絶対」が入る。「自己中心的な思考の段階」と通常，言われる「わがまま」とを区別する必要があるとするので，cは「一般」が入る。dには，他人の立場や気持ちという，外にある原因や理由のことを指すので，「外在」が入る。eは第三段階になると，他人との関係性を重視するようになり，「社会」性を身につけるのである。

問三 第一段階(2～5歳)で，一人遊びから「規則の認識の芽生えらしきものがうかがわれるようになり」，第二段階(幼児期～小学校低学年)で，「周囲の大人の真似をし，規則どおりに振舞おうとする」。第三段階(小学校高学年)で，「〝仲間同士の相互の尊敬〟に基づくようにな」って規則を遵守するようになる。

問四 問題文にある「『友達との決めごと』によって行動するようになった子ども」とは，第三段

階に入った子どもであり，「協同で規則を生み出すことのできる段階」であり，「他律から自律の道徳性へと発達している」段階である。

問五　第二段階では「『自己中心的な思考の段階』にいる」ために，「他者の存在を明確に区別ができ」ず，「相手の気持ちにまで配慮でき」なくて，「自分の欲求どおりにふるまってしまう」のである。

重要 問六　傍線部後に，第二段階でしがちな「客観的責任判断」と，第三段階以降で重視する「主観的責任判断」について言及している。その二つの判断が生じる理由として，「大人への一方的な尊敬の念から，大人の行動を模倣していることにある」こと，「規則を自分の生活に密接にかかわる存在として考えていない時期であり，しかも，自己中心的な思考のため，結果以外のことを含めて判断することが難しい」ことを挙げている。

問七　甲 「主観的責任判断」として，自らの原因によってお皿を割ったとするのであれば，イが適当。　乙 「客観的責任判断」として，「たくさん割ったから」という事を示すのであれば，エが適当。

問八　子どもたちが行動を繰り返していく中で，身に付けるのは「ものの因果や時間の前後，さまざまな法則性を感じ取るような力」であるので，イは誤り。また，「仲間とのやりとりを通して，協同や相互の尊敬の念が存在するようになり，他者の意図や動機を視野に入れて判断ができるようになる」とあることから，客観的な判断材料に目を向けているので，カは誤り。

問九　本文の中に，「○○○責任概念」と出てくるのは，「主観的」と「客観的」である。最初の先生の会話では判断ができないので，その後を確認する。「[a]責任判断」から，失敗のどのような側面に注目するかという問いに対し，Bさんは「失敗をしてしまった」ということから「[a]責任判断」としている。失敗をしてしまったということは，現象の結果であるので，[c]には「結果」が入る。また「結果」だけを見て，悪いと判断するのは「客観的責任判断」であるので，[a]には「客観的」が入り，[b]には「主観的」が入る。「主観的責任判断」とは，「意図や動機などの主観的なとらえ方を重視して判断すること」なので，[d]には「意図や動機」が入る。

三 （古文―文脈把握，内容吟味，語句の意味，心情，脱語補充，仮名遣い，文学史）

〈口語訳〉　小田原という寺に，教懐上人という人がいた。後に，高野山に住むことになった人だが，新しい水瓶の姿形も，申し分ないものを手に入れて，特にその水瓶に執着して心を奪われていたのだが，その水瓶を縁側においたまま，奥の院へと入った。立派に，仏を念じ経を唱えて一心に信仰していたが，水瓶のことを思い出し，「いい加減に並べておいたのだが，誰かが盗むかもしれない」と心配になって，気持ちが，統一にならないので，仕方がないと考え，水瓶を置いた場所に戻るとすぐに，軒下の敷石の上にその水瓶を置いて，打ち砕いて捨てた。

また，横川の阿闍梨で陽範という人が，立派な紅梅を植えたが，それは二つとないもので，花が見ごろの頃には，ひたすら(花見を)楽しみ，自分自身で，誰かがこの木を折ってしまうのではないかと，自然に惜しみ，叱りつけるくらいだったが，どう思ったか，弟子たちが外出して，誰も人がいないとき，まだ幼い小法師が一人いたのを見つけて呼び，「手斧はあるか？持ってきてくれ」と頼み，この梅の木を地面の生え際から切り，その上に砂をかけて，跡形もなくしてしまった。弟子が，帰って，驚いて不思議に思って理由を聞いたところ，ただ，「無用なので」とのみ答えた。

これらは，すべて執着し続けることをおそれてのことだ。教懐も陽範も，ともに往生をとげた人物であるはずだ。本当に，はかないこの世の中に心を奪われて，長い闇夜の中を迷うことを，誰が愚かではないと思うだろうか。しかし，幾度となく生まれ変わる間の，煩悩の召使いとなってしまうのが習性であるという悲しさを知っていながら，私も他の人々もその思いを捨てきれないのだ。

問一　1　傍線部の前にある「いい加減に並べておいたのだが，誰かが盗むかもしれない」という心中の思いを読み取る。　2　傍線部の後にある「軒下の敷石の上にその水瓶を置いて，打ち砕いて捨てた」という内容を，制限字数内にまとめる。

問二　「またなき」は「またとない」の省略かつ，体言を修飾している。ここでは，同じようなものは他にないという意味。

問三　「二つとない」立派な紅梅を，「地面の生え際から切り，その上に砂をかけて，跡形もなくしてしまった」ことに弟子は驚いて不思議に思ったのである。

問四　新しい水瓶や立派な紅梅に執らわれることを恐れ，どちらも打ち捨てたのである。

問五　本文の最後にある「幾度となく生まれ変わる間の，煩悩の召使いとなってしまうのが習性であるという悲しさを知っていながら，私も他の人々もその思いを捨てきれないのだ」という内容に着目する。

基本　問六　教懐上人は新しい水瓶を，軒下の敷石の上より打ち砕いて捨て，また横川の阿闍梨で陽範は立派な紅梅を，手斧で地面の生え際から切り，その上に砂をかけて，跡形もなくしてしまった。

問七　語頭(単語の先頭)にない「は」「ひ」「ふ」「へ」「ほ」は，「わ」「い」「う」「え」「お」と読み，また「やう」は「よう」と読む。

問八　『方丈記』は，鴨長明による鎌倉時代の随筆。日本中世文学の代表的な随筆とされ，『徒然草』や『枕草子』とならぶ「古典日本三大随筆」に数えられる。

★ワンポイントアドバイス★

現代文の読解問題は，評論や論説文が多いので，それらを中心に練習問題を解いておこう。また，記述問題は必ず1題以上出題されるので，対策は必須だ。また，古文の読解問題は平安・鎌倉時代の作品が多く，小説読解的な文章読解力が求められるので，いろいろな古文に触れておこう。

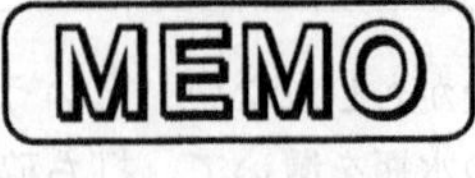

大切なことはメモしておこうネ！

T.G

2021年度

★★★★★★★★★★★★★★★★★★★★★★★

入　試　問　題

2021年度

拓殖大学第一高等学校入試問題

【数　学】（50分）　＜満点：100点＞

1　次の計算をせよ。

(1)　$\left(\frac{1}{2}\right)^2 \div (0.75^2-0.25^2)\times 2^5$

(2)　$\left(\frac{2}{3}a^3b^4\right)^2 \div (-2ab^2)^3 \div \left(-\frac{1}{9}ab\right)$

(3)　$\frac{(\sqrt{3}+1)^2}{\sqrt{6}}+\frac{(\sqrt{2}-1)^2}{\sqrt{3}}$

2　次の方程式を解け。

(1)　$1.2x+\frac{2(x-1)}{5}=-1.8x+\frac{5}{2}$

(2)　$(2x-1)^2-(3x-1)^2=-1$

(3)　$\begin{cases}(x-1):(11-y)=2:3\\ 2x-3y=-5\end{cases}$

3　次の［　　］に適当な式または値を入れよ。ただし，(2)は選択肢ア～エの記号を書きなさい。

(1)　$a^2b+ab^2-b^2c-abc$ を因数分解すると［　　］である。

(2)　次のア～エの４つの条件のうち，四角形ABCDが必ず平行四辺形になるものをすべて書き出すと［　　］である。
ただし，点Oは対角線の交点とする。

ア：AB // DC，AB＝DC

イ：AO＝OC，BO＝OD

ウ：BC // AD，AB＝DC

エ：AB＝BC＝CD＝DA

(3)　1，2，3，…，10の数字が１つずつ書かれた10枚のカードから３枚を取り出すとき，取り出したカードの数字の合計が20以上となるのは［　　］通りである。

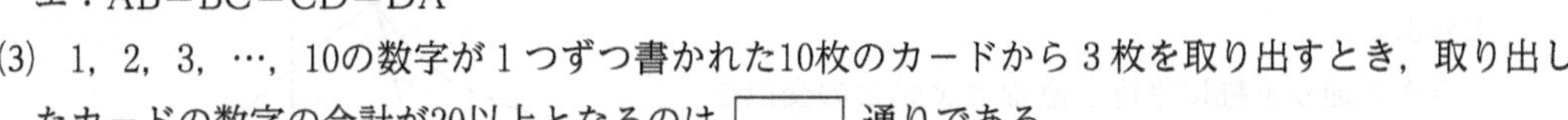

(4)　２桁の正の整数があり，一の位の数と十の位の数の和は10である。この整数の一の位の数と十の位の数の積は，この整数より52だけ小さい。
この整数は［　　］である。

4　Aさんと B さんの学級では，数学の授業で次の問題が出された。

問題

> 昨年のお祭りでコロッケを作って販売したところ，15個残った。そこで，今年のお祭りでは作る個数を昨年より20％減らして販売したところ，作ったコロッケはすべて売れ，今年売れたコロッケの個数は昨年売れたコロッケの個数より４％多くなった。昨年のお祭りで作ったコロッケの個数を求めよ。

このとき，次の各問に答えよ。

(1)　Aさんは昨年作ったコロッケの個数を x 個として考えた。Aさんの考え方を用いて x についての数式をつくり，昨年作ったコロッケの個数を求めよ。解答は途中式も含めてすべて解答欄に記述せよ。

(2)　Bさんは今年作ったコロッケの個数を y 個として考えた。下はBさんのノートの一部である。［ア］，［イ］にあてはまる値を求めよ。

> （Bさんのノート）
> 今年作ったコロッケの個数を y とおくと，
> 昨年作ったコロッケの個数は $\frac{\boxed{ア}}{8}y$ と表せる。
> すると，昨年売れたコロッケの個数は $\frac{\boxed{ア}}{8}y - \boxed{イ}$ と表せるから，
> y についての数式をつくると，
> $\left(\frac{\boxed{ア}}{8}y - \boxed{イ}\right) \times 1.04 = y$

5　図のように，双曲線 $y = -\frac{8}{x}$ がある。点A（−2，4），B（2，−4）は双曲線上の点である。点C，Dは四角形ADBCが平行四辺形となるようにとられた x 軸上の点で，点Cの x 座標は正，点Dの x 座標は負である。このとき，次の各問に答えよ。

(1)　双曲線上の点で，x 座標，y 座標がともに整数となる点は何個あるか。

(2)　点Cの x 座標が10のとき，直線BCの方程式を求めよ。

(3)　点Aを通り y 軸に平行な直線と x 軸との交点をEとする。
このとき，平行四辺形ADBCの面積が△AECの面積の2.5倍となるような点Cの座標を求めよ。

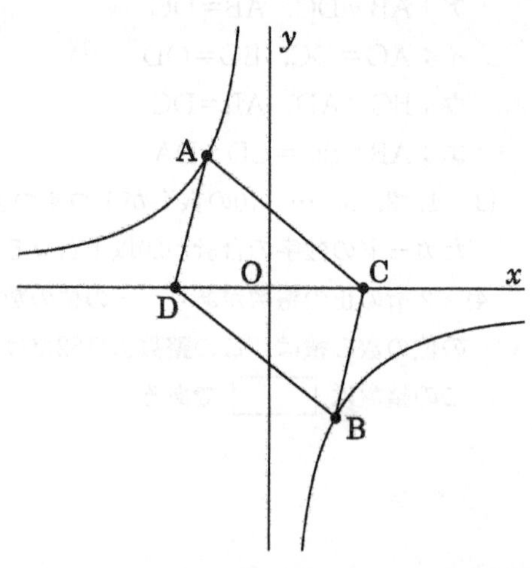

6　図のように，2つの放物線 $y=x^2$ と $y=\frac{1}{2}x^2$ がある。2つの放物線上に x 座標が -2 である点をとり，それぞれA，Bとする。点Cの座標を（-6，0）とし，2点A，Cを通る直線を ℓ，2点B，Cを通る直線を m とするとき，次の各問に答えよ。

(1)　直線 ℓ，m の方程式をそれぞれ求めよ。

(2)　直線 m が放物線 $y=x^2$ と交わる点をD，Eとするとき，CD：DEを最も簡単な整数の比で表せ。ただし，点Dの x 座標は負，点Eの x 座標は正であるものとする。

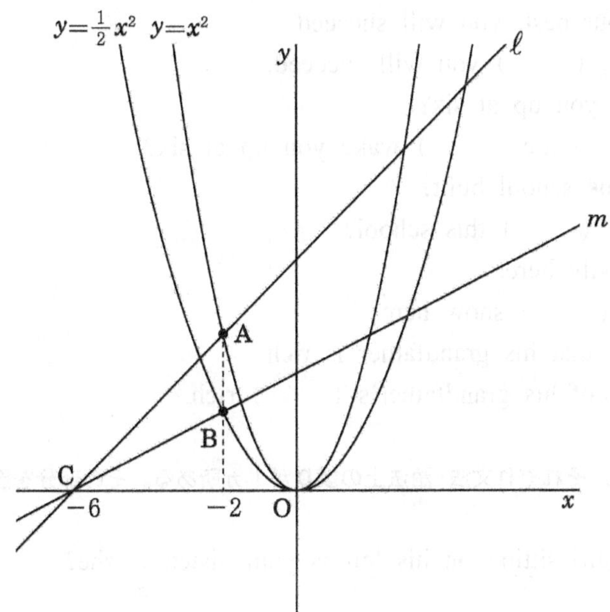

7　AB=6，BC=2，∠BADが鈍角である平行四辺形ABCDがある。∠ABCの二等分線と辺ADの延長との交点をE，線分BEと線分DC，ACとの交点をそれぞれF，Gとする。次の各問に答えよ。

(1)　BF：FEを最も簡単な整数の比で表せ。

(2)　BG：GF：FEを最も簡単な整数の比で表せ。

(3)　△BCGの面積と四角形AGFDの面積の比を最も簡単な整数の比で表せ。

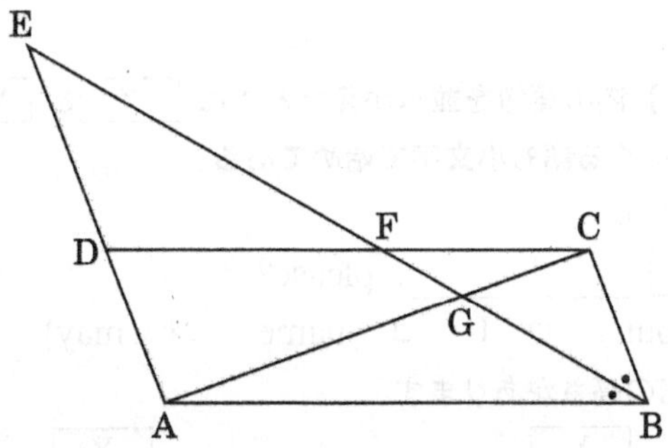

【英　語】（50分）　＜満点：100点＞

Ⅰ　各単語の第１アクセントの位置を記号で答えよ。

1. ca-reer（ア イ）　2. dif-fi-cult（ア イ ウ）　3. po-lice（ア イ）　4. su-per-mar-ket（ア イ ウ エ）　5. Feb-ru-ar-y（ア イ ウ エ）

Ⅱ　次の各組の文の意味がほぼ同じになるように，（　）内に入る最も適当な語を答えよ。

1. If you do your best, you will succeed.
   Do your best, (　　) you will succeed.
2. Shall I wake you up at six?
   Do you (　　) me (　　) wake you up at six?
3. When was this school built?
   How (　　) (　　) this school?
4. It snows heavily here.
   We (　　) (　　) snow here.
5. Ken is proud that his grandfather is rich.
   Ken is proud of his grandfather's (　　) rich.

Ⅲ　次の各英文には，それぞれ文法・語法上の誤りが１ヵ所ある。その部分を記号で答え，正しい形を記せ。

1. The smiling（ア） girl sitting（イ） on his left（ウ） is your sister, is（エ） she?
2. She was boring（ア） with work（イ） and wanted to do（ウ） something different（エ）.
3. Every students（ア） in（イ） the class attended（ウ） the English class（エ）.
4. It（ア） is impossible of me（イ） to walk such a（ウ） long way with（エ） heavy bags.
5. A few（ア） months passed（イ） since she left home（ウ） without saying（エ） a word.

Ⅳ　日本語に合うよう【　】内の語句を並べかえたときに，［ X ］と［ Y ］にくるものをそれぞれ記号で答えよ。なお，文頭にくる語も小文字で始めてある。

1. お名前を教えてください。
   ［ X ］ ＿＿ ［ Y ］ ＿＿ ＿＿, please?
   【ア have　イ your　ウ I　エ name　オ may】
2. この木はあの木の４倍の高さがあります。
   ＿＿ ＿＿ ＿＿ ［ X ］ ＿＿ ＿＿ ＿＿ ［ Y ］.
   【ア times　イ one　ウ this tree　エ as tall　オ four　カ is　キ as　ク that】

3. 彼は学校に遅刻しないと約束した。
_____ _____ [X] _____ _____ [Y] _____ school.
【ア promised イ be ウ to エ he オ late カ not キ for】
4. 私はとても疲れていたので，もうそれ以上歩けませんでした。
_____ _____ [X] _____ _____ _____ [Y] _____.
【ア too イ I ウ tired エ walk オ longer カ was キ any ク to】
5. しばらくの間黙っていてくださいませんか。
Would you mind [X] _____ _____ [Y] _____ _____?
【ア tongue イ while ウ your エ a オ holding カ for】

V 自然な会話の流れになるように，（ ）内に入る最も適当なものをそれぞれ１つ選び，記号で答えよ。

1. John : Where are you going, Mom?
Mother: To the supermarket. I need to get some food for dinner tonight.
John : Are you going to buy carrots?
Mother: No. （ ）
ア）I will use carrots for today's dinner.
イ）I have to buy carrots by five p.m.
ウ）I like carrots.
エ）I already have some in the fridge.

2. Clerk : Welcome to the Esperanza Hotel. How can I help you?
Peter : My name is Peter Washington. I'm here to meet Brian Smith. He's a guest here.
Clerk : All right. Let me see. （ ） I'll check his room number.
Peter : Thank you.
ア）You should call him.
イ）Please take a seat in the lobby.
ウ）Please tell me your name.
エ）This hotel is located at 555 South Main Street.

3. Yuko : Taku, have you already decided which high school you want to go to?
Takuya: Yes, I have. I want to go to Reiwa High School.
Yuko : （ ① ）
Takuya: The school is very famous for its English program.
Yuko : （ ② ）
Takuya: The school holds a "discussion program" every year. In this program, English teachers from different countries give a topic and students discuss it. Through this program, they also learn how to make a presentation.
Yuko : It sounds interesting! （ ③ ）

Takuya: Yes, but I want to improve my speaking skills more.
Yuko　: I believe you can do it.
Takuya: Thanks.

ア）How did you know about the program?
イ）Can you tell me more about the program?
ウ）Do you think speaking skills are important?
エ）How many hours do you usually study English per day?
オ）Are you good at speaking English?
カ）What is the unique point of the school?

Ⅵ　次の英文を読み，設問に答えよ。

On 7 January 1610, the Italian astronomer ①Galileo Galilei looked up into the night sky with his telescope(望遠鏡). There was no Moon that night, so the brightest thing in the night sky was the planet Jupiter. You can easily see it on a clear night, without a telescope.

But when Galileo looked through his telescope, he had a big surprise. In the sky beside Jupiter, he saw four white spots of light. These were moons, going around Jupiter, in the same way that the Earth and the other planets go around the Sun. 'Jupiter is like the Sun,' Galileo thought. 'It has ②its own small planets too.'

Galileo was ③right. Jupiter is almost like a small star. Just like the Sun, it is made of gas - mostly hydrogen(水素) and helium(ヘリウム). But it has a lot more than four moons; so far, scientists have found sixty-four!

Jupiter is so bright because it is so big. It is the biggest planet in the solar system(太陽系): 1,320 Earths can fit inside Jupiter. But it is much, much further away from the Earth than Mars.

On this planet there are enormous(巨大な) winds and storms. The Great Red Spot on Jupiter is a terrible, enormous storm bigger than the Earth. Scientists first saw this storm almost 350 years ago, and it has not stopped yet!

In 1995 Galileo went into orbit(軌道) around Jupiter. But this time it was not Galileo the man, it was a space probe(探査機) called Galileo.

As (ア)Galileo was travelling towards Jupiter, something exciting happened. Three astronomers, Gene and Carolyn Shoemaker and David Levy, were watching a comet(彗星). As the comet came closer to Jupiter, they saw it break into small pieces. The astronomers realized that something amazing was going to happen. 'It's going to crash into Jupiter!' they said.

And on 16 July 1994, that is what started to happen. There was an enormous explosion(爆発), and then another and another, as the pieces of the broken comet crashed into the planet. Millions of tonnes of gas exploded into space, while the

Galileo spacecraft and the Hubble Space Telescope took photographs. Then, slowly, the gas fell back onto Jupiter again. No one had ever photographed anything like this before.

In 1995, the Galileo spacecraft dropped a small probe into Jupiter's atmosphere. The probe fell faster and faster, reaching the fastest speed of any spacecraft, 170,000 kilometres per hour. As it fell, it took photographs. But after a few minutes it grew hotter and hotter, broke into pieces, and disappeared.

Eight years later, there was another small explosion. The spacecraft (イ) Galileo followed the probe, and crashed into the planet Jupiter.

Saturn, the next planet after Jupiter, also has many surprises. Like Jupiter, it has huge storms in its atmosphere, and winds that move at 1,800 kilometres an hour. Like Jupiter, Saturn is much bigger than the Earth, but it is not very heavy.

The most surprising thing about Saturn is its rings. (ウ) Galileo noticed them first, in 1610, when he looked at Saturn through his telescope. But ④ he did not know what they were; he called them 'ears.' Then in 1655 the Dutch astronomer Christiaan Huygens looked at Saturn through a better telescope, and he said the 'ears' were really a ring. In 1675 Gian Domenico Cassini, an Italian astronomer, said that Saturn had not one ring, but two.

We know much more about these rings today, because a spacecraft called *Cassini- Huygens* has taken thousands of photographs of Saturn since 2004. The *Cassini-Huygens* spacecraft has taken thousands of photographs of Saturn and its rings. But what are these rings? Why are they there?

Saturn's rings are made mostly of ice. They are hundreds of thousands of kilometres wide, but very (5) - between 10 metres and 1 kilometre. There are seven rings. Some scientists think that one of Saturn's moons broke up into pieces, and the ice is what is left. Other scientists think that the rings are like the ice and dust that was there when the planets were first formed. Nobody is quite sure. But they are very beautiful.

問1　本文には2種類のGalileoが登場する。下線部①のGalileoと同じものを指すGalileoを文中の(ア)～(ウ)の中から1つ選び，記号で答えよ。

問2　下線部②のits own small planetsと同じ意味を表す1語を，同一段落内から抜き出せ。ただし，この下線部内で使われている語は使用しないこと。

問3　下線部③のrightと同じ意味で使われているものを含む文を1つ選び，記号で答えよ。

ア）That person was right in front of me.

イ）You made the right decision.

ウ）Now we have to have the right to access the Internet.

エ）He pitches with his right hand.

問4　下線部④をtheyが指し示す内容を明らかにして和訳せよ。

問５　（５）に入る語を１つ選び，記号で答えよ。

ア）cold　イ）fast　ウ）thin　エ）heavy

問６　以下の文は本文の表現を参考に，次の日本文を英語に直したものである。（　）に入る適語を答えよ。

「このクラスの誰もMichaelをMikeと呼ばない。」

（　　）（　　）in（　　）（　　）（　　）（　　）Mike.

問７　本文の内容に一致するものを２つ選び，記号で答えよ。

ア）Galileo Galilei looked at the sky using his telescope and finally found that the Sun goes around the Earth.

イ）No other planet in the solar system is as big as Jupiter.

ウ）In 1995, Galileo spaceship got into Jupiter's atmosphere, and crashed and disappeared.

エ）Jupiter is much further away from the Earth than Saturn, so it is very difficult to find what is happening on Jupiter.

オ）Because of his better tool, Christiaan Huygens was able to find more about Saturn than the astronomer Galileo.

カ）All scientists think the same way about how Saturn's rings were made.

Ⅶ　**裕福だがその背景は謎であるPhileas Foggは，新しく雇った執事のPassepartoutを家に残し，自身が会員である紳士クラブthe Reform Clubに向かうところである。この英文を読み，設問に答えよ。**

Phileas Fogg walked along the street. He put his right foot in front of his left foot 575 times. He put his left foot in front of his right foot 576 times. Then, he arrived at the Reform Club. He went straight to the dining room and sat at his usual table. He enjoyed a splendid（すばらしい） lunch, served with cups of tea.

At twelve forty-seven, he got up and walked to the drawing room（客間） and [① read] the newspapers until dinner time. Dinner was exactly the same as lunch. At twenty to six, he returned to the drawing room and read the papers for another half hour. Then, he joined a group of five wealthy businessmen who all loved to play whist（カードゲーム）. One of them was a director of the Bank of England. One of the others asked the director about the robbery（強盗） that had just occurred（起こる）.

This robbery had occurred three days earlier. A sum of *£55,000 had been taken from the desk of a bank teller（銀行出納係） while he was busy, and the thief had not been caught. The police were looking for a man who was in the room at the time. He was described（特徴を述べられた） as a well-dressed and good-mannered gentleman. The police were watching all the ports in England to stop the thief from escaping and had offered ②<u>a reward</u> of two thousand pounds, as well as five percent of the amount recovered（戻った）. The police thought that they would soon catch the thief, and the bank director was not very worried.

"I think he will escape," said one of the other whist players.

"Where do you think he will go?" asked the bank director.

"I don't know. ③ <u>The world is a big place.</u>"

"It used to be a big place," said Phileas Fogg. "It's a lot smaller now."

The bank director agreed. "It is smaller because now you can travel around it ten times more quickly than you could one hundred years ago."

"You can do it in eighty days. I read it in the newspaper," said one of the other players.

"But there could be bad weather, shipwrecks(難破), and many other problems that delay the trip. It might be eighty days on the timetables, but I don't think it will work if you try it."

"I'm sure it will," replied Phileas Fogg.

"I'd like to see you prove(証明する) it. I bet(賭ける) £4,000 that you can't do it!"

Each of the five players said that they would bet the same amount.

"I'll do it," said Mr. Fogg calmly. "I have twenty thousand pounds with Baring Brothers(ベアリングス銀行). I am ready to risk it."

They could hardly believe him. "You will lose all that money if there is an unexpected delay(遅れ)."

"I do not believe in the unexpected," replied Mr. Fogg.

"When will you go?"

"Now. The train to Dover leaves at eight forty-five. I will be on it."

"Tonight?"

"Yes, tonight. It is Wednesday, the second of October, and I will be back in this room at eight forty-five on Saturday, the twenty-first of December. If I am not here, you may cash this check(小切手) for twenty thousand pounds and share the money among yourselves."

The six men wrote it all down on a piece of paper and signed it. It was seven o'clock, and they expected their friend to stop playing and prepare for his trip.

"I am always ready," he said, and continued to play.

He played for another twenty-five minutes and then walked home. Passepartout was very surprised to see him. The piece of paper(Foggが執事に渡した予定表のこと) said that he would return home at midnight, but it was only ten to eight. He was even more surprised when Mr. Fogg told him that they were leaving in ten minutes and going around the world. Passepartout was very disappointed. This was not what he had expected.

"Just pack a few small bags," Mr. Fogg told him. "We don't need suitcases. We will buy anything that we need along the way."

Passepartout thought that his master was joking, but he soon realized that he was [4]. Phileas Fogg never joked. At eight o'clock, they were ready to leave. Phileas Fogg carried a ship and train timetable and put twenty thousand pounds in Passepartout's bag.

"Be careful with it," he said.

They locked the door and went to the railway station. Phileas Fogg saw a poor woman begging and gave her the money he had won at whist that evening. He told Passepartout to buy two tickets to Paris.

The five men from the Reform Club were at the station to say goodbye. Mr. Fogg promised them that he would have his passport stamped as he went along.

"I will be back at the Reform Club at eight forty-five on the evening of December 21st," he said and got on the train. At eight forty-five, the train blew its whistle and started on its journey.

* * *

The news of ⑤ <u>the bet</u> went around the Reform Club and then got into the newspapers. All over London, people made their own bets. Would he return in eighty days? At first, some people thought that it might be possible, but most people disagreed. One of the newspapers tried to prove that it could not be done. If there was only one delay, it said, the whole plan would be ruined. It listed the many things that could go wrong. After that, almost nobody believed it could be done.

Seven days later, the police chief in London received a message from a police officer in Suez. It asked him to send an arrest warrant(逮捕状) so that he could arrest Phileas Fogg, the man who had taken £55,000 from the Bank of England. Now everybody thought that Phileas Fogg was a thief. He matched the description of the man the police were hunting. Obviously, the story about traveling around the world in eighty days was only a way to help him escape from London.

* £ = pound ポンド（英国の通貨単位）

問1 [① r<u>ea</u>d] の下線部と同じ発音のものを1つ選び，記号で答えよ。

ア）spr<u>ea</u>d　イ）sw<u>ee</u>t　ウ）cr<u>ea</u>te　エ）tr<u>ea</u>t

問2 下線部②について，全額取り返せた場合の報酬は全部でいくらとなるか。 1つ選び，記号で答えよ。

ア）2,000 ポンド　イ）2,750 ポンド　ウ）4,750 ポンド　エ）5,500 ポンド

問3 下線部③について，この言葉を口にした人物はどのようなことを伝えたかったのか。最も適切なものを1つ選び，記号で答えよ。

ア）世界は広いので，世界一周するのには時間がかかるということ。

イ）世界は広すぎて，自分たちには知らない文化があるということ。

ウ）世界はどのくらい広いのか計り知れないということ。

エ）世界は広いので，強盗がどこにいるかわからないということ。

問4 [4] に入るものとして最も適切なものを1つ選び，記号で答えよ。

ア）handsome　イ）lucky　ウ）serious　エ）surprised

問５　下線部⑤の the bet の対象を具体的に表している箇所を最終段落から７語で探し，最初と最後の２語ずつを答えよ。

問６　本文の内容に一致するものを２つ選び，記号で答えよ。

ア）The bank director playing cards was very disappointed because a lot of money was stolen from his desk.

イ）The members playing cards supported Phileas Fogg and gave him enough money so that he could travel around the world.

ウ）At first Phileas Fogg did not want to travel around the world, but he decided to do so afterwards.

エ）Phileas Fogg was worried that any troubles could possibly happen in the journey.

オ）Phileas Fogg did not leave the Reform Club soon and kept playing cards with the members after he decided to travel around the world.

カ）Phileas Fogg won some money in the card game at the Reform Club, and he gave it to a poor stranger.

キ）Many people believed that Phileas Fogg stole the money because he had 55,000 pounds in his bank.

問五　傍線部⑤「かくてはあさましきことかな」の解釈として最も適当なものを次の中から選び、記号で答えよ。

ア　こんなふうでは本当にすばらしいことであるよ
イ　このようではなんともあきれたことであるよ
ウ　こんな様子では非常に奥ゆかしいことであるよ
エ　このようになってはとても喜ばしいことであるよ

問六　傍線部⑥「この道」とはどのような道のことか。最も適当なものを次の中から選び、記号で答えよ。

ア　画法を極めて絵仏師として生きる道
イ　仏教の悟りに至るため修行をする道
ウ　人脈を広げて多くの家を生み出す道
エ　賢人として常に自身の徳を高める道

問七　【文章Ⅰ】と【文章Ⅱ】に関する説明として最も適当なものを次の中から選び、記号で答えよ。

ア　【文章Ⅰ】と【文章Ⅱ】はどちらも火事の場面を描いているが、右大臣は落ち着いて笛を持って避難するという賢人らしい振る舞いを見せたのに対し、良秀は慌てて一人で避難をしたことを悔やんでいた。
イ　【文章Ⅰ】と【文章Ⅱ】では自宅で火事が起きたときの行動が若干異なっており、右大臣と良秀に対する周囲の評価もそれぞれであるが、どちらも常人離れした考え方をしているという点で一致している。
ウ　【文章Ⅰ】と【文章Ⅱ】はどちらも自宅が火事になったときに取るべき行動を描いており、火を消すことよりも大事なものを見極めて、落ち着いて避難したほうが良いという教訓的な内容になっている。
エ　【文章Ⅰ】と【文章Ⅱ】ではどちらも自宅を火事で失ったことで共通しているが、右大臣は天が授けた災難であったとがっかりしたのに対し、良秀は大きな火炎を見ることができたことを喜んだ。

問八　『十訓抄』は鎌倉時代の説話集である。同じ時代に成立した作品を次の中から選び、記号で答えよ。

ア　平家物語　　イ　今昔物語集
ウ　源氏物語　　エ　おくのほそ道

【文章Ⅱ】

(注6)絵仏師良秀(ゑぶつしりやうしう)といふ僧ありけり。家隣より火出で来たりぬ。(注7)おしおほひてければ、大路へ出でにけり。人の書かする仏もおはしけり。また、ものもうちかづかぬ妻子なども、(注8)さながらありけり。それをも知らず、身ばかり、ただ一人出でたるを(注9)ことにして、むかへのつらに立てりけり。

火、はやわが家に移りて、煙、炎、くゆりけるを見て、おほかたさりげなげにてながめければ、(注10)知音どもとぶらひけれども、さわがざりけり。「いかに」と見れば、むかへに立ちて、家の焼くるを見て、うちうなづき、うちうなづきして、時時笑ひて、「あはれ、(注11)しつる所得かな。④年ごろわろく書きけるものかな」といふ時、とぶらひ来たる者ども、「こはいかに。⑤かくてはあさましきことかな。(注12)もののつき給へるか」といへば、(注13)「何条、もののつくべきぞ。年ごろ(注14)不動尊の火炎を悪しく書きけるなり。はや、見取りたり。これこそは所得よ。⑥この道を立てて、世にあらむには、仏をだによく書き奉らば、百千の家も出で来たりなむずるものを。我党(わたう)こそさせる能をもおはせねば、物を惜しみ給へ」といひて、あざわらひて立てりけり。そののちにや、良秀の「よぢり不動」とて、人々めであへりけり。

　をこがましく聞ゆれども、右府の振舞に似たり。

(注6)絵仏師…仏像・仏画の製作や寺院の装飾に携わった僧侶。
(注7)おしおほひてければ…炎が家を覆ったので。
(注8)さながらありけり…すべて家の中にいた。
(注9)ことにして…なすべきことと考えて。　(注10)知音…親友。
(注11)しつる所得…うまく手に入れた儲け。
(注12)もののつき給へるか…何か霊がお憑きになったのか。
(注13)何条…どうして。
(注14)不動尊…五大明王の一つ。不動明王。悪魔降伏のため、憤怒の相で、背に火炎を負う。

問一　傍線部①「世には賢人右府と申す」とあるが、【文章Ⅰ】ではどのような点を賢人らしいと評価しているか。その理由として最も適当なものを次の中から選び、記号で答えよ。

ア　火鉢の火が燃え広がるのを予見していた点。
イ　焼けても惜しむものを持っていなかった点。
ウ　火事を天の災いだと考え抵抗しなかった点。
エ　自分よりも周囲の人々の安全を優先した点。

問二　傍線部②「数にもあらざりけむかし」とあるが、その理由として最も適当なものを次の中から選び、記号で答えよ。

ア　右大臣は過去にも火事を経験しており、家が一つ焼けるくらいのことは、もはやたいしたことではないから。
イ　右大臣はなるべく物を持たない質素な生活を心がけており、失っても惜しむほどのものは持っていないから。
ウ　右大臣は何より自分自身や周囲の人が無事であったことを嬉しく思い、家が焼けたことは気にしていないから。
エ　右大臣は賢人と呼ばれることが嬉しかったので、それと比べれば家を失うのは悲しむほどのことではないから。

問三　傍線部③「その」が指し示す内容を、二十字以内で答えよ。

問四　傍線部④「年ごろわろく書きけるものかな」とあるが、何を「わろく書きける」のか、【文章Ⅱ】の中から六字で抜き出して答えよ。

だよね。

生徒B　うん。どうにか対策を考えないといけない問題だけど、どうすればいいかな。

生徒C　【資料】にも書いてあるけど、環境への負荷を減らすしかないよ。だから、（　Y　）のがいいんじゃないかな。

生徒D　たしかに。そうすれば【文章】で筆者が問題としていることへの解決策にもなりそうだね。

（ⅰ）空欄（X）に当てはまる八字を、【資料】から抜き出して答えよ。

（ⅱ）【資料】に書かれていることをふまえて、空欄（Y）に当てはまる内容として最も適当なものを、次の中から選び、記号で答えよ。

ア　徐々に経済の規模を縮小させていきながら、環境をもとに戻すように努力する

イ　国際的協調を前提として、経済的に負荷をおってでも、環境をもとに戻す

ウ　環境破壊を防ぎつつ、生態系を立て直すためには、人為的に環境を作り変える

エ　社会が持続的に発展するように積極的に経済活動を行って、科学を発達させる

オ　科学的根拠に基づき環境破壊を防ぎながら、社会が発展し続ける方法を考える

三　次の【文章Ⅰ】と【文章Ⅱ】は、それぞれ『十訓抄』の一節である。これを読んで後の問いに答えよ。

【文章Ⅰ】

小野宮右大臣（注1）とて、①世には賢人右府と申す。若くより思はれけるは、身にすぐれたる才能なければ、なにごとにつけても、その徳あらはれがたし。まことに賢人を立てて（注2）、名を得ることをこひ願ひて、ひとすぢに廉潔の振舞をぞし給ひける。かかれど人さらに許さず。かへりてあざけるたぐひもあるほどに、あたらしく家を造りて、移徙（注3）せられける夜、火鉢なる火の、御簾のへりに走りかかりけるが、やがでも消えざりけるを、しばし見給ひけるほどに、やうやうくゆりつきて、次第に燃え上がるを、人あさみて（注4）寄りけるを制して、消さざりけり。火、大きになりける時、笛ばかりを取りて、「車寄せよ」とて、出で給ひにけり。いささか物をも取り出づることなし。

これより、おのづから賢者の名あらはれて、帝よりはじめ奉りて、ことのほかに感じて、もてなされけり。かかるにつけては、げにも家一つ焼けむこと、かの殿の身には②数にもあらざりけむかし。

ある人、のちに③そのゆゑを尋ね奉りければ、「わづかなる走り火の、思はざるに燃え上がる、ただごとにあらず。天の授くる災なり。人力にてこれをきほはば（注5）、これより大きなる身の大事出で来べし。なにによりてか、あながちに家一つを惜しむにたらむ」とぞいはれける。

（注1）小野宮右大臣…藤原実資。博識で、欲がなく心が清らかであることから、賢人右府といわれた。「右府」は右大臣。

（注2）賢人を立てて…賢人のふるまいをして。　（注3）移徙…引越。

（注4）あさみて…びっくりして。　（注5）きほはば…争うならば。

問八　傍線部④「氷があったことが僥倖とすら言える状況」とあるが、どういうことか。四十字以内で説明せよ。

問九　本文の内容に合致するものを、次の中からすべて選び、記号で答えよ。

ア　水産資源は不安定な状況であり、場合によっては危機的ですらある。

イ　人間の存在により、生態系の微妙な均衡が崩れてしまっている。

ウ　まったく手つかずの森は存在せず、人間が介入している。

エ　最近、CO_2が温暖化の原因となっていることが明らかになった。

オ　現在ある森林では地球上にいる大型生物が呼吸により吐き出すCO_2を吸収しきれない。

問十　次に示すのは、【文章】を読んだ拓大一高生が、その後、【資料】（環境基本法）について調べたあとに行った座談会における【会話文】である。これを読んで、後の問い（ⅰ）・（ⅱ）に答えよ。

【資料】　環境基本法（抜粋）

（環境の恵沢の享受と継承等）

第３条　環境の保全は、環境を健全で恵み豊かなものとして維持することが人間の健康で文化的な生活に欠くことのできないものであること及び生態系が微妙な均衡を保つことによって成り立っており人類の存続の基盤である限りある環境が、人間の活動による環境への負荷によって損なわれるおそれが生じてきていることにかんがみ、現在及び将来の世代の人間が健全で恵み豊かな環境の恵沢を享受するとともに人類の存続の基盤である環境が将来にわたって維持されるように適切に行われなければならない。

（環境への負荷の少ない持続的発展が可能な社会の構築等）

第４条　環境の保全は、社会経済活動その他の活動による環境への負荷をできる限り低減することその他の環境の保全に関する行動がすべての者の公平な役割分担の下に自主的かつ積極的に行われるようになることによって、健全で恵み豊かな環境を維持しつつ、環境への負荷の少ない健全な経済の発展を図りながら持続的に発展することができる社会が構築されることを旨とし、及び科学的知見の充実の下に環境の保全上の支障が未然に防がれることを旨として、行われなければならない。

（国際的協調による地球環境保全の積極的推進）

第５条　地球環境保全が人類共通の課題であるとともに国民の健康で文化的な生活を将来にわたって確保する上での課題であること及び我が国の経済社会が国際的な密接な相互依存関係の中で営まれていることにかんがみ、地球環境保全は、我が国の能力を生かして、及び国際社会において我が国の占める地位に応じて、国際的協調の下に積極的に推進されなければならない。

【会話文】

生徒A　**【文章】**でも**【資料】**でも言っているように、環境は（　Ｘ　）なのに、その環境が破壊されつつあるというのは大変なこと

問一　傍線部①「それぞれの視点」とあるが、視点は何点あるか。次の中から一つ選び、記号で答えよ。

ア　8つ　イ　7つ　ウ　4つ　エ　3つ　オ　2つ

問二　空欄 Ⅰ ・ Ⅱ に入る語として最も適当なものを、次の中からそれぞれ選び、記号で答えよ。

ア　悪化　イ　限界　ウ　絶滅　エ　減少　オ　輸出
カ　輸入　キ　回復　ク　増加　ケ　増殖

問三　空欄 A 、 B に入る接続詞として最も適当なものを、次の中からそれぞれ選び、記号で答えよ。

ア　もちろん　イ　つまり　ウ　なぜなら　エ　したがって
オ　むしろ

問四　傍線部②ウナギの「国内流通量」を表すグラフとして最も適当なものを、次の中から選び、記号で答えよ。
（グラフにおける単位はすべて、トンとする）

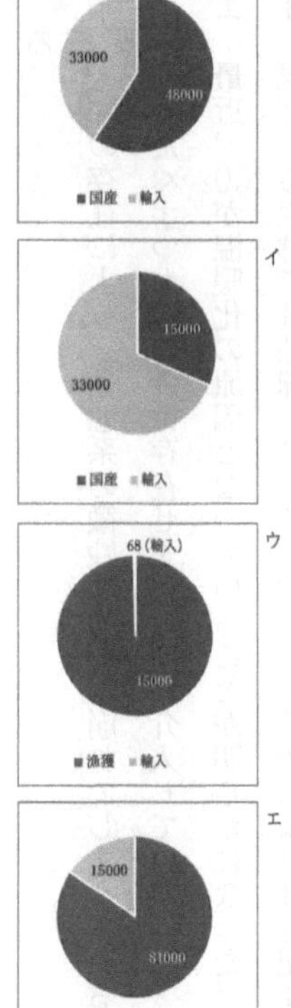

問五　傍線部③「息を呑むデータ」とあるが、この部分に関する以下の問い（ⅰ）・（ⅱ）に答えよ。

（ⅰ）傍線部③における「息を呑む」の意味として最も適当なものを、次の中から選び、記号で答えよ。

ア　驚きで一瞬息をとめること
イ　深刻に受け止めて黙ること
ウ　強い不安で息もできないこと
エ　素晴らしさに言葉を失うこと
オ　意外な事実に気持ちを乱すこと

（ⅱ）傍線部③の「データ」の内容と、それに対する筆者の見解の説明として最も適当なものを、次の中から選び、記号で答えよ。

ア　人間と家畜と野生動物で、地球上の生物の9割を占めており、すでに多すぎることに加え、CO_2排出の観点からも、もう増やすべきではない。

イ　人間と家畜と野生動物で、地球上の生物の9割を占めており、すでに多すぎることに加え、今後の自然界に与える負の影響が大きすぎる。

ウ　人間と家畜で、地球上の生物の9割を占めており、すでに多すぎることに加え、CO_2排出の観点からも、もう増やすべきではない。

エ　家畜と野生動物で8億トンであり、この数字を見れば、人間世界が自然界にどれほど影響を与えてしまっているかがよくわかる。

オ　人間と家畜で10億トンであり、この数字を見れば、人間世界が自然界にどれほど影響を与えてしまっているかがよくわかる。

問六　空欄 Ⅲ について、当てはまる言葉を、本文中から二字で抜き出して答えよ。

問七　空欄 Ⅳ について、当てはまる数字を小数点第一位まで答えよ。

よそ2000kcalなので、すべてのカロリーが仮に炭水化物から来ているとすると1日約500グラムの炭水化物を消費していることになる。500グラムの炭水化物は733グラムのCO_2を生み出すので1年に換算すると733×365＝268kg＝約0・27トン。実際には家畜がそれなりの数がいる。世界全体の質量構成通り、家畜が人間の約2・4倍おり、質量（体重）あたりのCO_2排出量が同じレベルとすると年間0・27トン×2・4≒約0・65トン乗ってくるので一人年0・92トンとなる。

正直この程度であればそれほど問題はない。杉人工林1ヘクタール（100メートル四方：約3000坪）で年8・8トンのCO_2を吸収するので、1ヘクタールの森で9・6人分、1平方キロで960人分のCO_2がまかなえる。ちなみに日本の土地の森林面積割合は67・0%、25・3万平方キロ存在しているので、すべてが杉林であると仮定すると、25・3万×960＝2・4億人分の吸収余力があることになる。

ただ、問題は現代社会のCO_2を生み出す量が、この生物学的な排出とは比較にならないほど多いことにある。実は日本人は一人年間9・5トン、人間自体の呼吸量の35倍強のCO_2を排出している。電力、産業用途のエネルギー、交通機関の推進力を生み出すために必要なエネルギー量が膨大なためだ。ＩＰＣＣのレポートにあるとおり、この大半が化石燃料とセメント由来だ。この値に人間や家畜の呼吸を含めると、年一人あたり［Ⅳ］トンものCO_2を生み出していることになる。これは体重が平均70kgの人間がそのまま大きくなったとすると、なんと2・7トン、半ば象になったも同然の値ということになる。日本に1・2億頭以上の象がいる世界を想像してほしい。

この結果、当然のことながら地球上の余剰熱エネルギーは加速度的に増加している。残念ながら現在のところ、地球上では水しか膨大な熱を吸収する余力がないため、膨大な海がひたすら熱を吸収している。米国海洋大気庁（ＮＯＡＡ）のレビタスらの調べによると1985年から2005年までの20年だけで海洋に溜まっている熱量は10倍以上にのぼる。

成長の前に星がもたない

北極や南極の氷山が急激に溶けていることに心を痛めている人は僕だけではないだろう。一方、これらの氷の融解による熱吸収がなかったら今とは比較にならない気温上昇がすでに起きていた可能性が高い。海面上昇問題など課題は多いが、④氷があったことが僥倖（ぎょうこう）とすら言える状況だ。

ただ、雪や氷の表面が失われるということは、加速度的に地球が熱を蓄積しやすくなることを意味している。アルベド（albedo）と呼ばれる地球の太陽放射の反射率が大きく変わるからだ。

（中　略）

この海洋に蓄積される熱量の大幅な上昇に伴い、海面の上昇気流は極めて発生しやすくなっている。すでに北米では晩秋から冬でも台風と呼ぶべき巨大な低気圧が時折来るようになって久しい。その強い低気圧に北からの寒気が流れ込み、時折、ニュージャージー州など東海岸北部では氷点下10度以下になって氷結している。爆弾サイクロン（Bomb cyclone）と呼ばれる気象現象だ。

（安宅和人『シン・ニホン　ＡＩ×データ時代における日本の再生と人材育成』より）

たすら倒して使い、その後、これらの真っすぐ、かつ景気よく伸びる樹種ばかりを植えた結果、日本中至るところで同様の現象が起きている。この［Ⅲ］性の低い森は花粉症の大きな要因の1つでもある。

アロマセラピーでよく使われるヒノキチオールが虫除けにもなることからわかるとおり、このような森はあまり多様な野生動物の生息には適していない。実際、これだけが理由ではないものの、かつて大量にいた多様な野生動物は死滅したか、もしくは絶滅に瀕しているものが多い。前項の数字に表れているとおりだ。

日本ではシカの大量発生などがよく話題になっているが、これは自然の豊かさを示すものではなく、［A］生態系（エコシステム）が全体としてバランスを崩してしまっていることの一面を表しているにすぎない。この結果、本来いなかった南アルプスの高地にまでシカが広がり、高山植物がほとんど食べ尽くされるということすら起きている。

よくオオカミが（100年前に）消えたことがシカの大量発生の原因だと言われるが、それよりも、日本の山村から人がいなくなったために農地や森林の管理ができなくなったことが理由としては大きいという。田畑が放棄され、森林に手入れがされなくなったところにシカが侵入するようになり、栄養価の高い食物がたくさんあるために増えすぎ、奥山のほうにまで拡大したということだ。

森の［Ⅲ］性喪失は全世界的な問題でもある。かつて地球上のさまざまな場所に数多くいたゾウ、ヘラジカ、バイソン（これらは日本列島にも相当数いたことがわかっている）、ヒョウ、ライオン、オオナマケモノなど多くの大型動物も、人間が登場してから大半が絶滅してしまった。原因については人類の餌食になったという説と気候変動によるものという説が入り混じっているが、多くの大陸で見られる人間の上陸と大型生物の消滅タイミングの合致度合いを見る限り、我々人類の先祖がいなければ起きなかった部分が相当あることは否み難いだろう。

あれほど緑の多いヨーロッパにおいても、本物の天然林はほとんど残っていない。ドイツが誇るシュヴァルツヴァルト（黒い森）も植林されたトウヒを中心とする人工林だ。ほぼ唯一の例外とされるビアロウィエージャ原生林（総面積1500平方キロ：ポーランドとベラルーシの国境をまたぐ）は厳重に保護され、一度も皆伐されることなく全ヨーロッパ史を生き延びてきたとされるが、その46平方キロほどの中心部すらも、決して手つかずではない。

人間の圧倒的なエネルギー消費

我々地球上の生物の大半にとって、生きることは呼吸することだ。［B］何らかの炭素化合物を体内で酸化させ、そこからエネルギーを取り出し、水と炭酸ガス（CO_2）を吐き出す。

このCO_2が（おならや家畜のゲップなどに特に多く含まれる）メタンなどと共に温暖化の原因になっていることが明らかになって久しい。

みなさんが一日生きているとどの程度のCO_2を吐き出されているか計算したことがあるだろうか。エネルギー源のすべてが炭水化物であるとして考えてみると、比較的に簡単に計算できる（実際にはおおよそ炭水化物60％、脂肪25％、タンパク15％）。炭水化物の生み出すカロリーがグラムあたり4kcal（タンパクもほぼ同じ）、一人あたりの消費カロリーがおおトン：うち輸入3・3万トン）のほぼすべてが漁獲によるものではなく、稚魚から餌を与えて育てる養殖、蓄養で育てられたものだ。漁獲による天然うなぎは輸入を除く1・5万トン中、68トン（国産の0・45％）しかないのだ。また、輸入といっても、ほぼすべてが日本の資本が多く入った中国・台湾の拠点で生産されている。これらも基本すべてが蓄養であることも言うまでもない。

（中略）

（図1）　マサバの漁獲量推移

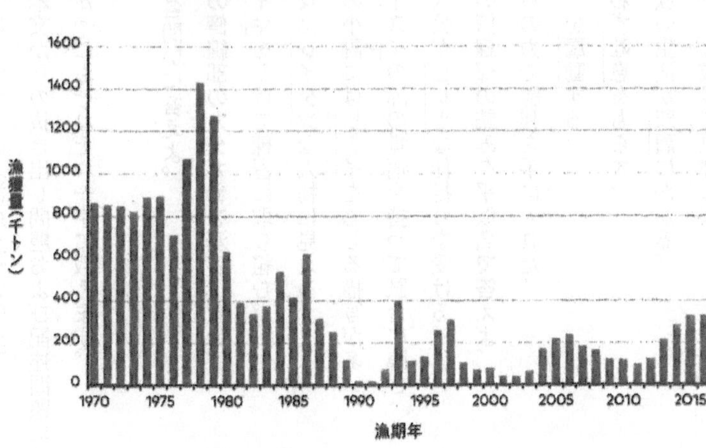

資料：水産庁　第29回太平洋広域漁業調整委員会資料　2018年11月28日

米国北部からカナダの東海岸にかけて広がるグランドバンクスは数世紀にわたり世界最大のタラ漁場であることを誇ってきた。年100万トン単位の莫大な量のタラが捕れ、1969年のピーク時には400万トンを超えていたという。しかし1990年には150万トンを割るようになり、1992年以降タラはカナダ政府の判断により禁漁になった。それ以来、資源［Ⅱ］の兆しは見えていない。2003年にカナダ政府の専門委員会が調べたところ、群れの数は過去30年で97％減少していることがわかり、極めて［Ⅰ］の危険が高い種に指定された。

地球上の大型生物の質量構成

次に、地球上の生命の中における人間及び人間の周りの動物たちの存在について見てみよう。これはユヴァル・ノア・ハラリの『ホモ・デウス』（河井書房新社　2018）に出てくる③息を呑むデータを描き直したものだ。（＊図は省略）

地球上の大型動物の質量構成を見てみると、人間が3億トン（27％）、家畜7億トン（64％）、野生動物1億トン（9％）という少々驚くべき情況だ。この星の上にいる動物は9割以上が人間世界のものなのだ。家畜とて無限に飼えるわけではない。しかも彼らのCO_2やメタン排出が無視できない問題であることはこの20年来、議論になってきたとおりだ。

森林の隠れた課題

問題などないかのように見える森林にも課題が多い。写真（＊写真は省略）は美しい奥会津の一風景だが、よく見ると杉とヒノキばかりの森になっている。戦後の復興期から高度成長期にかけて、天然の森の木をひ

【国　語】（五〇分）〈満点：一〇〇点〉

【注意】本文からの抜き出し問題および記述問題については、句読点やかっこもそれぞれ一字に数えます。

一　次の各問いに答えよ。

問一　次の傍線部のカタカナを漢字に直せ。

1　サイキをかけて練習に取り組む。
2　彼女はレイタンな人物に見える。
3　この小説にはヒアイを感じる描写が多い。
4　ハイスイの陣の覚悟を持って試合に臨む。
5　主人公がヒレツな仕打ちを受ける。

問二　次の傍線部の読みを平仮名で答えよ。

1　自らの力で勝利を手に入れた。
2　人々を扇動する。
3　思わず吐息をもらす。
4　家族の生活が双肩にかかる。
5　健やかな成長を見守る。

二　次の文章と図は、安宅和人『シン・ニホン』の一部である。これを読んで、後の問いに答えよ。

【文章】

今世の中で起きている変化については、経済、科学技術、地政学的な重心という視点でここまでかなり広範に見てきた。しかし、意図的に触れなかったことが1つある。それは我々生命すべての住む母体であり家である地球の状況だ。

人間は植物のように太陽や水、空気、地下からの栄養素だけで生きることはできない。食物が必要であり、立ち返る場所として豊かな緑・自然が必要だ。またその前提となる気候にある程度の安定性が望まれることは明らかだ。①それぞれの視点で見てみよう。

枯渇する水産資源

まず食物。日本は世界に冠たる水産王国だ。土地は世界のすべての陸地の0・25％（61位）に過ぎないが、海岸線の長さは各国総和の3・8％で世界で6番目。また、魚を食べることが我々の文化の中心の1つにあること、日本文化のアイデンティティの1つであることは言うまでもない。その主役というべき海産資源について見てみよう。

サバは廉価で栄養価の高い魚であり、マグロなどの食物連鎖の高い位置に位置する魚たちの餌としても重要だ。あたかも無限にいるかのように思いがちだが、太平洋のマサバはかつて漁獲量が147万トン（1978年）もあったのが1990年には2万トンにまで減るというほぼ［Ⅰ］に近い状況だった（図1　19ページ）。2016年では漁獲量33万トンと［Ⅱ］基調に見られるが、70年代の平均の3分の1程度であり予断を許さない情勢だ。

また夏の暑さを乗り越えるために万葉集の時代から食べられてきたウナギももはや［Ⅰ］に近い状況にある。ニホンウナギの稚魚は1960年頃に200トン以上捕れていたが、今は4トン程度しか捕れていない。50分の1以下だ。

ウナギは卵からの養殖方法が実質的にない。②国内流通量（4・8万

2021年度

解　答　と　解　説

《2021年度の配点は解答欄に掲載してあります。》

＜数学解答＞

1 (1) 16　(2) $\frac{1}{2}a^2b$　(3) $\sqrt{2}+\sqrt{3}$

2 (1) $x=\frac{29}{34}$　(2) $x=\frac{1\pm\sqrt{6}}{5}$　(3) $x=5,\ y=5$

3 (1) $b(a+b)(a-c)$　(2) ア，イ，エ　(3) 31　(4) 73

4 (1) 65個（途中式は解説参照）　(2) ア 10　イ 15

5 (1) 8個　(2) $y=\frac{1}{2}x-5$　(3) $\mathrm{C}\left(\frac{10}{3},\ 0\right)$

6 (1) ℓ　$y=x+6$　m　$y=\frac{1}{2}x+3$　(2) 9：7

7 (1) 1：2　(2) 3：1：8　(3) 3：11

○推定配点○

1～3 各5点×10　4 (1) 5点　(2) ア 2点　イ 3点　5 各5点×3

6 (1) 各3点×2　(2) 4点　7 各5点×3　計100点

＜数学解説＞

1 （数・式の計算，平方根）

(1) $\left(\frac{1}{2}\right)^2\div(0.75^2-0.25^2)\times2^5=\frac{1}{4}\div\left\{\left(\frac{3}{4}\right)^2-\left(\frac{1}{4}\right)^2\right\}\times2^5=\frac{1}{4}\div\left\{\left(\frac{3}{4}+\frac{1}{4}\right)\left(\frac{3}{4}-\frac{1}{4}\right)\right\}\times2^5=\frac{1}{4}\div\left\{1\times\frac{1}{2}\right\}\times2^5=\frac{1}{4}\div\frac{1}{2}\times32=\frac{1}{4}\times2\times32=16$

(2) $\left(\frac{2}{3}a^3b^4\right)^2\div\left(-2ab^2\right)^3\div\left(-\frac{1}{9}ab\right)=\left(\frac{2a^3b^4}{3}\right)^2\div8a^3b^6\div\left(\frac{ab}{9}\right)=\frac{4a^6b^8}{9}\times\frac{1}{8a^3b^6}\times\frac{9}{ab}=\frac{4^{68}\times1\times9}{9\times8^{36}\times}=\frac{4\times9\times a^6b^8}{9\times8\times a^4b^7}=\frac{1}{2}a^2b$

(3) $\frac{(\sqrt{3}+1)^2}{\sqrt{6}}+\frac{(\sqrt{2}-1)^2}{\sqrt{3}}=\frac{(\sqrt{3}+1)^2+\sqrt{2}(\sqrt{2}-1)^2}{\sqrt{6}}=\frac{3+2\sqrt{3}+1+\sqrt{2}(2-2\sqrt{2}+1)}{\sqrt{6}}=\frac{4+2\sqrt{3}+3\sqrt{2}-4}{\sqrt{6}}=\frac{2\sqrt{3}+3\sqrt{2}}{\sqrt{6}}=\frac{\sqrt{12}+\sqrt{18}}{\sqrt{6}}=\sqrt{2}+\sqrt{3}$

2 （1次方程式，2次方程式，連立方程式）

(1) $1.2x+\frac{2(x-1)}{5}=-1.8x+\frac{5}{2}$　両辺を10倍して，$12x+4(x-1)=-18x+25$　$12x+4x-4=-18x+25$　$34x=29$　$x=\frac{29}{34}$

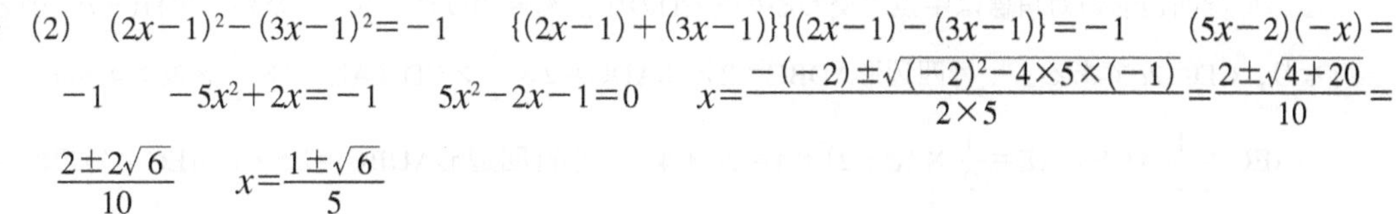

基本 (2) $(2x-1)^2-(3x-1)^2=-1$　$\{(2x-1)+(3x-1)\}\{(2x-1)-(3x-1)\}=-1$　$(5x-2)(-x)=-1$　$-5x^2+2x=-1$　$5x^2-2x-1=0$　$x=\frac{-(-2)\pm\sqrt{(-2)^2-4\times5\times(-1)}}{2\times5}=\frac{2\pm\sqrt{4+20}}{10}=\frac{2\pm2\sqrt{6}}{10}$　$x=\frac{1\pm\sqrt{6}}{5}$

(3)　$(x-1):(11-y)=2:3$より$3(x-1)=2(11-y)$　$3x-3=22-2y$　$3x+2y=25$…①　$2x-3y=-5$…②として，①×3+②×2より，$13x=65$　$x=5$　これを②に代入して，$20-6y=-10$　$30=6y$　$y=5$

3　(因数分解，平行四辺形，場合の数，方程式の応用)

(1)　$a^2b+ab^2-b^2c-abc=b(a^2+ab-bc-ac)=b\{a(a+b)-c(a+b)\}=b(a+b)(a-c)$

(2)　ア　1組の対辺が平行で長さが等しい四角形は平行四辺形である。　イ　対角線が中点で交わる四角形は平行四辺形である。　ウ　等脚台形になる場合がある。　エ　2組の対辺が等しい四角形は平行四辺形である。

(3)　3枚のカードのうち，最小のカードが1の場合の残りの2枚は(9, 10)の1通り。2の場合は(8, 10)，(9, 10)の2通り。3の場合は(7, 10)，(8, 9)，(8, 10)，(9, 10)の4通り。4の場合は(6, 10)，(7, 9)，(7, 10)，(8, 9)，(8, 10)，(9, 10)の6通り。5の場合は(6, 9)，(6, 10)，(7, 8)，(7, 9)，(7, 10)，(8, 9)，(8, 10)，(9, 10)の8通り。6の場合は(7, 8)，(7, 9)，(7, 10)，(8, 9)，(8, 10)，(9, 10)の6通り。7の場合は(8, 9)，(8, 10)，(9, 10)の3通り。8の場合は(9, 10)の1通り。よって，これらを合わせて，31通り。

(4)　求める整数の十の位の数をx, 一の位の数をyとすると，この整数は$10x+y$と表せる。一の位の数と十の位の数の和は10なので$x+y=10$…①　一の位の数と十の位の数の積はこの整数より52小さいので$xy=10x+y-52$…②　①より$y=10-x$　これを②に代入して，$x(10-x)=10x+(10-x)-52$　$10x-x^2=10x+10-x-52$　$x^2-x-42=0$　$(x-7)(x+6)=0$　$x>0$より$x=7$　これを①に代入して，$y=3$　よって，この整数は73である。

4　(方程式の応用)

(1)　昨年作ったコロッケの個数をx個とすると，売れたコロッケは$x-15$(個)　今年作ったコロッケは20%少なかったので$0.8x$個　売れたコロッケは4%増えたので$\frac{104}{100}(x-15)$個　$(x-15)\times\frac{104}{100}=0.8x$　両辺を100倍して，$104x-15\times104=80x$　$24x=15\times104$　$x=65$　65個

(2)　今年作ったコロッケの個数をy個とおくと，昨年作ったコロッケは$\frac{10}{8}y$個　昨年売れたコロッケの個数は$\frac{10}{8}y-15$(個)

5　(図形と関数・グラフの融合問題，反比例，平行四辺形)

重要　(1)　$xy=-8$となる(x, y)の組を考えると，(1, −8)，(2, −4)，(4, −2)，(8, −1)，(−1, 8)，(−2, 4)，(−4, 2)，(−8, 1)の8個

(2)　直線BCの方程式を$y=mx+n$とおくとB(2, −4)を通ることから$2m+n=-4$…①　C(10, 0)を通ることから$10m+n=0$…②　②−①は$8m=4$　$m=\frac{1}{2}$　これを①に代入して，$1+n=-4$　$n=-4-1=-5$　よって，直線BCの方程式は$y=\frac{1}{2}x-5$

(3)　E(−2, 0)である。C(c, 0)とする。ABの中点は$\left(\frac{-2+2}{2}, \frac{4-4}{2}\right)=(0, 0)$となり原点Oである。平行四辺形の対角線は中点で交わるのでCDの中点も原点Oである。したがってD($-c$, 0)となり，CD$=2c$である。平行四辺形ADBC$=2\times\triangle$ADC$=2\times\frac{1}{2}\times$CD$\times$AE$=2\times\frac{1}{2}\times2c\times4=8c$　$\triangle$AEC$=\frac{1}{2}\times$CE$\times$AE$=\frac{1}{2}\times(c+2)\times4=2c+4$　平行四辺形ADBC$=2.5\times\triangle$AECなので$8c=$

$2.5\times(2c+4)$　$8c=5c+10$　$3c=10$　$c=\frac{10}{3}$　$C\left(\frac{10}{3},\ 0\right)$

6 （図形と関数・グラフの融合問題，放物線，直線）

基本 (1)　Aは$y=x^2$上の点で$x=-2$なので$y=(-2)^2=4$　A$(-2,\ 4)$　Bは$y=\frac{1}{2}x^2$上の点で$x=-2$なので$y=\frac{1}{2}\times(-2)^2=2$　B$(-2,\ 2)$　直線ℓの式を$y=ax+b$とおくとAを通ることから$-2a+b=4$…①　C$(-6,\ 0)$を通ることから$-6a+b=0$…②　①－②より，$a=1$　これを①に代入して，$-2+b=4$　$b=6$　よって，直線ℓは$y=x+6$　直線mの式を$y=ax+b$とおくとBを通ることから$-2a+b=2$…③　Cを通ることから②が成り立つ。③－②より，$a=\frac{1}{2}$　これを③に代入して，$-1+b=2$　$b=3$　よって，直線mの式は$y=\frac{1}{2}x+3$

やや難 (2)　D，Eは$y=x^2$と$y=\frac{1}{2}x+3$の交点なので$x^2=\frac{1}{2}x+3$　$2x^2=x+6$　$2x^2-x-6=0$　$(2x+3)(x-2)=0$　$x=-\frac{3}{2},\ 2$　D$\left(-\frac{3}{2},\ \frac{9}{4}\right)$，E$(2,\ 4)$となる。Dから$x$軸に垂線をおろし，$x$軸との交点をD′とするとD′$\left(-\frac{3}{2},\ 0\right)$　Eからx軸に垂線をおろし，x軸との交点をE′とするとE′$(2,\ 0)$　CD：DE＝CD′：D′E′$=\left(-\frac{3}{2}+6\right):\left(2+\frac{3}{2}\right)=(-3+12):(4+3)=9:7$

7 （平面図形，相似）

(1)　BEが∠ABCの二等分線なので∠ABE＝∠CBE，EA//CBより錯角は等しいので∠CBE＝∠AEB　よって，∠ABE＝∠AEBとなり，△ABEはAE＝AB＝6の二等辺三角形である。また，平行四辺形は対辺が等しいのでAD＝BC＝2　よって，DE＝6－2＝4　DC//ABよりBF：FE＝AD：DE＝2：4＝1：2

重要 (2)　EA//CBより錯角は等しいので∠GEA＝∠GBC，∠GAE＝∠GCB　2組の角がそれぞれ等しいので△GEA∽△GBC　EG：BG＝AE：BC＝6：2＝3：1＝9：3　これとBF：FE＝1：2＝4：8よりBG：GF：FE＝3：1：8

やや難 (3)　DC//ABより錯角は等しいので∠GFC＝∠GBA，∠GCF＝∠GAB　2組の角がそれぞれ等しいので△GFC∽△GBA　(2)よりFG：BG＝1：3なのでCG：AG＝FG：BG＝1：3　△GFC＝Sとすると，△GBC$=\frac{\text{BG}}{\text{FG}}\times$△GFC$=\frac{3}{1}\times$S＝3S　△GAB$=\frac{\text{AG}}{\text{CG}}\times$△GBC$=\frac{3}{1}\times$3S＝9S　△ADC＝△ABC＝3S＋9S＝12S　四角形AGFD＝△ADC－△GFC＝12S－S＝11S　△BCG：四角形AGFD＝3S：11S＝3：11

★ワンポイントアドバイス★

典型的な問題が出題される。標準レベルの問題演習を数多くこなし，基本的な解法パターンを身につけておきたい。過去問の学習を通して，時間配分にも気配りできるよう，実戦力をつけておこう。

＜英語解答＞

Ⅰ　1 イ　2 ア　3 イ　4 ア　5 ア

Ⅱ　1 and　2 want to　3 old is　4 have heavy　5 being

Ⅲ　1 記号 エ　正しい形 isn't　2 記号 ア　正しい形 was bored
3 記号 ア　正しい形 student　4 記号 イ　正しい形 for me
5 記号 イ　正しい形 have passed

Ⅳ　1 X オ　Y ア　2 X ア　Y イ　3 X カ　Y オ
4 X ア　Y キ　5 X オ　Y カ

Ⅴ　1 エ　2 イ　3 ① カ　② イ　③ オ

Ⅵ　問1 ウ　問2 moons　問3 イ　問4 彼は土星の輪が何なのかがわからなかった。
問5 ウ　問6 No one (in) this class calls Michael (Mike.)　問7 イ・オ

Ⅶ　問1 ア　問2 ウ　問3 エ　問4 ウ　問5 traveling around ~ eighty days
問6 オ・カ

○推定配点○
Ⅰ 各2点×5　Ⅱ 各2点×5　Ⅲ 各2点×5　Ⅳ 各2点×5　Ⅴ 各2点×5
Ⅵ 問1・問3・問5・問7 各3点×5　問2・問6 各4点×2　問4 5点
Ⅶ 問1～問4・問6 各3点×6　問5 4点　計100点

＜英語解説＞

Ⅰ （単語のアクセント）

1・3は第2音節を，2・4・5は第1音節を強く発音する。

Ⅱ （書き換え：命令文，不定詞，疑問詞，語い，動名詞）

1. if you ～「もし～すれば」の文から，〈命令文, and ～〉「～しなさい，そうすれば～」への書き換え。
2. 〈Shall I ＋動詞の原形～？〉「～してあげましょうか」から〈want ＋「人」＋ to ＋動詞の原形〉を用いた「私に～してほしいですか」への書き換え。
3. 「いつ建てられたのか」，つまり「どのくらい古いのか」である。old で「古い」の意味。今の時点で「どれくらい古いのか」を尋ねているから，現在形を用いる。

4. 天候を表す，it が主語の文から we have ～ への書き換え。上の文では snow は「雪が降る」の意味の動詞だから修飾語は副詞の heavily「ひどく」だが，下の文では「雪」の意味の名詞であるから修飾語は形容詞の heavy「ひどい」を用いる。
5. 〈be proud that ＋主語A＋動詞B〉「AがBであるということを誇りに思う」から〈be proud of ＋ A's ＋動詞B―ing〉「AのBであることを誇りに思う」への書き換え。

Ⅲ （正誤問題：付加疑問，語彙，不定詞，現在完了）

1. 確認や同意を求める付加疑問の文。主語を代名詞に換え，be動詞の肯定文なのでbe動詞の否定の付加疑問をつけるのが適切。
2. boring は「退屈させる」，bored は「退屈した」の意味。「彼女は退屈した」から「他のことをしたかった」のである。
3. every は原則として単数扱いだから続く名詞は単数形にするのが適切。
4. 〈It is ～ for A to …〉構文のうち，「～」部（形容詞）がAの性格を示す言葉である場合には，〈It is ～ of A to …〉の形を用い，「…するとはAは～だ」という意味になる。ここでは impossible

「不可能な」は me「私」の性質を示してはいないので,〈It is ~ for A to …〉の形をとるのが適切。

5. since she left home「私が家を去ってから」という継続の意味を表わす現在完了の文。現在完了は〈have[has]+動詞の過去分詞形〉の形。ここでは主語が3人称複数の a few months だから, have passed とするのが適切。

Ⅳ (語句整序:助動詞, 比較, 語彙, 不定詞, 動名詞)

基本 1. May I have your name (, please?) 〈may I +動詞の原形?〉で「~してもいいですか」の意味。

重要 2. This tree is four times as tall as that one(.) ~ times as … as で「~倍の…」という意味。one は同じ名詞の反復を避けるため名詞の代用として使う。ここでは tree の代用である。

3. He promised not to be late for (school.) to 不定詞の内容を否定するときは〈not to +動詞の原形〉にする。promise not to ~ で「~しないと約束する」の意味。be late for ~「~に遅れる」

4. I was too tired to walk any longer(.) 〈too ~ to +動詞の原形〉で「~すぎて…できない」の意味。any longer「もうこれ以上」

5. (Would you mind) holding your tongue for a while(?) Would you mind —ing? で「どうか—していただけませんか」の意味。hold your tongue で「君は黙っていろよ」, for a while で「しばらくの間」の意味。

Ⅴ (会話文:語句補充)

1. ジョン(以下J):どこへ行くの, お母さん。/母(以下M):スーパーマーケットよ。今夜の夕食用の食料を買う必要があるのよ。/J:にんじんを買うの?/M:いいえ。もう冷蔵庫にいくらかあるのよ。

2. フロント係(以下C):エスペランサホテルへようこそ。何かご用でしょうか。/ピーター(以下P):ピーター・ワシントンです。ブライアン・スミスに会いに来ました。彼はここの客です。/C:わかりました。そうですね。ロビーでお掛けになってください。彼の部屋番号を調べます。/P:ありがとう。

3. ユウコ(以下Y):タク, あなたが行きたい高校をもう決めたの?/タクヤ(以下T):うん。レイワ高校へ行きたいんだ。/Y:①その学校の素晴らしい点は何なの?/T:その学校は英語課程で有名なんだ。/Y:②その課程についてわたしにもっと話してくれる?/T:毎年「討論課程」が開催されて, いろいろな国出身の先生たちが話題を与え, 生徒がそれを議論するんだ。この課程を通して, 発表の仕方を学ぶ。/Y:面白そうね。③あなたは英語を話すことが得意なの?/T:うん, でも話す技術をもっと改善したいんだ。

Ⅵ (長文読解・論説文:内容吟味, 語句解釈, 指示語, 語句補充)

(大意) 1610年1月7日にイタリア人天文学者の①ガリレオ・ガリレイは彼の望遠鏡で夜の空を見上げた。その夜は月がなかったので, 夜空でもっとも明るいものは木星だった。しかし, ガリレオは望遠鏡を通して見たときとても驚いた。木星のそばの空に, 彼は4つの白い光の点を見た。これらは, 地球や他の惑星が太陽の周りを回るのと同じように, 木星の周りを回る衛星だった。「木星は太陽のようだ」とガリレオは思った。「それも②それ自体の小さな惑星を持っている」ガリレオは③正しかった。木星は4つより多い衛星を持っている。科学者たちは64こを見つけた。木星はとても大きいのでとても明るい。それは太陽系で最も大きな惑星だ。1995年にガリレオは木星の周りの軌道に入った。このときのガリレオは人ではなく, ガリレオと呼ばれる宇宙探査機だった。(ア)ガリレオが木星まで進んだとき, わくわくさせることが起こった。3人の天文学者は彗星を見ていた。

「彗星が木星に衝突している」と彼らは言った。1994年7月16日に，何度も何度も巨大な爆発があった。ガリレオ探査機とハッブル宇宙望遠鏡は写真を撮った。今までに誰もこのような写真を撮ったことがなかった。1995年には，ガリレオ探査機は木星の大気に小さな探査機を落とした。探査機はどんな探査機よりも速い時速170,000kmで落ちた。落ちたときそれは写真を撮ったが，数秒後，それはどんどん熱くなり粉々に壊れて消えた。8年後に別の小さな探査機があった。(イ)ガリレオ探査機はその探査機についていき，木星に突入した。木星を過ぎた隣の惑星の土星にもたくさんの驚きがある。土星についての最も驚くべきことはその輪だ。望遠鏡を通して土星を見たとき，(ウ)ガリレオは1610年にそれらに最初に気づいた。しかし④彼はそれらが何なのかがわからなかった。彼はそれらを「耳」と呼んだ。1655年にオランダの天文学者のクリスティアーン・ホイヘンスはより良い望遠鏡を通して土星を見て，「耳」は本当は輪だと言った。土星の輪は何十万kmもの幅だが，とても(5)薄い，10mと1kmの間だ。土星の衛星の1つが粉々に壊れて氷が残されるものだと考える科学者もいる。輪は，惑星が最初に形作られた時にそこにあった氷や塵のようなものだ，と考える科学者もいる。

問1 「2種類のGalileo」の1つは下線部①の「天文学者のガリレオ・ガリレイ」(第1段落第1文)であり，もう1つは「ガリレオと呼ばれる宇宙探査機」(第6段落最終文)である。(ア)「木星まで進ん」でいる(第7段落第1文)から探査機である。(×) (イ)「探査機」(下線部イの直前部)である。(×) (ウ)「土星を見」ていた(第12段落第2文)のだから天文学者である。(○)

問2 「木星」が「周りを回る衛星」を持っているのと「地球や他の惑星が太陽の周りを回るのと同じよう」だから「『木星は太陽のようだ』とガリレオは思った」(第2段落第3文)のである。moon「衛星」(第2段落第3文)

問3 ア)「完全に」(×) イ)「適切な」(○) ウ)「権利」(×) エ)「右」(×)

問4 they は複数の3人称の名詞を指す代名詞。ここでは第12段落第1文にある its rings のことであり，its は同じ1文の直前にある Saturn のことを指すから，まとめると「土星の輪」のことである。

問5 ア)「冷たい」(×) イ)「速い」(×) ウ)「薄い」(○) 空欄5の直前にある but は前後の内容の対立を表す。ここでは前半の「何十万kmもの幅だ」，つまり「大きい」という内容に対立するから，後半には「小さい」というニュアンスの語が入ると考えられる。 エ)「重い」(×)

問6 No one (in) this class calls Michael (Mike.) no one(第8段落最終文)で「誰も～ない」意味。in this class「このクラスの」は「誰も」を修飾しているので no one の直後に置く(第1段落第2文)。〈call ＋A＋B〉は「AをBと呼ぶ」(第12段落第3文)という意味。

問7 ア)「ガリレオ・ガリレイは彼の望遠鏡を使って空を見て，ついに太陽は地球の周りを回っている，とわかった」(×) 第2段落第3文参照。地球や他の惑星が太陽の周りを回るのである。
イ)「太陽系の他のどの惑星も木星ほど大きくはない」(○) 第4段落第1文・第2文参照。
ウ)「1995年に，ガリレオ探査機は木星の大気へ入り，衝突して見えなくなった」(×) 第9段落参照。ガリレオ探査機が落とした小さな探査機である。 エ)「木星は土星よりも地球からとても遠く離れているので，木星で何が起こっているのか見つけることがとても難しい」(×) 第11段落第1文参照。土星の方が遠いのである。 オ)「彼のより良い道具のおかげで，クリスティアーン・ホイヘンスは土星について天文学者ガリレオよりも多く見つけることができた」(○) 第12段落第4文参照。 カ)「土星の輪がどのように作られたかについて，全ての科学者が同じように考える」(×) 第14段落第4文～第5文参照。衛星の1つが壊れたものや，最初からそこにあったもの，というような異なる説があるのである。

VII （長文読解・物語文：単語の発音，内容吟味，語句補充）

（大意） フィリアス・フォッグはリフォーム・クラブに着いた。真っ直ぐに食堂へ行き，素晴らしい昼食をとった。12時47分に立ち上がり，客間へ歩いて行くと，夕食の時間まで新聞を①読んだ。夕食は昼食と全く同じだった。6時20分前に，彼は客間に戻り，もう30分間新聞を読んだ。それから，カードゲームをすることが大好きな5人の裕福な実業家のグループに加わった。彼らの1人はイングランド銀行の取締役だった。残りの1人がちょうど起こった強盗について取締役に尋ねた。この強盗は3日前に起こった。銀行出納係が忙しかった間に，机から55,000ポンドが持って行かれてしまい，泥棒は捕まっていなかった。警察は当時部屋にいた男性を探していた。彼は身なりが良く，礼儀をわきまえた紳士である，と特徴を述べられた。警察は戻った総額の5％だけでなく2,000ポンドの②報酬を提案した。警察はすぐに泥棒を捕まえるだろう，と考えていて，取締役はあまり心配していなかった。「彼は逃げるだろうと思いますよ」とカードゲームのプレーヤーの残りの1人が言った。「彼はどこへ行くと思うのですか」と銀行の取締役は尋ねた。「わかりません。③世界は広いですよ」「広かったものです」とフィリアス・フォッグは言った。「今はたいそう狭いですよ」取締役は同意した。「100年前より10倍早く旅行できるから，狭くなりますね」「80日でできます。新聞で読みました」と残りのプレーヤーの1人が言った。「でも，旅行を遅らせる悪天候や難破，たくさんの問題があります。予定表では80日かもしれないが，やってみればうまくいかないと思いますよ」「きっとうまくいきます」とフィリアス・フォッグは答えた。「あなたが証明するのを見たいですね。きっとできないと4,000ポンド賭けます」5人のプレーヤーのそれぞれが同じ額を賭けると言った。「やりましょう」とフォッグは平然として言った。「ベアリング銀行に預けた20,000ポンドがあります。喜んでそれを賭けます」彼らは彼をほとんど信じられなかった。「予期せぬ遅れがあれば，あなたはそのお金をすべて失いますよ」「予期せぬ事態があるとは思いません」とフォッグは答えた。「いつ行くのですか」「今です。ドーヴァー行きの列車が8時45分に出発します。私はそれに乗ります」「今夜ですか」「ええ，今夜。10月2日水曜日で，12月21日土曜日8時45分にこの部屋に戻ります。もし私がここにいなければ，あなたがたはこの小切手を20,000ポンドの現金に換えて，そのお金を分けて良いですよ」6人の男性は1枚の紙にそれを書きとめ，署名した。7時に，彼らは友達がプレーをやめて旅の準備をすると思った。彼はもう25分プレーし，歩いて帰った。パスパルトゥーは彼を見て驚いた。フォッグが執事に渡した予定表には，深夜に家に戻る，と書いてあったが，8時10分前だった。彼らは10分以内に出発し世界中に行く，とフォッグが彼に言ったとき，彼はもっと驚いた。パスパルトゥーは彼の主人が冗談を言っているのだと思ったが，彼は④本気だとすぐに気づいた。フォッグは決して冗談を言わなかったのだ。8時に彼らは出発の準備ができた。彼らは扉に鍵をかけ，鉄道の駅へ行った。フィリアス・フォッグは施しを乞うている貧しい女性を見て，その夜カードゲームで獲得したお金を彼女にあげた。8時45分に列車は汽笛を鳴らし，その旅にとりかかった。⑤その賭けの知らせはリフォーム・クラブで広まり，それから新聞に載った。ロンドン中で，人々は賭けをした。彼は80日以内に戻るだろうか。7日後，ロンドンの警察の長官はスエズの警察官からのメッセージを受け取った。それは，イングランド銀行から55,000ポンドを持って行ったフィリアス・フォッグを逮捕することができる逮捕状を送るように彼に頼んでいた。今や，フィリアス・フォッグは泥棒だ，とみんなが思った。彼は警察が探していた男の特徴に一致した。言うまでもなく，80日間での世界旅行についての話は彼がロンドンから逃げるための方法に過ぎなかったのだ。

問1 3人称単数の he が主語で現在の文なら動詞が reads のはずなので，問題文の read は過去形であると判断できる。過去形 read の下線部とアは[e]，イとエは[iː]，ウは[iei]と発音する。

問2 「全額」とは「55,000ポンド」（第3段落第2文）である。「戻った総額の5％」（第3段落第5文）は全額戻った場合，55,000×0.05＝2,750ポンドで，それ「だけでなく2,000ポンド」が上乗せされるから，2,750＋2,000＝4,750ポンドである。

問3　泥棒について「彼はどこへ行くと思うのですか」(下線部③の直前の2文目)と尋ねた銀行の取締役に対して「世界は広いですよ」と答えているのだから，泥棒のいる場所について伝えたかったのだと考えられる。

問4　ア）「目鼻立ちが整った」(×)　イ）「幸運な」(×)　ウ）「本気の」(○)　空欄4の1文にある but は前後の内容の対立を表す。ここでは前半の「冗談を言っているのだと思った」と対立するから，冗談ではない，という内容が後半に述べられていると考えられる。　エ）「驚いた」(×)

問5　「the bet の対象」，つまり，人々が何についての賭けをしていたか，ということである。「彼は80日以内に戻るだろうか」(下線部⑤の直後の2文目)と言うことについての賭けであり，最終段落では「80日間での世界旅行」(最終文)と言っている。

問6　ア）「カードゲームをしていた銀行の取締役はたくさんのお金が彼の机から盗まれたのでとてもがっかりした」(×)　下線部2の直後の1文参照。あまり心配していなかったのである。

イ）「カードゲームをしていたメンバーはフィリアス・フォッグを支持し，彼が世界中を旅することができるように十分なお金を彼に与えた」(×)　カードゲームをしながら，80日で世界旅行ができるかどうかについて話している場面参照。信じられなかったのである。　ウ）「最初はフィリアス・フォッグは世界中を旅したくなかったが，後でそうしようと決めた」(×)　カードゲームをしながら，80日で世界旅行ができるかどうかについて話している場面参照。今夜行く，と言っているのであるから，すぐに決めたのである。　エ）「フィリアス・フォッグは旅でひょっとしたら何か問題が起こりうると心配した」(×)　カードゲームをしながら，80日で世界旅行ができるかどうかについて話している場面参照。予期せぬ事態は起こらない，と言っている。

オ）「フィリアス・フォッグは世界中を旅すると決めた後，すぐにリフォーム・クラブを去らず，メンバーとカードゲームをし続けた」(○)　カードゲームをしながら，80日で世界旅行ができるかどうかについて話している場面の直後部参照。　カ）「フィリアス・フォッグはリフォーム・クラブでのカードゲームでいくらかのお金を獲得し，貧しい見知らぬ人にそれをあげた」(○)　空欄4の直後の6文目参照。　キ）「彼の銀行に55,000ポンド持っていたので，フィリアス・フォッグがお金を盗んだのだ，とたくさんの人々は思った」(×)　銀行に55,000ポンド持っていた，という記述はない。

★ワンポイントアドバイス★

現在完了・不定詞・動名詞など，動詞の語形変化を伴う単元はしっかりと復習しておくことが大切だ。複数の問題集を使うなどして，正誤問題でも迷わないように確実に身につけよう。

＜国語解答＞

一 問一 1 再起 2 冷淡 3 悲哀 4 背水 5 卑劣 問二 1 みずか
2 せんどう 3 といき 4 そうけん 5 すこ

二 問一 エ 問二 Ⅰ ウ Ⅱ キ 問三 A オ B イ 問四 イ
問五 (ⅰ) ア (ⅱ) ウ 問六 多様 問七 10.4 問八 (例) 本来なら気温上昇が起こるのに氷の融解のお陰で気温上昇が抑えられた幸運な状況。
問九 ア・イ・ウ 問十 (ⅰ) 人類の存続の基盤 (ⅱ) オ

三 問一 ウ 問二 エ 問三 火が燃え広がるのに消さなかったこと。
問四 不動尊の火災 問五 イ 問六 ア 問七 イ 問八 ア

○推定配点○
一 各2点×10 二 問一～問六 各2点×9 問七・問十 各4点×3 問八 8点
問九 6点(完答) 三 問一・問二 各3点×2 問三 8点 問四 6点
問五～問八 各4点×4 計100点

＜国語解説＞

一 (漢字の読み書き)

問一 1 「再起」とは「悪い状態から立ち直ること」。 2 「冷淡」とは「同情や熱意を持たない態度」のこと。 3 「悲哀」とは「悲しく，哀れな気持ち」。 4 「背水の陣」とは「切羽詰まっていて，あとにひけない状態」。中国の故事に由来する。 5 「卑劣」とは「正々堂々としておらず，いやしくきたないこと」。

問二 1 「おのずから」と誤読しないように注意。「みずから」は「自分」，「おのずから」は「自然と」という意味である。 2 「扇動」とは「行動を起こすようあおりたてること」。 3 「吐」にはこのように「と」という読みの他にも，「嘘を吐く」といった場合の「つ」という読み方もあるので共におさえておきたい。 4 「双肩」とは両方の肩のことで転じて責任や義務を負うもののたとえ。 5 「健やか」は書き問題の際の送り仮名にも注意したい。

二 (論説文―指示語の問題，脱文・脱語補充，接続語の問題，内容吟味，語句の意味，文脈把握)

問一 傍線部①直前に「食物が必要」「豊かな緑・自然が必要」「気候にある程度の安定性が望まれる」とあることから，「食物」「豊かな緑・自然」「ある程度安定した気候」の3つが「それぞれ」の内容である。

問二 Ⅰ はじめの空欄Ⅰの直前の文章に「太平洋のマサバはかつて…減る」とあることと，それが図解された図1から，マサバがほぼいなくなったということが読み取れるためウが適当。エと迷うが，減少はするかしないかのどちらかであり，「減少に近い」という現象は起こり得ないため不適当。 Ⅱ サバについての話題で1978年→1990年→2016年と年を追って言及があり，1990年に一旦大量に減少したが2016年には1990年と比較して増加していることから，キが適当。クと迷うが，ある程度の数から大幅な減少を経験した1990年に言及していることから，「増加」というよりも元の数へ近づくという意味で「回復」がふさわしい。

問三 A 空欄A直前で「自然の豊かさを示すものではなく」としたうえで，空欄A直後では「生態系がバランスを崩してしまっている」と逆のことを述べているため，オが適当。 B 空欄B直前で「生きることは呼吸することだ」とあり，空欄B直後では呼吸について化学的な説明が行われているので，イが適当。

基本 問四 傍線部②の直後に「(4.8万トン：うち輸入3.3万トン)」と説明があるため，まずは輸入が3.3

万トンであるア・イに絞られる。次に全体量が4.8万トンになるものを選ぶ。「(4.8万トン：うち輸入3.3万トン)」とは，全体が4.8万トンであり，そのうちの3.3万トンが輸入ということである。

問五　i　「息を呑む」自体にはア・エ両方の意味があるが，傍線部③の後でそのデータについて「この星の…議論になってきたとおりだ。」と，地球上の動物のうち9割以上が人間世界のものであることによって引き起こされている問題について述べられているため，エは不適当。　ii　傍線部③の後の「地球上の…議論になってきたとおりだ」をふまえて解答する。ア・イ「野生生物」が不適当。本文では「この星の上にいる動物は9割以上が人間世界のもの」とあるが，野生生物は人間世界のものではない。エ・オは数字自体は正しいが，エについては野生生物は人間世界のものではないため，「人間世界が自然界にどれほど影響を与えてしまっているか」とややずれる。また，エ・オ両者とも本文「しかも」以降で述べられているCO_2についての問題意識も反映されていないため不適当。

問六　空欄Ⅲの前にある「杉とヒノキばかりの森」，「景気よく伸びる樹種ばかりを植えた」という記述から，［Ⅲ］性が低いとはつまり種類が少ないということであることをおさえる。すると空欄Ⅲを含む段落の次段落で「多様」という語句が登場するので，「多様性の低い」が適当。

やや難　問七　空欄Ⅳの直前で「この値に人間や家畜の呼吸を含めると」とあるが，「この値」とはその前の「実は…排出している。」で明らかにされている9.5トンという数値である。では「人間や家畜の呼吸」の数値はというと，「みなさんが一日」から始まる段落で明らかにされている。「CO_2を吐き出す」とはつまり呼吸をするということである。まず人間一人あたりのCO_2排出量(＝呼吸量)は0.27トンと明らかにされているが，この数値をもとにするのでは不十分である。本文では「実際には家畜がそれなりの数がいる」としており，家畜のCO_2排出量が「約0.65トン乗ってくるので」，それを足した「0.92トン」が「人間や家畜の呼吸」である。よって9.5＋0.92＝10.42となるが，解答の指示に従って小数点第一位までの解答なので10.4が正答。

重要　問八　「僥倖」とは「偶然に得る幸せ」という意味である。氷があることで何が幸せなのかというと，傍線部④直前の「氷の融解…可能性が高い」つまり，氷の融解によって大規模な気温上昇に至らなかったという点をおさえて記述できていればよい。

問九　エ　CO_2と温暖化の関係については，「成長の前に星がもたない」と題された部分の前後から読み取れるが，「最近，明らかになった」という根拠はない。オ　森林と大型生物が呼吸により吐き出すCO_2の関係は「人間の圧倒的なエネルギー消費」と題された部分から読み取れるが，生物のCO_2排出量を提示したうえで「杉人工林…吸収余力があることになる。」としており，生物の排出するCO_2はまかなえることがわかる。本文では「ただ，問題は…膨大なためだ」としており，生物の呼吸ではなく電力など人工物が大量のCO_2を排出していることが問題としている。

問十　i　「健全で恵み豊かな環境」という誤答が多いと思われるが，それは環境を形容したものであって，環境そのものがどういったものなのかという説明としては成立しない。【資料】の第3条に「人類の存続の基盤である環境」と，環境そのものが定義されているので，ここが適当。

ii　ア「徐々に経済の規模を縮小させていきながら」，イ「経済的負荷を負ってでも」は【資料】の第4条と矛盾するため不適当。ウ「人為的に環境を作り変える」は，【資料】第3条「人間の活動による環境への負荷」と矛盾するため不適当。エ「科学を発達させる」根拠は【資料】中にない。第4条では「科学的知見の下」に環境保全を行うということが述べられている。

三　(古文―文脈把握，指示語の問題，口語訳，大意・要旨，文学史)

〈口語訳〉【文章Ⅰ】　小野宮右大臣といって，世間では賢人右府と申し上げる人がいた。若いころから(右大臣が)思っていたことは，身にすぐれた才能がないなら，何事につけてもその徳は現れがたい(ということだ)。本当の賢人のふるまいをして，名声を得ることを願って，ひたすら清廉潔白の振る舞いをなさっていたのだ。しかし，人は(賢人と呼ぶことを)許さず，かえってあざ笑う人もいたほどであったが，(右大臣が)あたらしく家を作って，引っ越しをなさった夜，火鉢の中の火が御簾の縁に飛んで，すぐには消えなかった様子を，しばらくご覧になっていると，だんだんくすぶってきて，次第に燃え上がるのを(見て)，人々がびっくりして近寄るのを(右大臣は)制して，消さなかった。火が大きくなった時，笛だけを持って，「車をここへ」と言って，(右大臣は)出て行かれた。少しの物も運び出さなかった。このことから，自然と賢者としての名が知られ，帝をはじめ(人々が右大臣を賢人だと)申し上げ，たいそうほめて，賢人として扱われた。このことを考えれば，実に家の一つが焼けるようなことは，右大臣の身には数にも入らないことだったのだろう。ある人は，のちにそのわけをうかがったところ，(右大臣は)「わずかな火が飛んで，思いがけず燃え上がるのは，ただごとではない。天災である。人の力でこれと争うならば，これより大きい身の一大事がきっと出てくるだろう。なぜ，家一つ(程度のものを)むやみに惜しむに足るだろうか。いいや，惜しむ必要などない」とおっしゃったということだ。

【文章Ⅱ】 絵仏師良秀という僧がいた。隣の家から出火して，炎が家を覆ったので，大路へ出た。人が良秀に書かせた仏も(家の中に)いらっしゃった。また，なにもかぶっていない妻子なども，すべて家の中にいた。それも知らずに，自分の身ばかり，ただ一人逃げることをなすべきことと考えて，大路の向かい側に立っていた。火はすぐに良秀の家に移って，煙や炎がくすぶっているのを見ても，まったく慌てる様子もなく眺めているので，親友たちが駆け付けたけれども，騒がなかった。(親友たちが)「どうしたのか」と見てみると，(良秀は)大路の向かい側に立って，家が燃えていくのも見て，しきりにうなずいて，時々笑って，「ああ，うまく儲けたな。長年うまく書けずにいたのだ」と言うので，(親友たちが)「どうしたことだ。このようにしているなんて，驚きあきれたことだ。何か霊でもお憑きになったのか」と言うと，(良秀は)「どうして，霊が憑くものか。長年不動尊の火災を下手に書いていた。今，わかった。これは儲けものだ。絵師の道を立てて，この世に生きていく限り，仏さえ上手く書けるのであれば，百や千の家も立つだろうよ。あなたたちは，大した才能もお持ちでないのだから，物を惜しむのだ」と言って，あざ笑って立っていた。その後だろうか，良秀の「よじり不動」といって，人々が褒め合ったという。馬鹿らしく聞こえるが，右大臣の振る舞いに似ている。

問一　ア　右大臣の「思はざるに燃え上がる」という発言と矛盾するため不適当。　イ　「惜しむものを持っていなかった」のではなく，「惜しまなかった」点が評価されている。　エ　「周囲の人々の安全を優先」したのであれば，車を呼んだ際に他の人を乗せたなどの記述があるはずである。

問二　傍線部②の前の「かかるにつけては」の内容が「おのづから…もてなされけり」であることをふまえて解答する。ア　「過去にも火事を経験」した根拠はないため不適当。　イ　「質素な生活を心がけていた」かどうかは，笛だけを持って行ったということからは読み取れないため不適当。　ウ　右大臣が自分自身や周囲の人の無事を喜んでいる描写はにあため不適当。

やや難　問三　右大臣の発言から，「わずかな火が燃え広がったのは天才であり，これに抵抗すればより大きな災いが来る」という内容を読み取り，抵抗しなかった，つまり火を消さなかったことであるということをおさえられていればよい。

問四　「悪しく書きける」と傍線部④と似た語彙で説明されている「不動尊の火災」が適当。

基本　問五　「あさまし」とは「驚きあきれる」という意味なので，その要素が反映されたイが適当。ア・ウ・エはいずれも良秀を褒めており，「もののつき給へるか」につながらない。

問六　傍線部⑥の後に「仏をだによく書き奉らば」と「書く」ことに言及があるため，アが適当。

重要　問七　ア　「良秀は慌てて」は「さりげなげ」「さわがざりけり」と矛盾するため不適当。

ウ 「火事になったときに取るべき行動」としてはどちらもあまりにも危険あるいは無慈悲であり，教訓になるとは言えないため不適当。 エ 「右大臣は…がっかりした」が不適当。右大臣は，火事は天災なのだから逆らえばより大きな災いが来ると考え，それを未然に防ぐためにあえて火事を消さなかったのであり，「がっかりした」根拠はない。

問八 イ 平安時代末期の成立。 ウ 平安時代中期の成立。 エ 江戸時代中期の成立。
ア『平家物語』は平家の滅亡を描いた作品なので，平家滅亡後の鎌倉時代の成立である。

★ワンポイントアドバイス★

論説文は，本文の内容と図の内容を照らし合わせながら，筆者の主張や説明を正確に読み取ろう。古文は，似た出来事でも共通点と相違点がどのようなところにあるのか，比較しながら全体の内容を把握しよう。

2020年度

★★★★★★★★★★★★★★★★★★★★★★★

入　試　問　題

2020年度

拓殖大学第一高等学校入試問題

【数　学】（50分）　＜満点：100点＞

1　次の計算をせよ。

(1)　$\left(\frac{5}{3}-2\right)\div 2+\frac{4}{5}\times\left(-\frac{2}{3}\right)$

(2)　$(-9a^3b)\times\left(-\frac{1}{3}ab^2\right)^3\div\left(\frac{1}{6}ab\right)^2$

(3)　$\frac{(1+2\sqrt{3})^2}{\sqrt{2}}-\frac{12+3\sqrt{3}}{\sqrt{6}}$

2　次の方程式を解け。

(1)　$1-\frac{x-4}{12}=\frac{7}{3}-\frac{5}{4}x$

(2)　$(3x-2)^2=5(x-1)(x-2)-x$

(3)　$\begin{cases} x+y=12 \\ (2x+3y):(3x+2y)=7:5 \end{cases}$

3　次の□に適当な式または値を入れよ。

(1)　$4x^2-y^2+4y-4$ を因数分解すると□となる。

(2)　6枚のカード2，2，3，4，5，6がある。この6枚のカードのうちから2枚を引くとき，その2枚のカードの数字の積が4の倍数になる確率は□である。

(3)　連続する6個の偶数の積 $k=2\times4\times\cdot\cdot\cdot\times$ ア がある。n を自然数とし，$\sqrt{\frac{k}{n}}$ が自然数となるとき，$\sqrt{\frac{k}{n}}$ の最大値は イ である。

(4)　ある高校で文化祭のチラシを印刷するのに次のA社，B社のどちらかにお願いすることにした。A社は20枚までは枚数にかかわらず5000円で，21枚目からは1枚につき100円追加料金がかかる。B社は版代（初期費用）として1000円かかり，1枚目から1枚につき160円かかる。このとき，以下の ア ～ オ に適切な値や式を入れよ。ただし，ウとエは x を用いて表せ。

注文する枚数を x 枚とする。

A社に支払う金額は，

$x\leqq$ ア　　のとき イ 円

$x\geqq$ ア ＋1のとき ウ 円

となる。同様に，B社に支払う金額は，

エ 円

となる。これより，B社に支払う金額の方が安く済むのは，最大 オ 枚まで注文したときである。

4　点A（6，3）を通り，傾きがaの直線ℓがある。この直線ℓとx軸，y軸との交点をそれぞれB，Cとする。次の各問に答えよ。

(1)　点Cの座標が（0，6）のとき，直線ℓの方程式を求めよ。

(2)　点Bがx軸上の $x<0$ の部分にあり，AC：CB＝3：1 のとき，直線ℓの方程式を求めよ。

5　関数 $y=ax^2$ について次の各問に答えよ。

(1)　次のア～オの中から，正しいものをすべて選び，その記号を書きなさい。

ア　$a=-\frac{2}{3}$のとき，点（−3，−6）は通らない。

イ　点（−3，−6）を通るとき，点（3，−6）も通る。

ウ　$a=1$ とする。xの変域が $-1\leqq x\leqq 2$ のときのyの変域は $1\leqq y\leqq 4$ である。

エ　$a>0$ とする。$x<0$ の範囲では，xの値が増加するとき，yの値は増加しない。

オ　$a<0$ とする。すべてのxの値で，$y<0$ を満たす。

(2)　aは正の定数とし，関数 $y=ax^2$ のグラフ上に2点A，Bをとる。点A，Bのx座標はそれぞれ2，3とする。また，点Pはy軸上の点である。AP＋BP の長さが最短になる点Pのy座標が5であるとき，aの値を求めよ。

6　図のように，△ABCがあり，辺AB，ACの中点をそれぞれD，Eとする。
また，線分CEの中点をF，線分DFと線分BEの交点をGとする。次の各問に答えよ。

(1)　△BGDの面積をS_1，△EGFの面積をS_2とするとき，S_1：S_2 を最も簡単な整数の比で表せ。

(2)　四角形ADGEの面積をS_3，四角形ＢＣＦＧの面積をS_4とするとき，S_3：S_4 を最も簡単な整数の比で表せ。

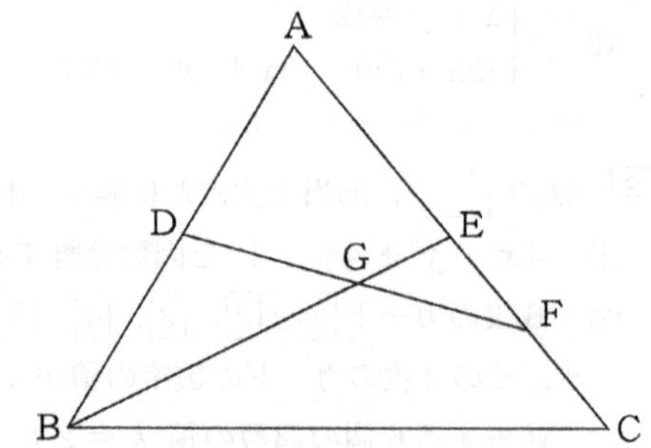

7　図のように，1辺の長さが6の正方形ABCDを底面とする正四角錐Ｐ－ABCDがある。正四角錐Ｐ－ABCDの表面積が84であるとき，次の各問に答えよ。

(1)　線分PAの長さを求めよ。

(2)　正四角錐Ｐ－ABCDの体積を求めよ。

(3)　PC，PDの中点をそれぞれＥ，Ｆとする。四角形ABEFの面積を求めよ。

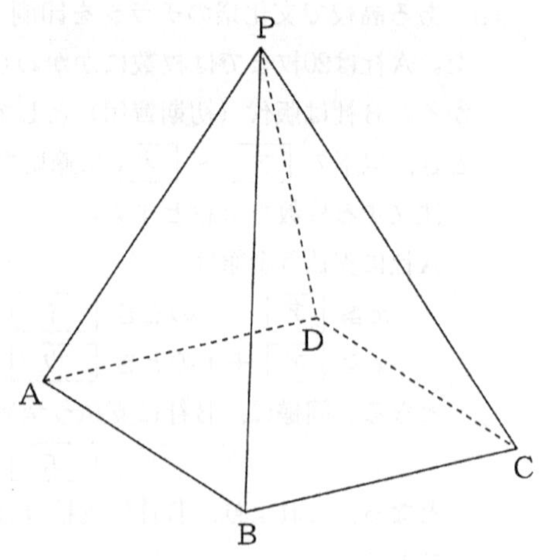

【英　語】（50分）　＜満点：100点＞

Ⅰ　第１アクセントが２番目の音節にある語を５つ選び，アイウエオ順に記号で答えよ。

ア）pro-gram　　イ）al-read-y　　ウ）cel-e-brate　　エ）class-mate
オ）con-tin-ue　　カ）web-site　　キ）im-prove　　ク）u-ni-verse
ケ）mid-night　　コ）pass-word　　サ）is-land　　シ）a-gree
ス）sud-den-ly　　セ）a-broad　　ソ）in-ter-na-tion-al

Ⅱ　次の各文に合うように（　）内に入る最も適当な語を答えよ。

1．夕食を取ってから風呂に入った。
I（　　）a bath（　　）I had dinner.

2．A：「ずいぶん髪が伸びたね」
B：「実は今年になってまだ切ってもらってないんだ」
A："Wow, your hair has grown long!"
B："Actually, I（　　）got a haircut（　　）this year."

3．あなたのクラスで一番テニスがうまい人は誰ですか。
（　　）（　　）（　　）best in your class?

4．運転中にスマートフォンを使用している人は厳しく罰せられるべきだと思う。
I think（　　）（　　）their smartphones while driving should be severely punished.

5．私が買った本は世界中で読まれている。
The book（　　）（　　）（　　）（　　）all over the world.

Ⅲ　次の各英文には，それぞれ文法・語法上の誤りが１ヶ所ある。その部分を記号で答え，正しい形を記せ。

1．I am looking（ア） forward to visiting Okinawa（イ） because I have never（ウ） gone there（エ）.

2．Were you already（ア） taught why（イ） English is spoken（ウ） by（エ） Singapore?

3．I would like to eat（ア） both pasta and pizza（イ）.　I can't decide what dish（ウ） to choose（エ）.

4．A：How（ア） do you think of（イ） his opinion about（ウ） plastic bags?
B：Well, honestly I didn't understand what he meant（エ）.

5．I remember meeting her（ア） in（イ） the morning of June 10（ウ）, 1995（エ）.

Ⅳ 日本語に合うように（ ）内の語（句）を並べかえたときに，X と Y にくるものをそれぞれ記号で答えよ。なお，文頭にくる語も小文字で始めてある。

1．今夜の天気はどうですか。

_____ X _____ Y _____ evening?

（ア be　イ how　ウ the weather　エ this　オ will）

2．外国人と英語で話すのはとても楽しい。

X _____ _____ _____ Y _____ fun.

（ア in English　イ a lot of　ウ foreigners　エ is　オ talking　カ to）

3．ウクレレのレッスンを受けることに興味がある人はメールを送ってください。

Please _____ _____ _____ X _____ _____ Y _____ _____ the ukulele lessons.

（ア an email　イ send　ウ if　エ in　オ me　カ interested　キ taking　ク you　ケ are）

4．誕生日に何か買って欲しいものはありますか。

_____ _____ _____ X _____ Y _____ _____ for your birthday?

（ア is　イ anything　ウ buy　エ me　オ there　カ to　キ want　ク you）

5．この本を読めばラテン語についてよく知ることができるよ。

_____ _____ _____ X Y _____ Latin.

（ア give　イ of　ウ a good knowledge　エ this book　オ will　カ you）

Ⅴ 自然な会話の流れになるように，（ ）内に入る最も適当なものを選択肢からそれぞれ1つずつ選び，記号で答えよ。同じ記号を2度以上使用しないこと。なお，選択肢の文は文頭に来ない文もすべて大文字で始めてある。

Alice：Oh, you must be a brother of Mary's.

Brian：（ ① ）

Alice：I met you at her birthday party five years ago.

Brian：Now, I remember. You are a friend of hers. What a nice coincidence（偶然）! How have you been?

Alice：I've been good. Thanks. And how about you and Mary?

Brian：We've been all right.（ ② ）

Alice：I have been here to study law in college.

Brian：Oh, have you?（ ③ ）

Alice：Umm, I'm afraid she might not. Because I didn't tell her about it. We were not getting along well then.

Brian：I see. I didn't know that. What was the problem?

Alice：It was caused by a little misunderstanding. I made Mary very angry. But I didn't say I was wrong. By the way,（ ④ ）

Brian : She goes to a local college. She is studying art there.
Alice : I know she is good at drawing pictures. We have known each other since we were in elementary school.
Brian : Anyway, I'll tell Mary about you when I'm back. (⑤)
Alice : Thank you, but you don't have to worry about it. I'll try to get in touch with her.
Brian : Oh, that would be much nicer. I hope you and Mary become friends again.
Alice : I hope so, too. It was nice seeing you again. Take care.
Brian : See you.

ア) What brought you to New York?
イ) Do you think Mary should come?
ウ) What has she been up to?
エ) How did you come here?
オ) Why do I have to be her brother?
カ) Does Mary know about it?
キ) Do you have any messages to her?
ク) Have we met before?
ケ) When are you going back to your hometown?

Ⅵ 次の英文を読んで設問に答えよ。

Satoru Iwata is not a household name, but ①he should be. Most people, however, would recognize ②his brain children, the Nintendo DS and the Wii. These two game systems completely changed the world of gaming. It's hard to imagine gaming without them, but amazingly, the DS and Wii almost didn't happen! It is only thanks to the *1innovative ideas of Iwata that we have these systems today.

Satoru Iwata (ア make) the CEO of Nintendo in 2002. At that time, the video game market was suffering, and Nintendo was having trouble with its sales. Iwata thought that a change in *2strategy was due. *3Previously, the strategy in the game *4industry was to keep making the same kinds of games and *5consoles but just improve their power and complexity. [A], Iwata didn't just want to attract dedicated gamers. He wanted to bring in new kinds of players to video gaming. How was he going to do ③that? He decided to change the very concept of video games.

Iwata wanted to make video games easier to pick up and more relevant to people's lives. Out of this idea came the Nintendo DS. People interacted more directly with the game by using a touch screen instead of just a set of buttons. Iwata took this idea to the extreme with the *6motion-based Wii. Now, just by using natural body movements, players can enjoy playing all sorts of games.

The kinds of games produced changed as well. Along with the regular role-playing game (RPG), action, and sport games, new kinds of "games" were designed. Some of these new games, like Brain Age, improved thinking abilities. Others, like Wii Fit, improved *7 fitness. This has brought in a new age of gaming. Everyone from grandparents to their grandchildren (イ seem) to be playing Nintendo products.

With all that we have seen so far, we can only wonder what is next for Iwata. Surely it will be something ④groundbreaking!

*1 innovative : new and creative　*2 strategy : a plan　*3 previously : before

*4 industry : business　*5 console : a game system　*6 motion : movement

*7 fitness : good physical condition

問１　下線部①の説明として最も適切なものを１つ選び記号で答えよ。

ア）岩田聡は，もっと有名であるべきだ。

イ）岩田聡は，ゲーム会社の社長であるべきだ。

ウ）岩田聡は，おそらく全員が知っている名前のはずだ。

エ）岩田聡は，おそらく家庭のある人物のはずだ。

問２　下線部②は文中においてどのような意味で使われているか。１つ選び記号で答えよ。

ア）脳の中にある大切な部位　　イ）岩田聡の賢い子どもたち

ウ）子どもが好きなゲームの世界　　エ）頭で考え生み出したもの

問３　文中の（ ア　make ）（ イ　seem ）の英単語を適切な形に変えよ。ただし２語になる場合もある。

問４　A に入る最も適切なものを１つ選び記号で答えよ。

ア）For example　イ）In addition　ウ）Even though　エ）However

問５　下線部③の指す内容を本文に即して30字以内の日本語で説明せよ。

問６　下線部④の意味として最も適切なものを１つ選び記号で答えよ。

ア）enjoyable and damaging

イ）very new and original

ウ）strange and difficult

エ）normal and common

問７　本文の内容と一致するものを１つ選び記号で答えよ。

ア）Around 2002, the video game market had difficulty in selling games, so Iwata sold his games by himself at stores and changed the world of gaming.

イ）Some designers in game companies tried to change the usual way of playing video games, but nobody made it.

ウ）The Nintendo DS and Wii were created because Iwata wanted to make games which people could pick up more easily than before.

エ）All the Nintendo products have the same goals, and players can improve fitness by using the products.

オ）Iwata's innovations enable all the generations to enjoy video games, but some people don't think playing games is a good thing.

問８　本文の表現を参考に，次の会話文の下線部が「でも，もっとそれを面白くする必要があるね」という意味になるように（　）内に入る英語をそれぞれ答えよ。

Student : Could you read this draft of my speech and give me some advice?
Teacher : Of course. Let me see.... The structure of your speech is okay.
But (　　)(　　) for you (　　)(　　)(　　)(　　) interesting.
Student : Thank you. I'll improve it. Could you check it later again?
Teacher : No problem.

Ⅶ **Jones** が牧場主である **MANOR FARM**（マナー牧場）で動物たちが **Rebellion**（革命）を企てていた。しかし中心的役割を果たしてきた豚の **Major** が死んでしまった。それに続く次の英文を読んで設問に答えよ。

Major's death was in early March. During the next three months, the farm was full of secret activities. The animals were planning for the Rebellion. They did not know when the Rebellion would happen, but it was their job to prepare for it. [A] All the animals were busy. ①The pigs organized the others and taught them what to do. (The pigs took this job because they were the cleverest, in the opinion of most animals on the farm.) Two young pigs named Snowball and Napoleon were the leaders. Napoleon was large and fierce. He did not talk much, but he knew how to get what he wanted. Snowball was more lively. He had many good ideas, but some animals thought that ②he was not as serious and thoughtful as Napoleon. Squealer was another important pig. He was small with bright eyes and a high voice. He was a very good talker. He could explain anything and make anyone agree with him. Animals on the farm often said, ③"Squealer is such a good talker that he could turn black into white."

[B] They called it Animalism. At night, they taught the philosophy(信条) of Animalism to the others.

At first, the other animals had trouble understanding Animalism. Some of the animals still called Mr. Jones "Master." Others were worried about their lives after the Rebellion. They asked, "Who will take care of us? Who will feed(食べ物を与える) us after the Rebellion?" The pigs had to remind them that Man was the enemy. After the Rebellion, the pigs explained, the animals would be able to feed and care for themselves. [C]

The pigs also had trouble with Moses, the tame raven(カラス). Moses was Mr. Jones's special pet. He never worked, and ④he told lies to the animals. "You don't need Animalism," Moses said. "Don't you know where we animals go after we die? We go to a beautiful country called Sugarcandy Mountain. It is up in the sky, above the clouds. On Sugarcandy Mountain, nobody has to work. Animals can rest and play all day. There is lots of delicious food, so nobody is ever hungry."

For a while, some of the less clever animals believed Moses. "Who cares about the Rebellion," they said. "We will all go to Sugarcandy Mountain after we die!" The pigs had to work hard to convince them that Sugarcandy Mountain was not real.

The pigs' best students were the two horses, Boxer and Clover. They believed everything the pigs taught them. They loved singing "Beasts of England." The other animals liked Boxer and Clover, and they followed their example.

The Rebellion happened much sooner than the animals had expected. In the past, Mr. Jones had been a successful farmer. Recently, however, he had lost money. He began to drink every day. He barely (ほとんど~ない) worked on the farm. The fields were full of weeds (雑草). The buildings began to fall apart. The animals were not getting enough to eat.

In June, on Midsummer's Eve, it was time to cut the hay. Unfortunately, Mr. Jones and his farm workers had drunk a lot. They slept all day, leaving the animals hungry. By night, ⑤<u>the animals could not stand it anymore.</u> They escaped from the barn (家畜小屋) and broke down the door of the store-shed (小屋), where the food was kept. The noise woke Mr. Jones and his men. They ran outside with their whips. The men hit the animals, trying to get them back in the barn.

The animals were extremely angry. They attacked the men, kicking and butting them. Mr. Jones and his workers were shocked and scared. They had never seen animals act like this. After a moment, the men ran away. The animals chased them out of the farm and down the road. The Rebellion had happened: Mr. Jones and his men were gone! Manor Farm belonged to the animals!

The animals ran around with happiness. Then they destroyed anything that reminded them of Jones and of humans: saddles, reins, spurs, dog-chains, nose rings, knives, and especially the whips. All the animals danced with joy when ⑥<u>the whips</u> were destroyed.

Afterwards, Napoleon led the animals to the store-shed. He gave them a large amount of food. Everyone ate. Then they sang "Beasts of England" seven times in a row. Finally, they all went to bed. They slept more peacefully than they ever had before.

The animals woke up at dawn (夜明け) as usual. When they remembered the wonderful events of the night before, they ran to the pasture. They rushed up the hill. At the top, they could see all of Manor Farm. They looked at the farm in the beautiful morning sunlight. Yes, it belonged to them! The farm was theirs! They ran and danced and rolled around with joy. Then they walked around the entire farm. They admired the fields, the hay, the orchard, and the pond. [D]

Then they came to the farmhouse. The house belonged to them now, too, but some of the animals were scared to go inside. After a moment, Snowball and Napoleon opened the door. One by one, the animals walked inside. They went quietly from room to room. They gazed in wonder at Man's riches: the beds with feather mattresses, the shining mirrors, the comfortable sofa, the soft carpet, the colorful pictures on the walls. All the animals agreed that the farmhouse should be preserved as a museum. No animals should ever live there.

The animals had their breakfast. Then Snowball and Napoleon called them together again.

"Comrades(同志たち)," said Snowball, "we have a lot to do. Today we begin the hay harvest. [E]"

The pigs told the other animals an amazing thing. During the past three months, the pigs had taught themselves to read and write. (They had used an old spelling book which had belonged to Mr. Jones's children.) "Now it is time to change the name of this farm," Snowball said. He showed the other animals the sign on the farm's main gate. It read MANOR FARM. Using some black and white paint, Snowball painted over that writing. He wrote these words: ANIMAL FARM.

問1 次のア)，イ）の文を，意味が通るように本文に当てはめた時，[A] ～ [E] のどこが最も適切か，それぞれ記号で答えよ。

ア）Napoleon, Snowball, and Squealer turned old Major's ideas into a complete philosophy(信条).

イ）But first there is something we pigs must tell you.

問2 下線部①の意味する内容に最も近いものを１つ選び記号で答えよ。

ア）豚たちは，他の農場にいる動物たちをどのように手助けすべきか教えてもらった。

イ）豚たちは，どのように革命に向けて準備するべきかを知っていたので，それに向けて彼らだけで動き始めた。

ウ）豚たちは，他の動物たちに一緒に働くよう呼びかけ，何をすべきかを示した。

エ）豚たちだけでなく，他の動物たちも賢いので，革命を準備することができた。

問3 下線部②の意味する内容に最も近いものを１つ選び記号で答えよ。

ア）Both Snowball and Napoleon were more serious and thoughtful than any other animal on the farm.

イ）No other animal on the farm was as serious and thoughtful as Napoleon.

ウ）Napoleon was more serious and thoughtful than Snowball.

エ）Neither Snowball nor Napoleon was more serious and thoughtful than any other animal on the farm.

問4 下線部③の意味する内容に最も近いものを１つ選び記号で答えよ。

ア）Squealer はとてもおしゃべりなので，人の欠点などを言いふらす。

イ）Squealer はとても話すのが上手なので，誰でも言いくるめられる。

ウ）Squealer はとても流ちょうに話すので，みんなを話に夢中にさせる。

エ）Squealer はとても正確に話すので，何事も白黒はっきりさせる。

問5　下線部④から読み取れる内容として最も近いものを１つ選び記号で答えよ。

ア）Moses was not on the pigs' side, and told the animals a fiction about life after death.

イ）Moses explained kindly the place which the animals went to after they died.

ウ）Moses lay on the ground and told a lot of useful stories to the animals.

エ）Moses understood the Animalism well, and talked about how important it was to the animals.

問6　下線部⑤の意味する内容に最も近いものを１つ選び記号で答えよ。

ア）As the animals were left hungry by Mr. Jones and the farm workers, they didn't like such a situation at all.

イ）The animals did not eat anything, so they lost their energy and were not able to stand up.

ウ）The hungry animals tried to get up Mr. Jones and the farm workers who were sleeping all day, but they couldn't.

エ）The hungry animals were standing outside and waiting for Mr. Jones and the farm workers until the night came.

問7　下線部⑥は何のために使うものか，本文に即して最も適切なものを１つ選び記号で答えよ。

ア）to force the animals to get out of the barn

イ）to help the animals dance happily

ウ）to make the animals angry

エ）to try to control the animals

問8　本文の内容に一致しているものを２つ選び記号で答えよ。

ア）Just two of the pigs played important roles to change the animals' lives.

イ）Some of the animals felt nervous about their lives after the Rebellion because the pigs were looking for someone who could feed them.

ウ）The two horses, Boxer and Clover, were the best students of the pigs' though they didn't agree with their ideas.

エ）Mr. Jones once got a good result in his business before he became lazy about his farm work.

オ）The animals broke down anything the men used, including chains, knives and the farmhouse.

カ）The pigs learned to read and write without anyone's help, and wrote a new name on the farm's board.

ア　A　男　B　男　C　女　D　男
イ　A　女　B　女　C　男　D　女
ウ　A　女　B　男　C　女　D　男
エ　A　男　B　男　C　女　D　女

問三　傍線部②「うとましながら、恋しからむ事」に見られる女の心情として最も適当なものを次の中から選び、記号で答えよ。
ア　正体を現さない男への不信感とこれまで共に過ごした時間で培った愛情とが入り混じった心情。
イ　一時の感情で男を拒絶して男を傷つけてしまったことを後悔し、何とか男を取り戻そうとする心情。
ウ　男の本体が蛇であったことへの気味の悪さと年来愛し合ったゆえの愛着との間で揺れ動く心情。
エ　長年連れ添った男の正体が蛇であったことに失望し、恋しく思う気持ちが失われてしまった心情。

問四　傍線部③「例にあらず気色いと悪しくて」とあるがなぜか。その理由を三十字以内で答えよ。

問五　傍線部④「さばかり申しし事（そのように申し上げたこと）」を次のようにまとめた。空欄にあてはまる男の言葉をⅠの文章から探して二十字前後で抜き出し、最初と最後の三字を答えよ。
［　　　　］。それでも、決しておびえないでください。

問六　傍線部⑤「おびえ給ふ事」は、Ⅰの文章でいうと女のどのような行動に該当するか。五字以内で抜き出して答えよ。

問七　ⅠとⅡの文章に関する説明として最も適当なものを次の中から選び、記号で答えよ。
ア　Ⅰ、Ⅱの文章ともに、男の仮の姿が蛇として描かれ、話の末尾で男の正体がⅠでは神であったこと、Ⅱでは天皇であったことが明かされ、人ならざると思われたものが実際には高貴な存在であったという典型的な説話となっている。
イ　Ⅰでは女の驚きを当然のこととして受け止め、自ら身を引く男の姿が描かれているが、Ⅱでは女の裏切りに対して激しい怒りと拒絶を示す男の様子が対照的に表現されている。
ウ　Ⅰでは女が男に対して一貫して恋しく思う気持ちを持ち続ける様子が描かれているが、Ⅱでは男の怒りの理不尽さに不満を覚え、男をなじる女の姿が対照的に表現されている。
エ　Ⅰ、Ⅱの文章ともに、男が女の元に通う当時の婚姻形態が描かれ、女が男に対して、Ⅰでは居場所を突き止めようとし、Ⅱでは引き止めようと積極的な行動を起こすことが結果として不幸につながるという教訓的な説話となっている。

問八　二重傍線部「用ゐ給はずして」を全て現代仮名遣いの平仮名に直せ。

問九　『今昔物語集』は平安時代末期に成立した説話集である。異なる時代に成立した作品を次の中から選び、記号で答えよ。
ア　奥の細道　イ　枕草子　ウ　竹取物語　エ　古今和歌集

からひ、年を数へむはいくそばくぞ。たとひ、その容姿見悪しといふとも、ただ見え給へ」とA言へば、「しかなり。さらば、その御匣(注1)の中にをらむ。ひとり開き給へ」と言ひて帰りぬ。いつしか開けて見れば、蛇、わだかまりて(注2)見ゆ。驚き思ひて、ふたをおほひて、のきぬ。その夜、また来たりて、「我を見て、驚き思へり。まことに道理なり。我もまた、来たらむこと恥なきにあらず」とB言ひ、契りて、泣く泣くわかれ去りぬ。女、②うとましながら、恋しからむ事を、嘆き思ひて、麻の、巻き集めたるをば、綜麻(注3)といへり。その綜麻に針をつけて、その針を、狩衣(注4)のしりにさしつ。夜明けぬれば、その麻をしるべにて、尋ねゆきて見れば、三輪(注5)の明神の御神庫(注6)のうちに入れり。その麻の残りの、みわけ残りたれば、三輪の山とはいふなりといへり。

（『俊頼髄脳』より）

（注1）御匣…櫛（くし）などの化粧道具を入れる箱。

（注2）わだかまりて…とぐろを巻いて。

（注3）綜麻…紡いだ糸をつないで、環状に幾重にも巻いたもの。

（注4）狩衣…平安時代の貴族の常用略服。

（注5）三輪の明神…我が国最古の神社大神神社の祭神。

（注6）御神庫…神宝を収める倉、また神社そのものもいう。

Ⅱ

明けぬれば男帰り給ひぬ。其の後、女櫛の箱開けて油壺の中を見給ふに、壺の内に動く者あり。「何の動くぞ」と思ひて持ち上げて見給へば、極めて小さき蛇わだかまりて有り。油壺の内に有らむ蛇の程を思ひやるべし。女これを見給ふままに、さこそ、「おびえじ」とC契り(注7)しかども、大きにおびえて声を挙げて棄てて逃げ去りぬ。

其の宵、男来れり。③例にあらず気色いと悪しくて、女に(注8)□事無し。女、「怪し」と思ひて寄り給へるに、男の宣はく、「④さばかり申しし事を用ゐ給はずして⑤おびえ給ふ事、極めて情無き事なり。されば我、今は参り来じ」とて、いみじくはしたなげなる気色にてD帰り給ふを、女、「さばかりの事によりて来じと有るこそ口惜しけれ」とて、引きかへ(注9)給ふ時に、女の前に箸をつき立てて、女即ち死に給ひぬれば、天皇・后嘆き給ふと云へども、更に甲斐無くて止みにけり。

（『今昔物語集』より）

（注7）契り…約束し。

（注8）□…欠字。種類・該当語ともに未詳。

（注9）引きかへ給ふ…手をとって引きとめなさる。

問一　傍線部①「うらみければ」の理由として最も適当なものを次の中から選び、記号で答えよ。

ア　何年も共に過ごしながら昼の姿を見せない男に対して男の愛情を疑う気持ちが募ったから。

イ　醜い容姿を見たら心変わりしてしまう程度の愛情であると思われているのが心外だったから。

ウ　男の正体に薄々勘付いており、男からの告白が自身への信頼の証であると考えていたから。

エ　昼の所在が分からない男に他の女性の存在を疑い、自身と男の間に愛情の差を感じたから。

問二　傍線部A「言へ」、B「言ひ」、C「契り」、D「帰り給ふ」の主語の組み合わせとして最も適当なものを次の中から選び、記号で答えよ。

オ

問十　次の選択肢の説明が筆者の考えと合致する場合は○で、合致しない場合は×で答えよ。

1　喪失に適応するためには、その辛い思いをいかにして拭い去るかが大切である。

2　喪失に適応するためには、個人だけでなく社会の在り方も問われている。

3　喪失体験を図示することで、相手の気持ちと向き合うことにつながる。

問十一　次の会話文は、拓大一高の先生と生徒たちが本文の内容について振り返りを行ったものである。後の問いに答えよ。

（1）空欄 a 、 b にあてはまる部分をそれぞれ指定の字数で文中から抜き出し、最初と最後の五字を答えよ。

（2）空欄 c に当てはまる説明を指定の字数で考えよ。ただし、「喪失」と「感情」の二語を必ず用いること。

先生　「人はどのようにして『喪失』を受け入れていくのか」という問いに対して、筆者はどのように説明しているでしょうか。

生徒　筆者は、「適応」という概念を使って説明しています。

先生　その通りです。さらに、筆者はその「適応」に至るまでの条件を挙げていますね。「適応」するためには、当事者が a（四十字以内） ことと・・・？

生徒　当事者を取り巻く社会が b（二十字以内） ことが必要だと述べています。

先生　そうですね。これで前半の流れがうまくまとまりました。後半はどんな内容でしたか。

生徒　「適応」に至るまでの条件を整える一例として、「セルフヘルプ・グループ」に着目しています。

先生　そうですね。「セルフヘルプ・グループ」とは、どのような活動を行っていますか。

生徒　c（四十字以内） ことを促しています。

先生　すばらしい。授業も同じですよ。こうやって教室空間で情報を共有しあうことで、課題を整理することにつながります。

三　次のⅠ、Ⅱの文章を読んで、後の問いに答えよ。

Ⅰ

昔大和の国に、男・女あひすみて、年来（ねんらい）になりにけれど、昼とどまりて見ることなかりければ、女の怨（うら）みて、「年来の仲なれど、いまだ容姿を見る事なし」と①うらみければ、男、「うらむる所道理（ことわり）なり。ただし、わが容姿見ては、さだめて怖（お）ぢ恐れむがいかに」と言ひければ、「このなすることができたから。

イ　これまで喪失体験に長らく悩まされてきたが、重大な喪失を解決することができたという達成感から、感動が涙となってしまうことが多かったから。

ウ　これまで楽観的に物事をとらえるようにしてきたが、場の雰囲気によって悲哀の念が誘導され、人生で初めての感覚を体験することができたから。

エ　今まで感情を表現することがうまくできていなかったが、仲間に体験を打ち明けることで辛い過去から解放され、喜びのあまり感情が溢れたから。

オ　これまで人の話に耳を傾けることがなかったが、自分と同じ体験をした人の話を聞くことで、その時の体験が思い出され感情的になったから。

問六　傍線部④「グリーフ」の言葉の意味として最も適当なものを次の中から選び、記号で答えよ。

ア　体験　イ　図解　ウ　怒気　エ　喪失　オ　悲嘆

問七　傍線部⑤「コップにたとえている」とあるが、このように図示することの効果を説明したものとして最も適当なものを次の中から選び、記号で答えよ。

ア　グリーフを共有することで、喪失状態に陥ったときの実感を知らせることができる。

イ　グリーフを表現することで、喪失状態が解消され、気持ちを整理することができる。

ウ　グリーフを共有することで、多角的な解釈を獲得し、事実と向き合うことができる。

エ　グリーフを解放していくことで、一時的に喪失状態の回復を感じることができる。

オ　グリーフを説明することで、自らの喪失体験を客観視し、受容することができる。

問八　空欄 X に当てはまるように次の選択肢を並び替え、一番目から順に記号で答えよ。

ア　その後、残された親は、今歩いている道は見ずに、「はずだった道」を見つめ続ける。

イ　「本当なら今頃は○○なのに」などと考え続ける。

ウ　亡き子と一緒に生きていく「はずだった道」は、死別を境に絶たれて、右に大きくカーブする道に追いやられた。

エ　けれども年数とともに、だんだん見通しがきかなくなり、「本当なら」という言葉も減っていく。

問九　傍線部⑥「ボールにたとえた図」を簡易化したものとして最も適当なものを次の中から選び、記号で答えよ。

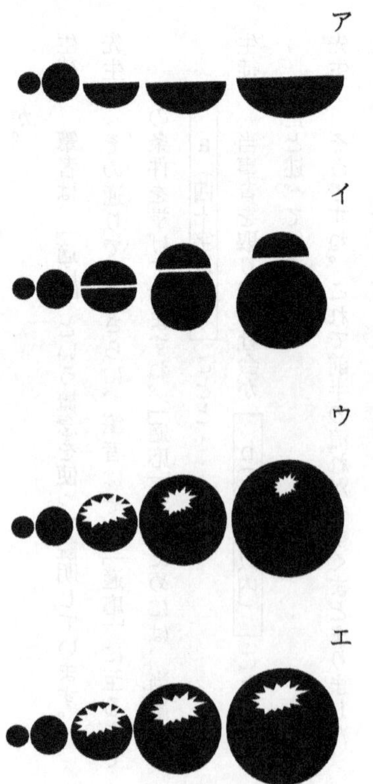

・図３　傷の比率が変わる

お子さんを亡くした父親が自分自身を⑥ボールにたとえた図である。左端は独身だった頃のボールの大きさで、結婚して一回り膨らみ、子どもが生まれてもう一回り膨らんだ。２人目の子どもが生まれると、さらに膨らんだ。ところがその子が亡くなり、自分も心が大怪我をして、自分の半分をもぎ取られたように感じた。数年後、心の怪我の炎症は治まったものの、もぎ取られた傷口はふさがることなく、そのままであった。ただ、体が半分もぎ取られたままでは生きていけないので、仕事に打ち込んだり、やりがいのあることを見出したり、家族を幸せにしたり、誰かの役に立ったりなど、色々な方法で本体のほうを大きくする努力が必要だったという。この図を描いた遺族は、そうして器を大きくすれば傷口の比率は小さくなっていき、生きやすくなると語られた。

坂下氏によると、人によって描く図は本当にさまざまで、同じ人の絵も変わっていくことがあるという。つまり、当事者の思いは一様ではなく、同じ人のなかでも、その様相は変化していくものであることが示唆される。こうしたみずからの喪失体験を図で表現することや、それをもとに体験を共有することは、自分と向き合い、気持ちを整理する機会となりうるだろう。

（坂口幸弘『喪失学』光文社）

問一　空欄 a ～ c に入る接続詞の組み合わせとして、最も適当なものを次の中から選び、記号で答えよ。

ア　a　だから　b　しかし　c　たとえば

イ　a　だから　b　つまり　c　また

ウ　a　つまり　b　だから　c　さらには

エ　a　たとえば　b　つまり　c　さらには

オ　a　たとえば　b　しかし　c　また

問二　文中において、次の一文がある段落の末尾から削除されている。削除された一文を挿入するべき箇所の直前の十字を抜き出して答えよ。

すなわち、喪失から「立ち直る」、あるいは喪失からの「回復」ではなく、喪失への「適応」が求められる。

問三　傍線部①「大切な何かを失ったあと」、筆者はどうすべきだと考えているか。最も適当なものを次の中から選び、記号で答えよ。

ア　周囲からの期待に応えるためにも、時間をかけて喪失から「立ち直る」べきである。

イ　喪失前の生活への回帰を目標として、現実への「適応」を模索していくべきである。

ウ　何事もなかったように喪失体験を消去し、本来の状態へ切り替えていくべきである。

エ　喪失の事実を受け止め、喪失とともに生きていくことを受け入れていくべきである。

オ　喪失状態からいち早く抜け出し、もとのよい状態への「回復」を目指すべきである。

問四　傍線部②「喪失以前と同じ状態に戻る」と対義的な内容を述べている箇所を文中から十七字で抜き出し、最初と最後の五字を答えよ。

問五　傍線部③「初めて泣けた」人が多かったのはなぜか。最も適当なものを次の中から選び、記号で答えよ。

ア　今までやり場のない気持ちを抱えて生活してきたが、仲間からの支援を感じることで場への信頼感が生まれ、抑圧された感情を解放り、日本で本格化し始めたのは１９９０年前後であるといわれる。

　こうしたグループには「グループで話されたことはグループ内にとどめる」「求められない限りアドバイスは与えない」などの基本ルールがあり、ファシリテーターと呼ばれる担当者が司会進行役となって対話を進めていく。普段の生活では話せないことも安心して話せる場であることが重視されており、「この会に来て、③初めて泣けた」という人も多い。「自分と同じような体験をした人の話を聞いてみたい」「自分の話をきいてもらいたい」という人は、ホームページを開設している団体も多いので自分で探してみてもいいし、各自治体の精神保健福祉センターや保健所などに問い合わせてみるのもいいだろう。

　１９９９年に設立された「小さないのち」は、子どもを亡くした父母と家族のセルフヘルプ・グループであり、子どもの「いのち」について語り合いながら、この先の人生に意味を見出すことを会の目的としている。会の代表である坂下裕子氏は、活動の一環として、参加者とともに死別による④グリーフを図に描いてみるという試みを続けている。経験は千差万別だが、参加者同士で「そうそう」「あるある」と共通する部分も多く、図にすることで体験を共有しやすくなると坂下氏は考えている。

　私は大学の講義で、坂下氏をゲストスピーカーとして毎年招いている。そのなかで、インフルエンザ脳症で１歳の娘さんを亡くしたご自身の体験とともに、会の参加者によって描かれたグリーフの図について話してくださった。その図を坂下氏の解説とともにいくつか紹介したい（便宜上、実際の図をもとに描きなおしたものを掲載）。

・図１「悲しみは消えてなくなることはない」

　死別後の胸中を、水の入った⑤コップにたとえている。左のコップは濁った水（激しいグリーフ）で満たされている。真ん中のコップは、時間の経過にともなってグリーフは沈澱し、透んだ水に変化したことが示されている。このとき、自分が回復したことを感じる。ところが、何かのきっかけによって、コップは揺さぶられ、一気に濁った水に戻る様子を右のコップは示している。この図を描いた遺族は、「悲しみは底に沈んでいるだけ。消えてなくなることはない」と話したという。これが、多くの遺族の実感なのかもしれない。

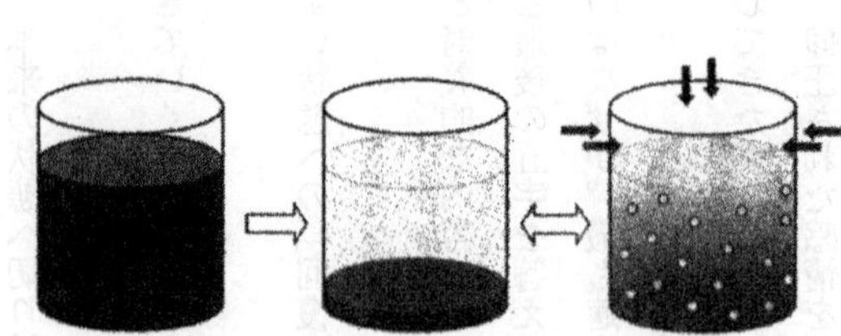

図１　グリーフを水の濁り具合で表現している

・図２「はずだった」道ばかり見つめた

［　Ｘ　］

この図を描いた遺族は、本当の道はこちらの道だと考えられるようになり、実際に歩いている道を見つめるようになったその時期が、死を受けとめたときだったのかもしれないと語っている。

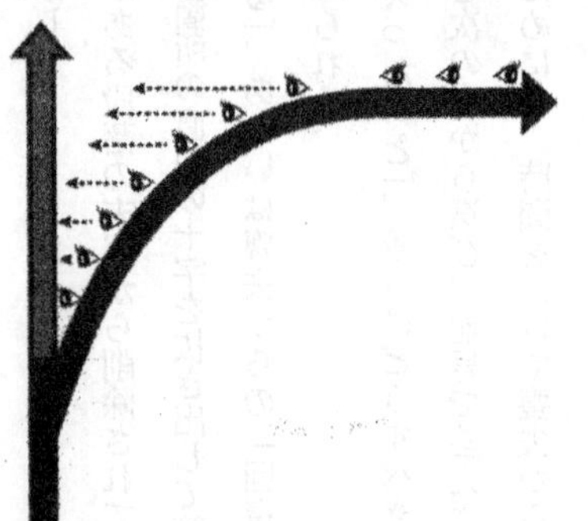

図2　亡き子が生きていたはずの「もう一つの道」の表現

い出され、涙が思いがけずあふれてくることもある。

[c]、大切な人の死によって取り巻く状況は変わり、そして遺族自身も変化している。失恋であれば、相手と復縁する可能性はあるが、復縁したとしても失恋したという事実が消えるわけではない。私たちは重大な喪失によって何らかの影響を受けており、喪失前の自分とまったく同じ自分にはなりえない。

「立ち直る」ということは、あたかも風邪が治り、本来の健康状態を取り戻すかのような印象があるが、何事もなかったかのごとく喪失体験を消し去ることはできない。私たちができるのは、喪失から回復し、以前の状態に戻ることではなく、大切な何かを失った状況のなかで生きることである。

「適応」という考え方は本来、生物学の概念であり、生物が生活環境に応じて、生存に適するように形態や習性を変化させていく過程であるとされる。心理学では、環境からの要請と個人の欲求がともに満たされ、環境と個人との間に調和した関係が保たれている状態を指し、学校への適応、職場への適応、海外生活への適応などとも表現される。

喪失への適応を旅にたとえるならば、目的地は喪失前と同じ場所ではない。一人ひとりが異なる風景を見ながら、決して平坦ではない道のりにおいて、自分のペースで旅を続け、やがて以前とは違う新しい場所にたどり着くのである。

喪失に適応するためには、失った事実を受けとめ、自分の気持ちや直面している困難と折り合いをつけていくことが必要である。拭いきれぬ思いをいかに消し去るのかが大事なのではなく、その思いを抱えつつも、自分なりにどのように生きるのかが重要である。

一方で、喪失への適応は、当事者本人の問題と矮小化されるべきではない。当事者を取り巻く人々や環境によって、適応が促されることもあれば、阻害されることもある。たとえば、中途障害者の場合には、利用しにくい設備や制度、慣習や偏見など思いもよらぬ社会的障壁によって、生きづらさを感じることがあるかもしれない。喪失とともに生きる人の困難を増幅させない社会の姿勢も問われている。

（中略）

重大な喪失を経験した者同士がそれぞれの体験や気持ちを語り、分かち合うことを通して、「自分だけがこんなに悲しいのではない」ということをしばしば実感できる。「分かち合えば喜びは2倍になり、悲しみは半分になる」という海外のことわざがあるが、分かち合うことで、悲しみだけでなく、喪失にともなう複雑な感情が解かれ、やり場のない気持ちが少しでも軽くなるかもしれない。

このような機会を提供する場として、「セルフヘルプ・グループ」とよばれる活動がある。セルフヘルプ・グループとは当事者組織であり、同じ悩みや障害のある人たちによって作られた小グループのことをいう。その目的は自分が抱えている問題を仲間のサポートを受けながら、自分で解決あるいは受容していくことにある。病気や障害のある人たち、アルコール依存や薬物依存などの嗜癖のある人たち、犯罪や虐待などの被害者たち、不登校や引きこもりの人たちなど、多様なグループがあり、当事者だけでなく、その家族のためのグループもある。死別体験者のセルフヘルプ・グループの活動は１９６０年代に英国や米国で始ま

【国語】（五〇分）〈満点：一〇〇点〉

【注意】 本文からの抜き出し問題および記述問題については、句読点やかっこもそれぞれ一字に数えます。

一 次の各問いに答えよ。

問一 次の傍線部と同じ漢字を含むものを一つ選び、それぞれ記号で答えよ。

① オゴソかに執り行う。
ア セイジャク　イ ゲンシュク
ウ ゼツミョウ　エ ソンケイ

② タズサえる。
ア 家庭ホウモン　イ ケイタイ電話
ウ 師弟カンケイ　エ レンゾク小説

③ ジュウオウムジンな活躍。
ア 道路がジュウタイする。　イ ジュウセキを担う。
ウ 機械をソウジュウする。　エ 欠員をホジュウする。

問二 次の傍線部の読みを答えよ。

④ 早合点してミスする。
⑤ 表象としての日本文化。
⑥ 人との出会いはまさに一期一会だ。
⑦ 震災からの復興。
⑧ 下手投げで負けた。

問三 例を参考に、次の傍線部の言葉と同じ意味を含む熟語を一つ選び、それぞれ記号で答えよ。

例 アシ跡をつける。
ア 不ソク　イ 満ゾク　ウ 補ソク　エ 蛇ソク
→「あし」という意味を持つのは「蛇足」なので解答はエ

⑨ ショウ女から大人になる。
ア ショウ量を使う。　イ ショウ佐
ウ 多ショウなりとも　エ 間年ショウ者

⑩ カ度な負担がかかる。
ア カ労　イ 看カ　ウ 通カ儀礼　エ カ失

二 次の文章を読んで、後の問いに答えよ。

①大切な何かを失ったあと、一般的に「立ち直る」ことがよしとされ、まわりの人も早く立ち直ってもらいたいと願う。

では、「立ち直る」とはいったい何を意味しているのであろうか。『日本国語大辞典』第二版では、①倒れたり倒れそうになったりしているものが、もとどおりしっかりと立つ、②悪い状態になった物事が、もとのよい状態になる、等々と記されている。［ a ］失恋のショックから「立ち直る」といえば、失恋によって落ち込んだ状態から脱し、普段の精神状態に戻ることだと考えられる。［ b ］実際には、時間が逆戻りし、大切な何かを失ったという出来事そのものをなかったことにして、②喪失以前と同じ状態に戻るわけではない。

死別の場合、亡き人が生き返らない限り、死別以前とまったく同一の状態に戻ることはない。遺族にとっては、いくら時が過ぎようとも、亡き人の面影や思い出がすべて消え去ることもない。悲しみから離れられる時間は増えていくが、日常のなにげないきっかけで亡き人のことが思

2020年度

解 答 と 解 説

《2020年度の配点は解答欄に掲載してあります。》

＜数学解答＞

1 (1) $-\frac{7}{10}$ (2) $12a^4b^5$ (3) $5\sqrt{2}$

2 (1) $x=\frac{6}{7}$ (2) $x=\frac{-1\pm\sqrt{7}}{2}$ (3) $x=1$，$y=11$

3 (1) $(2x+y-2)(2x-y+2)$ (2) $\frac{8}{15}$ (3) ア 12 イ 96

(4) ア 20 イ 5000 ウ $5000+100(x-20)$ エ $1000+160x$ オ 33

4 (1) $y=-\frac{1}{2}x+6$ (2) $y=\frac{3}{8}x+\frac{3}{4}$ 5 (1) イ，エ (2) $a=\frac{5}{6}$

6 (1) 3：1 (2) 5：7 7 (1) 5 (2) $12\sqrt{7}$ (3) $\frac{9\sqrt{22}}{2}$

○推定配点○

1・2 各5点×6(2(3)完答) 3 (1)・(2) 各5点×2 (3) ア 2点 イ 3点

(4) 各2点×5 4～7 各5点×9(5(1)完答) 計100点

＜数学解説＞

1 (数・式の計算，平方根)

基本 (1) $\left(\frac{5}{3}-2\right)\div2+\frac{4}{5}\times\left(-\frac{2}{3}\right)=\left(\frac{5}{3}-\frac{6}{3}\right)\div2-\frac{4}{5}\times\frac{2}{3}=\left(-\frac{1}{3}\right)\times\frac{1}{2}-\frac{8}{15}=-\frac{5}{30}-\frac{16}{30}=-\frac{7}{10}$

(2) $(-9a^3b)\times\left(-\frac{1}{3}ab^2\right)^3\div\left(\frac{1}{6}ab\right)^2=\frac{9a^3b}{1}\times\frac{a^3b^6}{27}\times\frac{36}{a^2b^2}=\frac{9\times36a^6b^7}{27a^2b^2}=12a^4b^5$

(3) $\frac{(1+2\sqrt{3})^2}{\sqrt{2}}-\frac{12+3\sqrt{3}}{\sqrt{6}}=\frac{1+4\sqrt{3}+12}{\sqrt{2}}-\frac{12+3\sqrt{3}}{\sqrt{6}}=\frac{13\sqrt{2}+4\sqrt{6}}{2}-\frac{12\sqrt{6}+9\sqrt{2}}{6}=$
$\frac{39\sqrt{2}+12\sqrt{6}-12\sqrt{6}-9\sqrt{2}}{6}=\frac{30\sqrt{2}}{6}=5\sqrt{2}$

2 (1次方程式，2次方程式，連立方程式)

(1) $1-\frac{x-4}{12}=\frac{7}{3}-\frac{5}{4}x$ 両辺を12倍して，$12-(x-4)=28-15x$ $16-x=28-15x$ $14x=12$ $x=\frac{6}{7}$

基本 (2) $(3x-2)^2=5(x-1)(x-2)-x$ $9x^2-12x+4=5x^2-15x+10-x$ $4x^2+4x-6=0$ $2x^2+2x-3=0$ 解の公式を用いて，$x=\frac{-2\pm\sqrt{2^2-4\times2\times(-3)}}{2\times2}=\frac{-2\pm\sqrt{28}}{4}=\frac{-2\pm2\sqrt{7}}{4}=\frac{-1\pm\sqrt{7}}{2}$

(3) $x+y=12$…① $(2x+3y):(3x+2y)=7:5$より，$5(2x+3y)=7(3x+2y)$ $10x+15y=21x+14y$ $y=11x$…② ②を①に代入して$x+11x=12$ $x=1$ これを②に代入して，$y=11$

3 (因数分解，確率，平方根，不等式の応用)

(1) $4x^2-y^2+4y-4=4x^2-(y^2-4y+4)=(2x)^2-(y-2)^2=\{2x+(y-2)\}\{2x-(y-2)\}=(2x+y-$

2)(2x−y+2)

(2)　6枚のカードを，A=2，B=2，C=3，D=4，E=5，F=6とする。2枚のカードの引きかたは，(A，B)，(A，C)，(A，D)，(A，E)，(A，F)，(B，C)，(B，D)，(B，E)，(B，F)，(C，D)，(C，E)，(C，F)，(D，E)，(D，F)，(E，F)の15通り。その中で，2枚のカードの数字の積が4の倍数になるのは，偶数のカード2枚を引いた場合と，4と奇数のカードを引いた場合。(A，B)，(A，D)，(A，F)，(B，D)，(B，F)，(C，D)，(D，E)，(D，F)の8通りなので，その確率は$\frac{8}{15}$

(3)　$k=2\times4\times6\times8\times10\times12$　ア…12　6つの偶数を素因数分解してkを考えると，$k=2\times(2\times2)\times(2\times3)\times(2\times2\times2)\times(2\times5)\times(2\times2\times3)=2^{10}\times3^2\times5$　$\sqrt{\frac{k}{n}}$が自然数になるのは，$\frac{k}{n}$が自然数の2乗になるとき。それをなるべく大きくするためには，nがなるべく小さくなればよい。n=5とすれば，$\frac{k}{n}=2^{10}\times3^2=(2^5\times3)^2$　$\sqrt{\frac{n}{k}}=2^5\times3=96$…イ

(4)　A社は20枚までは枚数にかかわらず5000円で，21枚目からは1枚につき100円かかる，という部分を表す。$x\leqq20$…アのとき，5000…イ　$x\geqq21$のとき，$5000+100(x-20)$…ウ　b社は初期費用1000円で，1枚目から1枚につき160円かかるので，$1000+160x$…エ　$x\leqq20$の範囲でB社に支払う金額の方が安くすむのは，$5000\geqq1000+160x$　$160x\leqq4000$　$x\leqq\frac{4000}{160}=25$　$x\leqq20$であり$x\leqq25$であるのは，$x\leqq20$…①　$x\geqq21$の範囲でB社に支払う金額の方が安くすむのは$5000+100(x-20)\geqq1000+160x$　$5000+100x-2000\geqq1000+160x$　$60x\leqq2000$　$x\leqq\frac{2000}{60}=33.3$…$21\leqq x\leqq33.3$…②　①，②あわせて$x\leqq33.3$…チラシの枚数は自然数と考えてよいので最大33枚…オ

4　(直線の式)

(1)　直線ℓの式を$y=ax+b$とおくと，A(6，3)を通ることから$6a+b=3$…①　C(0，6)を通ることから$b=6$…②　②を①に代入すると$6a+6=3$　$6a=-3$　$a=-\frac{1}{2}$　直線ℓの式は$y=-\frac{1}{2}x+6$

重要 (2)　Aからx軸に垂線をおろし，x軸との交点をDとするとD(6，0)　△BCO∽△BADとなりDO：OB=AC：CB=3：1　6：OB=3：1　OB=2　B(−2，0)　直線ℓの式を$y=ax+c$とおくと，Aを通ることから$6a+c=3$…③　Bを通ることから$-2a+c=0$…④　③−④は$8a=3$　$a=\frac{3}{8}$　これを③に代入して，$\frac{9}{4}+c=3$　$c=\frac{3}{4}$　よって，直線ℓの式は$y=\frac{3}{8}x+\frac{3}{4}$

5　(2乗に比例する関数)

重要 (1)　ア　$y=-\frac{2}{3}x^2$で，$x=-3$のとき，$y=-\frac{2}{3}\times(-3)^2=-6$より，(−3，−6)を通るのでアは正しくない。　イ　$y=ax^2$のグラフはy軸に関して線対称なグラフなので，(−3，−6)を通るとき，それとy軸に関して線対称な点(3，−6)も通ることになる。イは正しい。　ウ　$y=x^2$のとき，$-1\leqq x\leqq2$の範囲に$x=0$があるが，$x=0$のとき$y=0$となる。yの変域は$1\leqq y\leqq4$であるとすれば$y=0$を含んでいないのでウは正しくない。　エ　$a>0$であれば$y=ax^2$のグラフは上に開いたグラフなので，$x<0$の範囲ではxの値が増加するとき，yの値は減少するのでエは正しい。　オ　$y=ax^2$は，$x=0$のとき$y=0$となるので，オは正しくない。よって，正しいのはイ，エ

(2)　Aは$y=ax^2$上の点で$x=2$なので，$y=a\times2^2=4a$　A(2，4a)　Bは$y=ax^2$上の点で$x=3$なので，$y=a\times3^2=9a$　B(3，9a)　y軸に関してAと対称な点をC(−2，4a)とする。ACとy軸の

交点をDとすると，△PADと△PCDにおいて，PD＝PD，AD＝CD，∠PDA＝∠PDCより，△PAD≡△PCDとなり，PA＝PCとなるので，AP＋BP＝CP＋BP　これが最短になるためにはBCを直線で結び，その交点をPとすればよい。直線BCの式を$y=mx+n$とおくと，Bを通ることから$3m+n=9a$…①　Cを通ることから$-2m+n=4a$…②　①－②は$5m=5a$　$m=a$　これを①に代入して，$3a+n=9a$　$n=6a$　直線BCの式は$y=ax+6a$　これがP(0，5)を通ることから，$6a=5$　$a=\frac{5}{6}$

6（面積比，相似）

(1)　DEを結ぶと，△ABCについて中点連結定理により，DE：BC＝1：2，DE//BC　BCの延長とDGの延長の交点をHとすると，DE//BH　平行線の錯角は等しいので∠FDE＝∠FHC，∠FED＝∠FCH　対頂角は等しいので∠EFD＝∠CFH　また，EF＝CF　1辺とその両端の角がそれぞれ等しいので，△FDE≡△FHC　よって　DE：CH＝1：1　DE//BHより，∠GDE＝∠GHB，∠GED＝∠GBH　2組の角がそれぞれ等しいので△GDE∽△GHB　GE：GB＝DE：HB＝1：(2＋1)＝1：3　△GDE＝xとおくと，△GDEと△GDBは高さが等しい三角形なので面積の比は底辺の比と等しく，△GDE：△GDB＝GE：GB＝1：3　△GDE＝xとおくと，△GDB＝$3x$　△EDB＝$x+3x=4x$となる。△EDAと△EDBは高さが共通な三角形で，底辺も等しいので，△EDA＝△EDB＝$4x$　△EDAと△EDFも高さが等しい三角形なので，同様に△EDA：△EDF＝AE：EF＝2：1　△EDF＝$4x\times\frac{1}{2}=2x$　△EGF＝△EDF－△GDE＝$2x-x=x$　$S_1:S_2=3x:x=3:1$

やや難 (2)　△ADE∽△ABCで辺の比が1：2より面積の比は1：4　$4x$：△ABC＝1：4　△ABC＝$16x$　四角形BCFG＝△ABC－△ADE－△GDE－△GDB－△EGF＝$16x-4x-x-3x-x=7x$　四角形ADGE＝△ADE＋△GDE＝$4x+x=5x$　$S_3:S_4=5x:7x=5:7$

7（空間図形の計量，三平方の定理）

(1)　△PAB＝(84－6×6)÷4＝12　△PABは二等辺三角形なので，PとABの中点Mを結ぶとPM⊥ABである。△PAB＝$\frac{1}{2}$×AB×PM　$\frac{1}{2}$×6×PM＝12　PM＝4　△PAMは直角三角形なので，$PA^2=PM^2+AM^2=4^2+3^2=25$　PA＝5

(2)　ACとBDの交点をOとする。正四角錐P－ABCDの高さはPOになる。△POMは直角三角形なので，$PO^2=PM^2-OM^2=4^2-3^2=7$　PO＞0より，PO＝$\sqrt{7}$　正四角錐P－ABCDの体積＝正方形ABCD×PO×$\frac{1}{3}=\frac{1}{3}\times6\times6\times\sqrt{7}=12\sqrt{7}$

やや難 (3)　△PCDについて中点連結定理よりEF＝$\frac{1}{2}$×6＝3，EF//CD//BA　四角形ABEFは上底EF＝3，下底AB＝6の等脚台形である。BからPCに垂線をおろし，PCとの交点をHとする。△PBC＝$\frac{1}{2}$×PC×BH＝△PAB＝12　BH＝12×2÷5＝$\frac{24}{5}$　△BCHについて，$CH^2=BC^2-BH^2=6^2-\left(\frac{24}{5}\right)^2=\frac{324}{25}$　CH＞0より，CH＝$\frac{18}{5}$　HE＝CH－CE＝$\frac{18}{5}-\frac{1}{2}\times5=\frac{11}{10}$　△BHEについて，$BE^2=BH^2+HE^2=\left(\frac{24}{5}\right)^2+\left(\frac{11}{10}\right)^2=\frac{2425}{100}$　EからABに垂線をおろし，ABとの交点をLとおくと，△ELBは直角三角形なので，$EL^2=BE^2-LB^2=\frac{2425}{100}-\{(6-3)\div2\}^2=\frac{2425}{100}-\frac{9}{4}=22$　EL＞0より，

$EL=\sqrt{22}$　よって，四角形ABEF＝(EF＋AB)×EL×$\frac{1}{2}=\frac{1}{2}\times(3+6)\times\sqrt{22}=\frac{9\sqrt{22}}{2}$

★ワンポイントアドバイス★

標準的な問題が出題されている。問題数は多くないが，1つ1つがしっかりした出題なので，時間的に余裕はないだろう。問題の難易度を見極め，得意な問題から取り組むことができればよい。過去問演習を通して，問題の選び方を練習しよう。

＜英語解答＞

Ⅰ　イ・オ・キ・シ・セ

Ⅱ　1　took[had]　after　　2　haven't　yet　　3　Who　plays　tennis
4　people[drivers／those]　using　　5　I　bought　is　read

Ⅲ　1　記号　エ　正しい形　been there　　2　記号　エ　正しい形　in
3　記号　ウ　正しい形　which dish　　4　記号　ア　正しい形　What
5　記号　イ　正しい形　on

Ⅳ　1　X　オ　Y　ア　　2　X　オ　Y　エ　　3　X　ウ　Y　カ
4　X　ク　Y　エ　　5　X　カ　Y　ウ

Ⅴ　1　ク　　2　ア　　3　カ　　4　ウ　　5　キ

Ⅵ　問1　ア　問2　エ　問3　ア　was made　イ　seems　問4　エ
問5　テレビゲームに，新しい種類のプレーヤーを取り入れること。(28字)　問6　イ
問7　ウ　問8　(But) it's necessary (for you) to make [get] it more (interesting.)

Ⅶ　問1　ア　B　イ　E　問2　ウ　問3　ウ　問4　イ　問5　ア　問6　ア
問7　エ　問8　エ・カ

○推定配点○

Ⅰ　各1点×5　Ⅱ　各2点×5　Ⅲ　各2点×5　Ⅳ　各2点×5　Ⅴ　各2点×5
Ⅵ　問3　各2点×2　他　各3点×7　Ⅶ　各3点×10　計100点

＜英語解説＞

基本　Ⅰ　(単語のアクセント)

ア・ウ・エ・カ・ク・ケ・コ・サ・スは第1音節を，イ・オ・キ・シ・セは第2音節を，ソは第3音節を強く発音する。

Ⅱ　(書き換え：語い，接続詞，現在完了，疑問詞，分詞，受動態，関係代名詞)

1. take a bath で「入浴する」の意味。after ～ は「～の後で」の意味の接続詞。接続詞を使った文では〈接続詞＋主語＋動詞〉で節を作る。
2. 「まだ[もう]」の意味になる yet は現在完了の完了の用法の疑問文・否定文で用いる。現在完了の否定文は〈主語＋ have [has] not ＋動詞の過去分詞形〉の形。haven't は have not の短縮形。
3. 「うまい人は誰ですか」，つまり「誰がうまくしますか」である。疑問詞が主語になった疑問文は，平叙文と同じ〈主格の疑問詞＋動詞(＋目的語)〉という語順になる。who は3人称単数扱い。ここでの時制は現在なので plays とする。

やや難 4. think の後に「～ということ」の意味の that が省略されている。that でくくられた意味のかたまりは1組の主語 - 述語を含む。that 内の主語である people を「運転中にスマートフォンを使用している」が修飾する，分詞を使った文。people は「使用している」と能動の意味を持つので現在分詞 using を用いるのが適切。

5. 「～される」という意味なので〈be動詞＋動詞の過去分詞形〉の形の受動態の文にする。read「読む」の過去分詞形は read である。関係代名詞 which を省略した文。The book is read all over the world. と I bought it. をつなげた文を作る。it が which に代わり，省略されている。

Ⅲ （正誤問題：現在完了，前置詞，疑問詞）

重要 1. 一般に「行く」を表すのは go(過去分詞形は gone)だが，〈have[has]＋動詞の過去分詞形〉の形をとる現在完了は，経験を表す「～へ行ったことがある」の意味には have [has] been to ～ を使うのが適切。have [has] gone to ～ は「～へ行ってしまった」と結果を表す。なお，there は「そこへ」の意味なので go の後に to「～へ」は不要である。

2. 「なぜ英語はシンガポールで話されるか」の意味になるから，「～(場所)で」を表す前置詞 in を用いるのが適切。

3. 原則として，what は選ぶ範囲を限らず「何」かを尋ねるのに対し，which はある限られた範囲のもののうち「どれ」かを尋ねる。ここでは pasta and pizza と範囲を限っているので which を用いるのが適切。

4. 日本語で「どう」と聞く場合に，英語では how か what を用いるが，使い分けがある。how は状態や方法を尋ねるのに用い，それ以外を尋ねる場合は what を用いる。ここでは「どう思うか」で，状態や方法を尋ねているのではないから what とするのが適切。

重要 5. 一般的な「朝に」を表わすには in the morning とするが，「特定の日の朝に」を表わすときは on the morning of June 10, 1995「1995年6月10日の朝に」などとするのが適切。

Ⅳ （語句整序：疑問詞，助動詞，動名詞，命令文，文型，接続詞，受動態，前置詞，関係代名詞）

1. How will the weather be this (evening?)　where などの疑問詞の後には一般的な疑問文の語順を続ける。未来の意味を表すのは助動詞 will である。助動詞がある英文では主語に関係なく動詞は原形になる。be動詞の原形は be である。疑問文では will を主語の前に出す。

2. Talking to foreigners in English is a lot of (fun.)　talk to ～ で「～と話す」の意味。「外国人と英語で話すのは」までが主部なので，〈動詞＋ ―ing〉の形をとる動名詞を用いた Talking to foreigners in English まででひとかたまり。

3. (Please) send me an email if you are interested in taking (the ukulele lessons.)　please を使った丁寧な命令文「～してください」は〈please ＋動詞の原形〉で表す。send は〈send ＋A ＋B〉という文型を作り，「AにBを送る」という意味になる。接続詞 if を使った文。〈主語A＋動詞B＋ if ＋主語C＋動詞D〉で「もしCがDならばAがB」という意味。be interested in ～「～に興味を持っている」の in は前置詞。前置詞の目的語に動詞が来る場合，その動詞は原則として動名詞〈動詞の原形＋ ing〉となる。

やや難 4. Is there anything you want me to buy (for your birthday?)　主語が不特定なもので「…が～にある」という意味を表す場合，〈There ＋be動詞＋数量[a／an]＋名詞＋場所を示す前置詞句〉の形にする。疑問文ではbe動詞を文頭に置く。〈want ＋A＋ to ＋動詞の原形〉で「Aに～してほしい」の意味。関係代名詞 which を省略した文。Is there anything? と You want me to buy it for your birthday. をつなげた文を作る。it が which に代わり，省略されている。

5. This book will give you a good knowledge of (Latin.)　「この本を読めば～よく知ることができる」，つまり「この本は知識を与える」のである。give は〈give ＋A＋B〉という文型を作り，「AにBを与える」という意味になる。

V （会話文：語句補充）

1. アリス(以下A)：ああ，あなたはメアリーの兄弟に違いない。／ブライアン(以下B)：①僕たちは以前，会ったことがありますか。／A：私は5年前に彼女の誕生日パーティであなたに会ったわ。／B：今，思い出しました。あなたは彼女の友達ですね。元気ですか。／A：元気よ。あなたとメアリーはどうなの。／B：僕たちも元気にやっています。②あなたはなぜニューヨークにいるのですか。／A：私は大学で法律を学ぶためにここにいるの。／B：そうなんですか。③メアリーはそれについて知っていますか。／A：知らないかもしれないと思う。彼女に言わなかったから。私たちは当時，仲良くやっていなかったの。少し誤解があったのよ。私はメアリーをとても怒らせた。でも，私は，私が間違っていた，と言わなかったの。ところで，④彼女は何をしているの。／B：彼女は地元の大学へ行っています。僕は帰ったら，メアリーにあなたのことを話しますよ。⑤何か彼女に伝言はありますか。／A：ありがとう，でもその心配はないわ。私は彼女と連絡をとってみる。

VI （長文読解・伝記：語句解釈，語句補充，指示語，内容吟味）

（大意） 岩田聡はよく知られた名前ではないが，①彼はそうであるべきだ。しかしながら，ほとんどの人々が②彼の頭脳の産物，ニンテンドーDSとWiiに覚えがあるだろう。これらの2つのゲーム装置はゲームの世界を完全に変えた。それらなしにゲームを想像することは難しいが，驚嘆すべきことは，DSとWiiはもう少しで生じないところだったのだ。私たちが今日，これらの装置を持っているのは，もっぱら岩田の刷新的な考えのお陰である。岩田聡は2002年に任天堂のCEOに(ア)任命された。当時，テレビゲームの市場は困った目にあい，任天堂はその売り上げに手を焼いていた。方針の変更は当然だ，と岩田は考えた。以前は，ゲーム生産の方針は，それらの動力と複雑さを向上させるだけの他は，同じ種類のゲームと本体を作り続けることだった。Aしかしながら，岩田はただひたむきなゲーマーをひきつけたかったのではない。彼はテレビゲームに新しい種類のプレーヤーを取り込みたかったのだ。彼はどのように③それをしようとしたのか。彼はテレビゲームをより手に取りやすくし，人々の生活により関連したかった。ニンテンドーDSはこの考えから結果として生じた。人々はボタンではなくタッチスクリーンを使うことによってより直接的にゲームと触れあう。岩田はこの考えを動きを基にしたWiiに究極に取り入れた。今では，ただ自然な体の動きを使うことによって，プレーヤーはあらゆる種類のゲームを楽しむことができる。Wiiフィットのようなものは，健康状態を改善した。これはゲームの新世代を取り込んでいる。祖父母から彼らの孫たちまでみんなが任天堂製品で遊んでいる(イ)らしい。今まで見てきたところでは，岩田の次はなんだろう，と私たちは知りたいと思うにちがいない。きっとそれは④革新的なものだろう。

問1 1つの語句が2つ以上の語句にどれも同じようにかかるとき，共通した要素を省略することができる。下線部①の be の後が省略されているので，直前からbe動詞を探すと，同じ1文の前半部分 is がある。省略されているのはその後に続く a household name である。下線部①の直後の1文に「ほとんどの人々が」「覚えがあるだろう」とあるから，household name の意味は「有名である」だと考えるのが適切である。

問2 brain「脳」の child「子供」，つまり脳が生み出したもの，である。

問3 （ア） 「～される」の意味なので〈be動詞＋動詞の過去分詞形〉の形の受動態の文にする。「2002年に」と過去を表わす語があるから，時制は過去。主語は Satoru Iwata で3人称単数だからbe動詞は was を用いる。make「任命する」の過去分詞形は made である。 （イ） 直前の1文の時制は現在完了で，seem もその時制の流れで現在形であると考えられる。主語の everyone は単数扱いだから，3単現の s をつけた seems とするのが適切。

問4 空欄Aの直前の1文には「同じ種類のゲームと本体を作り続ける」とあり，直後の2文目にはそれに対して予期される内容(ここでは，同じようなゲームだから従来までのゲーマー向きである，という内容)とは反対の「新しい種類のプレーヤーを取り込みたかった」という内容がある。したがって，逆接の接続詞 However を用いるのが適切。

問5 that は先行する文(の一部)の内容を指している。ここでは直前の1文の内容である。

問6 ア）「面白くて不利になる」(×) イ）「とても新しくて独創的な」(○) 第1段落最終文・第4段落最後から2文目参照。 ウ）「見慣れなくて難しい」(×) エ）「正常でありふれた」(×)

問7 ア）「2002年ごろ，テレビゲーム市場はゲームの売り上げに問題が多かったので，岩田は店で自身で彼のゲームを売り，ゲームの世界を変えた」(×) 彼自身で売った，という記述はない。 イ）「普通のテレビゲームの仕方を変えようとしたゲーム会社のデザイナーもいたが，誰もそれを成功させなかった」(×) ゲーム会社のデザイナーについての記述はない。 ウ）「岩田は，人々が以前よりもより簡単に手に入れることができるゲームを作りたかったので，ニンテンドーDSとWiiは作られた」(○) 第3段落第1文・第2文参照。 エ）「全ての任天堂の製品には同じ目標があり，プレーヤーは製品を使うことによって健康状態を改善することができる」(×) 同じ目標についての記述はない。 オ）「岩田の刷新は全ての世代にテレビゲームで楽しむことを可能にさせるが，ゲームをすることは良いことだ，と思わない人もいる」(×) ゲームをすることが良いかどうかの記述はない。

問8 「生徒(以下S)：私のスピーチの草稿を読んで，私に何か助言をくださいませんか。／先生(以下T)：もちろん，ええと…。君のスピーチの構成は良いね。でも，君はそれをもっと興味深くすることが必要だ。／S：ありがとうございます。私はそれを改善します。後でまたそれをチェックしてくださいますか。／T：構わないよ」〈It is ～ to …〉で「…することは～だ」という意味。この it は形式上の主語なので「それ」などと訳に出てくることはない(第1段落第4文)。〈make＋A＋B〉で「AをBにする」という意味(第3段落第1文)。

Ⅶ (長文読解・物語文：語句補充，内容吟味)

(大意) メジャーの死は3月の初旬だった。次の3ヶ月の間，牧場は秘密の活動でいっぱいだった。動物たちは革命を計画していた。いつ革命が起こるのか，彼らは知らなかったが，それに備えることが彼らの仕事だった。①豚たちは他のものを組織し，彼らに何をすべきかを教えた。(牧場のほとんどの動物たちの意見で，豚たちは最も賢かったので，この仕事を担った。)スノーボールとナポレオンと名付けられた2頭の若い豚が指導者だった。ナポレオンは大きくてどう猛だった。彼はあまり話さなかったが，彼は彼が欲しいものを得る方法を知っていた。スノーボールはより陽気だった。彼はたくさんのよい考えを持っていたが，②彼はナポレオンほど真面目で思慮深くない，と考える動物たちもいた。スクウィーラーは別の重要な豚だった。彼は輝く目と高い声を持ち，小さかった。彼は話すのがとても上手だった。彼は何でも説明し，誰でも彼に同意させることができた。牧場の動物たちは「③スクウィーラーはとても上手に話すので，彼は黒を白に変えることができたんだよ」と言った。Bナポレオンとスノーボール，スクウィーラーは年とったメジャーの考えを完全な信条に変えた。彼らはそれを動物解放主義と呼んだ。夜，彼らは動物解放主義の信条を他のものに教えた。まず，他の動物たちには動物解放主義がわかりにくかった。ジョーンズさんをまだ「主人」と呼ぶ動物たちもいた。革命の後の彼らの生活を心配する者もいた。彼らは「誰が私たちの世話をするんだい。誰が革命の後に私たちに食べ物を与えるんだい」と尋ねた。豚は彼らに人は敵だと教えなければならなかった。革命の後，動物たちは彼ら自身で食べ物を与えたり世話したりすることができるだろう，と豚たちは説明した。豚たちには飼い慣らされたカラスのモージズも悩みの種だった。モージズはジョーンズさんの特別なペットで，働かず，④彼は動物たちに嘘を言った。「動物保護主義は必要ないよ。僕らは死んだ後，シュガーキャンディ・マウンテンと呼ばれる美しい国へ行くんだ。シュガーキャンディ・マウンテンでは誰も働かなくて良いし，誰もおなかを空かせていない」豚たちはシュガーキャンディ・マウンテンは現実ではない，と納得させるために一生懸命に働かなくてはならなかった。豚の最も良い生徒は2頭の馬，ボクサーとクローバーだった。豚が彼らに教えた全てを彼らは信じた。過去には，ジョーンズさんは成功した農家だった。最近は，しかしながら，彼はお金を失った。彼は毎日，酒を飲み始めた。彼は牧場でほとんど働かなかった。動物たちは食べるのに十分なものを得ていなかった。6月の夏至の前日，干し草を切るころだった。あいにく，ジョーンズさんと牧場労働者はたくさん酒を飲んだ。動物を餓えたままにして，1日中眠った。夜までに，⑤動物たちはそれをもう我慢することができなかった。彼らは家畜小屋から逃げ出し，食べ物が保存された小屋の扉を壊した。騒音がジョーンズさんと労働者を目覚めさせた。彼らはむちを持って走り出た。小屋に戻ろうとして，動物をなぐった。動物たちは蹴ったり体当たりしたりして，男たちを攻撃した。ちょっと後，男たちは逃げた。革命は起こった。ジョーンズさんと彼の労働者は去った。マナー牧場は動物たちのものだった。彼らは彼らにジョーンズさんや人間を思い出させるもの，鞍や手綱，けづめ，犬の鎖，鼻輪，ナイフ，特にむち，を何でも破壊した。全ての動物たちは，⑥むちが破壊されたとき，喜んでおどった。動物たちはいつものように夜明けに起きた。彼らは牧場主の家へ来た。その家も，今は彼らのものだった。動物たちは朝食をとった。それから，スノーボールとナポレオンは彼らをまた呼び集めた。「同志たち」とスノーボールは言った。「私たちにはやるべきことがたくさんある。今日，私たちは干し草の収穫を始める。Eしかし，まず，私たち豚があなたたちに言わなくてはならないことがある」豚たちは他の動物たちに驚くべきことを言った。過去3ヶ月の間に，読むことと書くことを独習したのだ。（彼らはジョーンズさんの子供たちのものだったつづり字教本を使った。）「今や，この牧場の名前を変えるときだ」とスノーボールは言った。彼は他の動物たちに，牧場の主要門の看板を見せた。それには「マナー牧場」と書いてあった。黒と白のペンキを使って，スノーボールはその書いたものの上に書いた。彼はこれらの語を書いた。「動物牧場」

問1　大意参照。

問2　「革命を計画していた」のは豚だけではない「動物たち」であり(第1段落第2文)，「豚が指導者だった」（下線部①の直後の2文目）。そして「それに備えることが彼らの仕事だった」（第1段落最終文)のである。

問3　ウ）「ナポレオンはスノーボールよりも真面目で思慮深い」　下線部②の「彼」とはスノーボール(下線部②の直前の1文)のことである。ナポレオンとスノーボールを比べると，真面目で思慮深いのはナポレオンの方である。

問4　「誰でも彼に同意させることができた」（下線部③の直前の1文目）のだから，彼が黒いものを指して「白だ」と言えば，誰でも言いくるめられて「確かに白だ」と同意してしまうのである。

問5　ア）「モージズは豚派ではなく，動物たちに死後の生活についての作り話をした」（○）「現実ではない」（第6段落最終文）「シュガーキャンディ・マウンテン」（第5段落第6文)の話をしたのである。

問6　ア）「動物たちはジョーンズさんと牧場労働者によって餓えたままにされたとき，彼らはそのような状況が全く好きではなかった」（○）　餓えた状況が嫌だったから，「家畜小屋から逃げ出し，食べ物が保存された小屋の扉を壊し」（下線部⑤の直後の1文）て食べ物を得ようとしたのである。

問7　ア）「動物が家畜小屋から出るのを強制するため」（×）　イ）「動物たちが幸せに踊るのを手伝うため」（×）　ウ）「動物たちを怒らせるため」（×）　エ）「動物たちを支配しようとする

ため」(○)「動物たち」が「計画していた」「革命」(第1段落第2文)は「動物解放主義」を「信条」としていた(第3段落最終文)のだから，彼らは人間に支配されることを嫌がっていたと考えられる。

問8　ア)「ただ2匹の豚だけが動物の生活を変えるための重要な役を演じた」(×)　下線部①の直後の2文目・下線部②の直後の1文参照。スノーボール，ナポレオン，スクウィーラーの3匹である。　イ)「豚たちが彼らを食べ物を与えうる誰かを探していたので，革命後の彼らの生活について心配に感じた動物たちもいた」(×)　空欄Cの直前の1文参照。豚は，自分たちで食べ物を与えるのだ，と説明したのである。　ウ)「2頭の馬，ボクサーとクローバーは，彼らの考えに賛成しなかったが，豚の最も良い生徒だった」(×)　第7段落第2文参照。豚の言うことを信じたのである。　エ)「ジョーンズさんは，彼の牧場労働に関して怠惰になる前，かつて彼の事業で良い結果を得た」(○)　第8段落第2文～第4文参照。　オ)「動物たちは男たちが使ったものを，鎖やナイフ，牧場主の家を含む何でも壊した」(×)　第11段落第2文・第14段落第1文・第2文参照。家は壊さなかったから動物たちのものになったのである。　カ)「豚たちは誰の助けもなく読むことと書くことを学び，牧場の看板に新しい名前を書いた」(○)　最終段落第2文・第3文・最後から2文目・最終文参照。

★ワンポイントアドバイス★

日本語訳のついた語句整序問題では，日本語訳をしっかりと活用しよう。主語・述語の関係や，動詞の語形などにも注目しよう。

<国語解答>

一　問一　①　イ　②　イ　③　ウ　問二　④　はやがてん　⑤　ひょうしょう　⑥　いちごいちえ　⑦　ふっこう　⑧　したて　問三　⑨　エ　⑩　ア

二　問一　オ　問二　で生きることである。(10字)　問三　エ　問四　以前とは違　～　たどり着く　問五　ア　問六　オ　問七　オ　問八　ウ→ア→イ→エ　問九　エ　問十　1　×　2　○　3　×　問十一　(1)　a　失った事実　～　つけていく(こと)　b　喪失ととも　～　幅させない(こと)　(2)　(例)　喪失を経験した者同士が体験や感情を共有することで，自分で問題を整理する(こと)

三　問一　ア　問二　ウ　問三　ウ　問四　(例)　女が男との約束を破り，男の姿におびえて逃げたから。　問五　わが容　～　いかに[恐れむ]　問六　のきぬ　問七　イ　問八　もちいたまわずして　問九　ア

○推定配点○

一　問一　各2点×10　二　問一・問六　各2点×2　問十　各3点×3　問十一(2)　6点　他　各4点×9　三　問一～問七　各3点×7　問八・問九　各2点×2　計100点

＜国語解説＞

一 （漢字の読み書き，漢字の意味）

問一 ① 厳か　ア 静寂　イ 厳粛　ウ 絶妙　エ 尊敬
② 携える　ア 訪問　イ 携帯　ウ 関係　エ 連続
③ 縦横無尽　ア 渋滞　イ 重責　ウ 操縦　エ 補充

問二 ④ 「早合点(はやがてん)」は，十分に聞かないで，勝手にわかったと思うこと。 ⑤ 「表象(ひょうしょう)」は，心の中に思い浮かぶかたち，心象，という意味。 ⑥ 「一期一会(いちごいちえ)」は，一生に一度だけ会うこと。 ⑦ 「復興(ふっこう)」は，一度衰退したり壊れたりしたものを，もとのように盛んになること，または，盛んにすること。 ⑧ 「下手(したて)投げ」は，相撲の決まり手の一つで，下手で相手のまわしをつかみ投げる技。「下手」の読み方は「したて」「しもて」「へた」など。

問三 ⑨ 「少女」の「少」は，若い，おさない，という意味で，エの「年少」が同じ意味。ア・イ・ウの「少」は，すくない，すこし，わずか，という意味。 ⑩ 「過度」の「過」は，程度を超える，度がすぎる，という意味で，アの「過労」が同じ意味。イ・ウの「過」は，通りすぎる，という意味。エの「過」は，あやまち，まちがい，という意味。

二 （論説文一脱文・脱語補充，接続語，文脈把握，内容吟味，語句の意味，文章構成，要旨）

問一 a 直前に「『日本国語大辞典』第二版では，……」とあり，直後で「失恋のショックから『立ち直る』といえば……」と具体例を挙げて説明しているので，例示を表す「たとえば」が入る。 b 後で「～戻るわけではない」と打ち消しているので，逆接を表す「しかし」が入る。 c 直前の「いくら時間が過ぎようとも，亡き人の面影や思い出がすべて消え去ることはない」と，直後の「失恋であれば……復縁したとしても失恋したという事実が消えるわけではない」は並立の関係にあるので，並立を表す「また」が入る。

問二 脱落文と同様のことは，「『立ち直る』ということは……」で始まる段落の最後に「私たちができるのは，……大切な何かを失った状態の中で生きることである。」と述べられており，直後で「『適応』という考え方は……」と続いているので，この間に入る。

問三 筆者の考えは，「『立ち直る』……」で始まる段落に「私たちができることは，喪失から回復し，以前の状態に戻ることではなく……」と述べられているので，エが適切。

問四 「喪失以前と同じ状態に戻る」と対義的な内容は，「喪失への適応を……」で始まる段落に「以前とは違う新しい場所にたどり着く(17字)」と表現されている。

問五 直前に「普段の生活では話せないことも安心して話せる場」とあるので，「抑圧された感情を解放することができた」とするアが適切。

問六 「グリーフ」については，「死別後の胸中」として図1が示されており，時間の経過に伴って沈殿するが，何かのきっかけによって揺さぶられ戻ってしまうこともある，と説明されている。このような感情にあてはまるものとしては，オの「悲嘆」が適切。

やや難 問七 後に「この図を描いた遺族は，『悲しみはそこに沈んでいるだけ。消えてなくなることはない』と話したという」とあるので，「自らの喪失体験を客観視し……」とするオが適切。

問八 直後に「この図を描いた遺族は，本当の道はこちらの道だと考えられるようになり」とあるので，4番目は「『本当なら』という言葉も減っていく」とあるエ。道を見つめる「目」の向きが変わっていることにも着目する。図2に描かれる「目」は，最初は右にカーブする道に向けられているので，1番目は「右に大きくカーブする道に追いやられた」とあるウ。2番目は，「『はずだった道』を見つめ続ける」とあるア。「『はずだった』道」とそれを見つめる目との距離が次第に大きくなっていくので，「……考え続ける」とあるイが3番目。

やや難 問九　直後の説明に「器を大きくすれば傷口の比率は小さくなって行き」とあるので，ボールの大きさが変わっても傷口の大きさが変わらないエが適切。

問十　1は，本文に「何事もなかったかのごとく喪失体験を消し去ることはできない。私たちができるのは，……大切な何かを失った状況になかで生きることである」と述べられていることと合致しない。2は，「一方で……」で始まる段落に「喪失への適応は，当事者本人の問題と矮小化されるべきではない。……社会の姿勢も問われている」とあることと合致する。3は，本文最後に「みずからの……表現することや，それをもとに体験を共有することは，自分と向き合い，気持ちを整理する機会となりうるだろう」とあることと合致しない。

やや難 問十一　(1)　a 「適応」するための「当事者」の条件については，「喪失に……」で始まる段落に「失った事実を受けとめ，自分の気持ちや直面している困難と折り合いをつけて行くことが必要である」とある。　b「社会」については，「一方で……」で始まる段落に「喪失とともに生きる人の困難を増幅させない社会の姿勢も問われている」とある。　(2)　「セルフヘルプ・グループ」については，「重大な……」で始まる段落に「重大な喪失を経験した者同士がそれぞれの体験や気持ちを語り，……分かち合うことで，悲しみだけでなく，喪失にともなう複雑な感情が解かれ，やり場のない気持ちが少しでも軽くなるかもしれない」とあり，本文最後には「……それをもとに体験を共有することは，自分と向き合い，気持ちを整理する機会となりうるだろう」と述べられているので，これらを要約すればよい。

三　(古文一文脈把握，内容吟味，心情，要旨，仮名遣い，口語訳，文学史)

〈口語訳〉　Ⅰ　昔，大和の国に，男と女が一緒に住んで，長い年月になったけれど，昼間に家にいて(男の顔を)見ることがなかったので，女は，「長年の仲なのに，いまだに姿かたちを見ることがない」と恨むので，男は「恨むのは当然だ。ただし，私の容姿を見たら，きっと怖気づくと思うが，どうする」と言ったので，(女は)「この(私たちの)関係は，何年になるでしょう。たとえ，その容姿が醜かったとしても，ありのままに見せてください」と言うと，「わかった，そうしよう。では，その箱の中にいる。一人のときに開いてみなさい」と言って帰った。すぐに開けて見ると，蛇がとぐろを巻いて見える。(女は)驚いて，ふたを閉じて，立ち去った。その夜，(男は)またやって来て，「私を見て驚いたことだろう。当然のことである。私もまた，恥ずかしくないわけではない」と言って，約束して泣く泣く帰って行った。女は，気味が悪いと思うものの，恋しいことを嘆いた。麻糸を巻き集めたものを綜麻というが，その綜麻に針を付けて，その針を狩衣の裾に刺した。夜が明けたので，その麻糸を道案内にして訪ね歩いて行って見ると，大神神社の御神庫に入った。その麻糸の残りが，見分けて残っていたので，(この山を)三輪山といったということだ。

Ⅱ　夜が明けたので，男は帰られた。その後，女は櫛の箱を開けて油壷の中をごらんになると，壺の中で動くものがある。「何が動いているのか」と思って持ち上げてごらんになると，ごく小さな蛇がとぐろを巻いている。油壷の中にある蛇のことを考え，女はこれを見ると，「おびえない」と約束したけれども，ひどくおびえて声を上げて，(油壷を)棄てて逃げ去った。／その夜，男はやって来た。いつになく機嫌が悪く，女は「変だ」と思って近寄ると，男は「そのように申し上げたことを守らずに，おびえるのは，たいそう残念だ。では，私はこれを最後に来ません」と言って，ひどく体裁が悪い様子でお帰りになるのを，女が「そんなことで，来ないというのは残念です」と言って手をとって引き止めなさる時に，女の前に箸をつき立てて，女はすぐに死んでしまわれたので，天皇・后がお嘆きなさるとしても，まったく無駄なことになってしまった。

問一　直前に「『年来の仲なれど，いまだ容姿を見る事なし』」とあるので，アが適切。長年一緒にいる男の顔を見たことがないので，女はいぶかしんだのである。

問二　A　容姿を見せない男に向かって「『このなからひ……ただ見え給へ』」と言っているので，

主語は「女」。 B 自分の容姿について，「『我を見て，驚き思へり。……恥なきにあらず』」と言っているので，主語は「男」。 C 直前に「女これを見給ふままに」とあるので，主語は「女」。 D 直前に「男宣はく」とあり，男の言葉に続いて「……気色にて帰り給ふ」とあるので，主語は「男」。

問三 「うとまし」は，気味が悪い，という意味。「開けて見れば，蛇，わだかまりて見ゆ。驚き思ひて，ふたをおほひて，のきぬ」とあるが，それでも「男」を「恋しからむ」とする心情なので，ウが適切。

問四 「男」の様子である。前に「女はこれを見給ふままに，さこそ『おびえじ』と契りしかども，大きにおびえて声を挙げて棄てて逃げ去りぬ」とある，「男」の姿を見ても「おびえない」と約束したのに「女」がおびえて逃げたことに，「男」は気分を害しているのである。

問五 「男」の容姿を見たいと言う「女」に対して「男」が言った言葉は，Ⅰの文に「わが容姿見ては，さだめて怖ぢ恐れむがいかに(21字)」とある。

問六 「男」の姿を見て「女」がおびえる様子は，Ⅰの文では「驚き思ひて，ふたをおほひて，のきぬ」と表現されているので，「女」の行動として「のきぬ(3字)」を抜き出す。

やや難 問七 「男」の姿を見て驚いて逃げ去る，という「女」の行動は同じであるが，その後の男については，Ⅰには「『われを見て，驚き思へり。まことに道理なり。……』と言ひ，契りて，泣く泣くわかれ去りぬ」とあり，Ⅱには「『さばかり申しし事を用ゐ給はずして，おびえ給ふ事，極めて情無き事なり。されば我，今は参り来じ』とて，いみじくはしたなげなる気色にて帰り給ふ」とあるので，イが適切。

問八 語頭以外の「はひふへほ」は，現代仮名遣いでは「わいうえお」となり，「ゐ」は，現代仮名遣いでは「い」となるので，「ゐ」は「い」，「は」は「わ」に直して，「用い給わずして」となる。さらに全て平仮名にして，「もちいたまわずして」とする。

問九 アの『奥の細道』は，江戸時代に成立した松尾芭蕉による俳文紀行。イの『枕草子』は，平安時代に成立した清少納言による随筆。ウの『竹取物語』は，平安時代に成立した作り物語。エの『古今和歌集』は，平安時代に成立した最初の勅撰和歌集。

★ワンポイントアドバイス★

記述対策として，指示内容や筆者の主張を要約する練習をしておこう！
古文は，基礎知識を朝得た上で，長めの文章を読みこなす力をつけておこう！

2019年度

★★★★★★★★★★★★★★★★★★★★★★★

入　試　問　題

2019年度

拓殖大学第一高等学校入試問題

【数　学】（50分）　＜満点：100点＞

1　次の計算をせよ。

(1)　$6^2-34\div\left\{\left(\frac{1}{3}\right)^2-\left(\frac{1}{3}+\frac{1}{4}\right)\right\}$

(2)　$(-2xy^3)^3\times\left(\frac{1}{6}x^2y\right)\div\left(-\frac{1}{3}x^2y^3\right)^2$

(3)　$\frac{\sqrt{8}+\sqrt{28}}{\sqrt{32}}-\frac{\sqrt{7}-\sqrt{18}}{\sqrt{8}}$

2　次の方程式を解け。

(1)　$\frac{5x-1}{3}-\frac{3x+1}{4}=x-\frac{1-2x}{6}$

(2)　$3-(2x+3)(x+2)=3x(1-x)$

(3)　$\begin{cases}2(x+y)-(x-y)=-4\\(x+y)+2(x-y)=13\end{cases}$

3　次の［　　］に適切な式または値を入れよ。

(1)　$(a+4b)(a-6b)+9b^2$ を因数分解すると［　　］である。

(2)　1，1，2，3，4の５枚のカードから３枚とって並べてできる３けたの整数は全部で［　　］個である。

(3)　$\frac{28}{m+3}=7-n$ を満たす自然数（m，n）の組をすべて求めると［　　］である。

(4)　Ａ君は３㎞離れた駅に向かって家を出発した。Ａ君が出発してから９分後，母親が自転車に乗ってＡ君を追いかけた。Ａ君の歩く速さは時速４㎞，母親が自転車で走る速さは時速16㎞であった。母親がＡ君に追いついたのがＡ君が出発してから x 分後であったとする。x を求める式は［　①　］であり，これを解くと $x=$［　②　］である。

4　次のページの図のように，２直線 ℓ：$y=\frac{6}{7}x+\frac{6}{7}$，$m$：$y=-3x+6$ がある。ℓ と m の交点をＡとし，ℓ，m と x 軸との交点をそれぞれＢ，Ｃとして，次の各問に答えよ。

(1)　△ABCの面積を求めよ。

(2)　点Ｃを通り，△ABCの面積を２等分するような直線の方程式を求めよ。

(3)　３点Ａ，Ｂ，Ｃを通る円の中心の座標を求めよ。

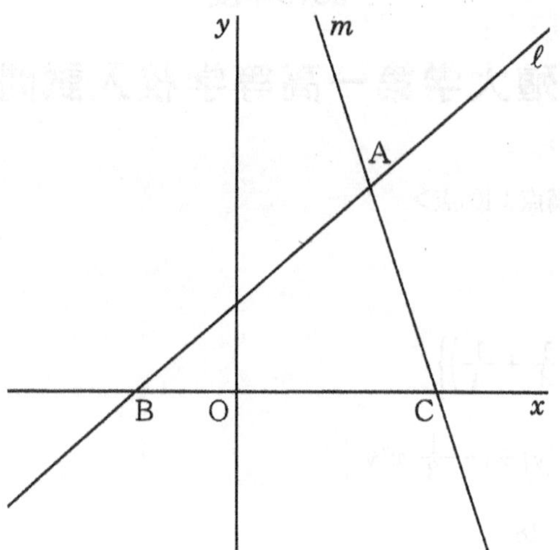

5　右の図のように，曲線C_1は関数 $y=ax^2$ のグラフ，曲線C_2は関数 $y=\dfrac{b}{x}$ のグラフを表す。2曲線C_1，C_2は点A（4，4）で交わっている。曲線C_2上の点でx座標，y座標がともに正の整数である点は5個あり，その5個の点のうち，x座標が小さい順に数えた4個目の点をBとする。直線ABと曲線C_1との交点のうち，Aでない方をCとするとき，次の各問に答えよ。ただし，a，bは正の定数とする。

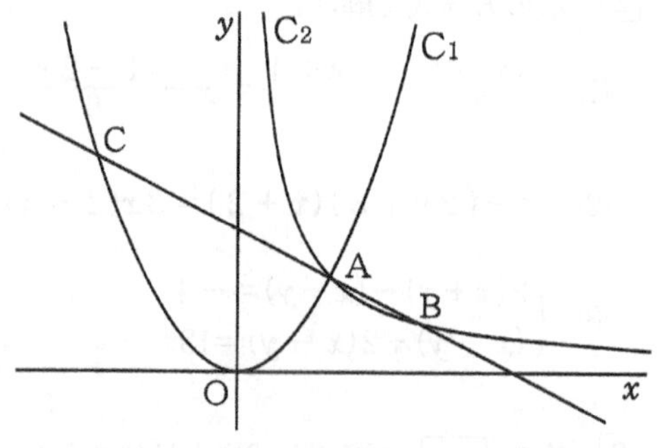

⑴　定数aの値を求めよ。

⑵　点Cの座標を求めよ。

⑶　点Cからx軸に垂線CHをひき，CH上に点Pをとる。△OACと△PACの面積が等しくなるとき，△OAPの面積を求めよ。

6　右の図のように，1辺の長さが2の正六角形ABCDEFがある。線分BFと線分AC，線分AEとの交点をそれぞれG，Hとし，線分AEと線分CFとの交点をIとする。次の各問に答えよ。

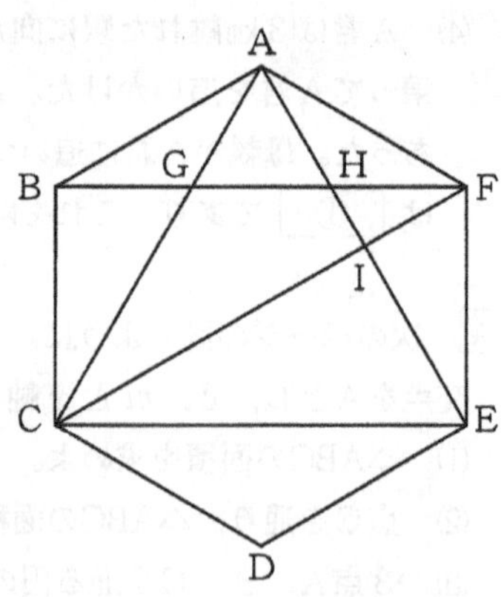

⑴　三角形ACEの面積を求めよ。

⑵　四角形GCIHの面積を求めよ。

7 右の図のように，１辺の長さが６の立方体ABCD－EFGHがある。CP＝CQ＝４ となるような２点P，Qをそれぞれ辺BC，CD上にとり，点P，Q，Eを通る平面と辺BF，DHとの交点をそれぞれR，Sとするとき，次の各問に答えよ。

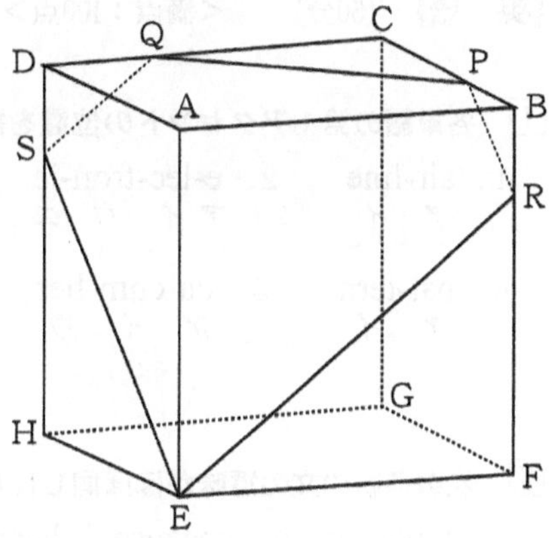

⑴ 線分RFの長さを求めよ。

⑵ 点P，Q，Eを通る平面で立方体を切り取るとき，頂点Gを含む側の立体の体積を求めよ。

【英　語】（50分）　＜満点：100点＞

Ⅰ　各単語の第１アクセントの位置を記号で答えよ。

1．air-line（ア イ）　2．e-lec-tron-ic（ア イ ウ エ）　3．vi-o-lin（ア イ ウ）

4．pat-tern（ア イ）　5．cu-cum-ber（ア イ ウ）

Ⅱ　次の各組の文の意味がほぼ同じになるように，（　）内に入る最も適当な語を答えよ。

1．I was happy because I heard that she would get married soon.
I was happy (　　)(　　) that she would get married soon.

2．A lot of young people may love this song.
This song (　　)(　　)(　　) by a lot of young people.

3．They always have heavy rain there in June.
It always (　　)(　　) there in June.

4．I have never read such an impressive novel.
This is the (　　)(　　) novel I have (　　) read.

5．He doesn't know anything about the matter.
He knows (　　) about the matter.

Ⅲ　次の各英文には，それぞれ文法・語法上の誤りが１ヵ所ある。その部分を記号で答え，正しい形を記せ。

1．Since(ア) we took(イ) an express train, we reached to(ウ) Tokyo before it(エ) got dark.

2．Which(ア) of these books(イ) do you think it is(ウ) difficult for me(エ)?

3．I have gone(ア) abroad for the first time in my life(イ) when the Olympic Games(ウ) were held in Sydney in 2000(エ).

4．My father told me(ア) that one of the buildings which(イ) we could see(ウ) over there were(エ) a hospital.

5．Let's stay home(ア) and watch movies(イ) all day long(ウ) if the class will be(エ) canceled tomorrow.

Ⅳ　日本語に合うように（　）内の語（句）を並べかえたときに，［X］と［Y］にくるものをそれぞれ記号で答えよ。なお，文頭にくる語も小文字で始めてある。

1．お久しぶりですね。

［X］＿＿ ＿＿ ［Y］＿＿ ＿＿ ＿＿ ＿＿.

（ア seen　イ time　ウ a　エ you　オ long　カ haven't　キ I　ク for）

2．その店には彼が欲しがっている本がありません。

＿＿ ［X］＿＿ ＿＿ ［Y］＿＿ ＿＿ the store.

（ア wants　イ in　ウ he　エ not　オ the book　カ is　キ that）

3．私たちは先生が誰の名前を呼んだのかわからなかった。

We didn't know ＿＿ ［X］＿＿ ［Y］＿＿ ＿＿.

（ア our teacher　イ name　ウ called　エ by　オ whose　カ was）

4．スタジアムの外では多くの興奮したファンが歌っていた。【1語不要】

＿＿ ［X］＿＿ ［Y］＿＿ ＿＿ the stadium.

（ア outside　イ fans　ウ were　エ exciting　オ singing　カ a lot of　キ excited）

5．今日，ケイコが5人のうちで一番早く登校した。【1語不要】

Today ＿＿ ＿＿ ＿＿ ［X］［Y］＿＿.

（ア came to　イ the five　ウ earliest　エ school　オ in　カ of　キ Keiko）

Ⅴ　自然な会話の流れになるように，（　）内に入る最も適当なものを下からそれぞれ1つ選び記号で答えよ。3は同じ記号を2度以上用いないこと。

1．A：Hi, I'm Steve. You must be Amy's sister.
B：That's right. How did you know that?
A：I'm in the same class as her at school, and (　　)
B：Everyone says so.

ア）you look different from her.
イ）I can recognize her easily.
ウ）you look like her very much.
エ）she asked me to meet you.

2．A：I bought ten pounds of tomatoes at the supermarket today.
B：Ten pounds! Why so many? What are you going to do with them?
A：Nothing special. (　　)
B：No, thanks. To be honest, I'm not crazy about tomatoes.

ア）Have you got a big basket to put them in?
イ）Can you tell me how to make tomato juice?
ウ）Would you like some of these?
エ）Do I need to buy anything else for you?

3．A：Excuse me, could you tell me the way to North Station?
　B：Sure, but it's quite far away from here.　It will take about an hour to walk there.
　A：Oh, it's too far.　（ ① ）
　B：I'm not sure.　I think you should take a taxi.
　A：OK.　（ ② ）
　B：It depends on the traffic.
　A：（ ③ ）
　B：Well, it's early in the morning, so I don't think it's so busy.
　A：That's nice, and I have three heavy bags.
　B：Then taking a taxi is the best way to get there.
　　ア）How far is it to your house?
　　イ）How often do you use a bus to the station?
　　ウ）How long will it take by taxi?
　　エ）Are there any traffic accidents?
　　オ）Is there a bus service to the station?
　　カ）Do you think that the traffic is heavy now?

Ⅵ　次の英文を読んで設問に答えよ。

The colonies(植民地) in the West Indies(西インド諸島) and America needed workers for the plantations(プランテーション). Europeans and Americans wanted slaves(奴隷) to do the work so they didn't have to pay them. They traded things like guns and cloth for the slaves.

The slaves were African people who were caught, sold, and then sent to the southeastern United States and to the West Indies to work on sugar and cotton plantations.

The ships were filled with as many slaves as possible. Many of them died during the journey. From 1492 to about 1850, 12 million Africans became slaves and were taken to North and South America. Two million [1] them died before they got there.

The slaves were traded to the plantation for sugar, molasses(糖蜜), and cotton. These things were then taken to the northern United States and to Europe. In factories there, rum(ラム酒) was made [2] molasses, and cloth was made [2] cotton. ① With the money made from selling **these things**, more slaves were bought in Africa and sold in the plantations.

This business between Europe, Africa, the West Indies, and the United States was called the "triangle trade". From the end of the 16th century to the middle of the 19th century, Europeans and Americans made a lot of money from the triangle trade, but it was terrible for the African people.

The Africans, of course, did not want to live like slaves. In 1733 on the

Danish(デンマークの) island of St. John in the West Indies, some slaves decided to become free.

On the night of November 23, 1733, the slaves killed many of the Danish, Dutch, and French colonists on St. John. Most of the colonists had to leave the island.

For many months the slaves were free. But in April 1734, the French came from the island of Martinique(マルティニーク) to help the Danish fight the slaves. In August 1734 all the slaves were caught or killed.

More than a hundred years later, in 1848, the African slaves on St. John finally became free.

The triangle trade changed the history of the world. Africa lost 12 million people. Many families were broken apart when people were taken from their homes to be slaves. Europe made a lot of money, which helped make the Industrial Revolution(産業革命). And the arrival of the African slaves changed the people, the culture, and the music of America.

The triangle trade also changed the history of the British colonies in North America. In 1764 these colonies had to pay a tax to Britain for sugar from the West Indies. The colonists did not want to pay the tax, so they decided to become free from Britain. In 1776, 13 of these colonies became the United States of America.

問1　［1］と［2］に入る最も適当な前置詞をそれぞれ答えよ。

問2　**these things** を具体的な名詞に置きかえて，下線部①を日本語に訳せ。

問3　次の表は本文の内容の一部を **"Changes by the triangle trade"** というタイトルでまとめたものである。(①) ～ (⑤) 内に入る最も適当なものを選択肢から１つずつ選び，必要であれば適当な形に直して答えよ。ただし，同じ語を２度以上用いないこと。

Area	Event
Africa	A large number of people in Africa were (①) and taken to other countries as slaves.
Europe	The triangle trade made Europe (②) and played an important (③) in the birth of the Industrial Revolution.
America	The various changes in American life were brought about by African slaves. Britain's collecting a (④) for sugar led to the (⑤) of the colonies in North America.

【選択肢】

arrive　catch　make　rich　tax
independence　role　money　colony

問4　本文の内容に一致するものを１つ選び記号で答えよ。

ア) Europeans and Americans got things like guns and cloth by selling the slaves.

イ) Rum and cloth made in African factories were carried to America and to Europe.

ウ) The triangle trade got common between the late 1600s and the mid-1900s, but actually it had already started before 1500.

エ) All the colonists had to escape from the island of St. John on the night of November 23, 1733.

オ) The slaves on St. John tried to get freedom in 1733, and it took more than a century to be free at last.

問5 本文の表現を参考に，次の会話文の下線部が「彼女にできるだけすぐに彼と話してもらいたい」という意味になるように（ ）内に入る英語を10語で答えよ。

James : Do you know where Jane is?

David : Sorry, I have no idea. What's up?

James : Someone wants to see her. So I (10語).

David : OK. I'll call her right now.

Ⅶ 次の英文を読んで設問に答えよ。

It all began in the summer of 1935. July was finished and, as often happens in England, August brought with it a cold wind and a heavy sky. It was raining on Bournemouth (ボーンマス) beach and the sea was angry-looking. It was just the kind of weather to make anyone feel awful (ひどい).

That afternoon all my family were ill. I was lying on the floor looking at the shells that I had found on the beach. I had a heavy cold, which meant that I had to breathe through my mouth instead of my nose. My brother Leslie was sitting by the fire. His ears were aching terribly. My sister Margo had red spots (ニキビ) all over her face. The cold weather made my mother's fingers ache. Only my brother Larry was in good health, but he felt terrible for all of us.

It was Larry, of course, who started it.

'Why do we stay in this awful country?' he asked, looking out of the window at the rain. 'Look at us! We're just like pictures out of a doctor's book of illnesses. And you Mother, you're looking older every day.'

Mother stared (じっと見る) at him over the top of her book *Indian Cooking for Beginners*.

'①I am not!' she said, and then went back to her reading.

'You are!' Larry went on. 'What we need is lots of lovely sun and a country where we can grow. Don't you agree, Les?'

②Leslie put a hand to one ear. 'What did you say?' he asked.

'There, you see. I can't hold a conversation with either of my brothers. Les can't hear and Gerry,' said Larry looking at me, 'can't speak clearly. We must do something. I really can't concentrate (集中する) on writing in a house full of sick people.'

'Yes, dear,' said Mother, not really listening to him.

'I had a letter from my friend George this morning. He says that Corfu's(コルフ島) wonderful. Why don't we sell this house, pack our bags, and go to Corfu?'

'Oh, no, dear,' said Mother, ③putting down her Indian food book at last and turning to Larry. 'We can't possibly sell this house. I've only just bought it.'

[4] in the end we sold the house and left the awfulness of the English summer, like birds that fly south to warmer parts.

Each of us took with us what we thought was important. Margo's bags were full of pretty summer clothes, books on eating healthily, and lots of bottles of medicine for spots. Leslie took two shirts and two pairs of trousers, three guns and a book on taking care of them. Larry took two big boxes of books and a very small bag of clothes. Mother sensibly took clothes in one bag and books on cooking and gardens in another bag. I took with me some natural history books, a net for catching butterflies, my dog Roger, and a jar full of fat, sleepy caterpillars(イモ虫).

***

And so we left wet, cold England and passed through rainy, sad France, snowy Switzerland, and noisy, happy, smelly Italy. At last one evening we left the south of Italy on a little ship and sailed across the sea to Corfu. Early the next day we left our beds and went to look across the purple water at the magic island that was getting closer every minute. Soon we could see the brown mountains, the green of the olive trees, the white beaches and the gold, red and white rocks at the sea's edge. And when we were very close, we could hear the high ringing voices of the cicadas(セミ) above the noise of the ship's engine.

When we landed, Larry left the ship first, keeping a careful eye on the men who were carrying his heavy boxes off the ship. Leslie followed him, short and sporty, with the strong look of a fighter in his eye. Then came Margo, smelling very sweet in a flowery dress. Mother came next, but she was immediately pulled by Roger over to the nearest lamp post(街灯の柱).

Larry went off and found two wonderful old cabs pulled by horses to take us to our hotel. One was for us and the other was for our bags. He sat down in the first cab and then looked round.

'Well?' he asked. 'What are we waiting for?'

'Mother,' explained Leslie. 'Roger's found a lamp post.'

'Oh no!' said Larry, and he shouted, 'Come on, Mother. Can't the dog wait?'

'Coming dear!' called Mother.

'That dog has been a problem all the way,' said Larry.

At that moment Mother arrived with Roger and tried to make him climb into the cab. Now Roger had never been in a cab pulled by horses before, and he didn't want to get in at all. In the end we had to pick him up, throw him in, jump in after him and sit on him to stop him from getting out again. But then the horse got frightened and began to move off and we all fell about in the bottom of the cab with Roger barking unhappily under us.

Larry was not amused.

'I had wanted us to arrive like kings and this is what happens ... we look just like a group of travelling actors.'

'Don't worry, dear,' said Mother calmly. 'We'll soon be at the hotel.'

When we arrived at the hotel, we saw that lots of street dogs had come out of nowhere to bark at this strange lazy black English dog that travelled in a cab. We didn't want a dog fight to start, so Larry jumped down and danced through the barking dogs, clearing the way for us to follow by waving a magazine about in front of him. And after him Leslie, Margo, Mother, and I carried Roger, barking and biting, into the hotel, closing the door quickly behind us.

The hotel manager came towards us with a worried look on his face.

Mother's hat was on one side of her head and she was holding my jar of caterpillars in her hand. But she spoke to the manager calmly, and pretended that there was nothing unusual in the way that we had entered his hotel.

問１　下線部①の not の後に省略されている４語を答えよ。

問２　下線部②に関する以下の質問の答えとなる文の（　）内に入る語を答えよ。

Q : Why did Leslie put a hand to one ear?

A : That was because he (　　)(　　) what Larry (　　).

問３　下線部③の状況説明として最も適当なものを１つ選び記号で答えよ。

ア）ついに，インド料理の本を下に落としてしまい，Larry の方に転んだ。

イ）ついに，インド料理の本を読み終わり，Larry に返した。

ウ）ついに，インド料理の本を置き，Larry の方に顔を向けた。

エ）ついに，インド料理の本を読むのをやめて，Larry に投げつけた。

問４　[4] に入る最も適当なものを１つ選び記号で答えよ。

ア）So　イ）But　ウ）Because　エ）While

問５　本文のある部分の内容を言いかえた，以下の英文の（　）内に入る最も適当な語を答えよ。ただし，アルファベットの'c'で始まる１語を答えよ。

As we got nearer to the island of Corfu, we could see the different (c　　) of the mountains, trees, beaches, and rocks.

問６　本文の内容に一致するものを２つ選び記号で答えよ。

ア）When the author's family got ill, Larry showed some pictures in a book for doctors and gave some advice to them.

イ）The author's family boarded a ship to travel from England to Corfu by way of France, Switzerland, and Italy.

ウ）The author moved to Corfu with the mother, two brothers, one sister and one pet dog.

エ) Larry, who was the first to get off the ship, watched carefully some men carrying his luggage out of the ship.

オ) There were two cabs waiting for the author's family at the harbour(港), and Larry got in the first cab and the others in the second.

カ) Although the author's family had difficulty arriving at the hotel because of Roger, the hotel manager didn't notice it at all.

のを選び、記号で答えよ。
ア　生きたまま食べることへの罪の意識を持ち始めたから。
イ　炭櫃の霊にたしなめられ、殺生を止めようと思ったから。
ウ　巻き貝による悪夢を今後二度と見せられたくないから。
エ　尼が気の毒で少しでも協力してあげたいと感じたから。

問七　文章Aと文章Bにおけるはまぐりの主張の組み合わせとして最も適当なものを選び、記号で答えよ。
ア　Aは放生による助けを乞い願うような内容で、Bは放生をいさめる内容。
イ　Aはむやみな放生はかえって迷惑であるという内容で、Bは放生を促す内容。
ウ　Aはみなが救われないのは納得がいかないという内容で、Bは放生を求める内容。
エ　Aは放生による助けを乞い願うような内容で、Bは放生を求める内容。
オ　Aはむやみな放生はかえって迷惑であるという内容で、Bは放生をいさめる内容。
カ　Aはみなが救われないのは納得がいかないという内容で、Bは放生をとどめる内容。

おほくとり置きたりけるに、亭主、酒に酔ひて、その炭櫃を枕にして寝入りにけり。その夜の夢に、ちひさき尼、そのかずおほく炭櫃の辺りになみゐて、面々に泣きかなしみて、さまざまくどきごとをしけり。おどろきて見れば、ものもなし。また寝入れば、さきのごとくに見ゆ。かくてたびたびになりけれども、③おほかたその心を得ぬに、暁にのぞみて、また目をもてあげて見るに、にしの中に、小尼少々まじりて、うつつに(注10)見えて、やがて失せにけり。おどろきあさみて、④それよりながくにしをば食はざりけり。

また、右近の大夫信光といひしものは、はまぐりをこのやうに夢に見て、みなはなちたりけるとかや。にし・はまぐりは、まさしく生きたるを食ひ侍れば、かく夢にも見ゆるにこそ。むざんの事なり。(注11)

（注7）盃酌…酒盛り
（注8）炭櫃…角火鉢。小型の暖房器具
（注9）にし…巻き貝の一種
（注10）うつつに…実際に
（注11）むざんの事…かわいそうなこと

（A・Bいずれも『古今著聞集』より）

問一　傍線部①「うれへて言ふやう」について、

1、全て現代仮名遣いの平仮名に直せ。

2、「はまぐり」が「うれへて」言った内容としてあてはまるものを次の中から選び、記号で答えよ。

ア　生前の罪により畜生道に堕ちてしまい、抜けられる算段がつかないこの悲しみを分かってほしい。

イ　上人の尊い功徳によって、是非とも我々をはまぐりとしての生から救い出してほしい。

ウ　せっかく新たな輪廻転生を迎えられそうなところだったのに、余計なことをしないでほしい。

エ　伊勢の海のはまぐりだけでなく、長年畜生道で苦しみぬいている我々をこそ、思いやってほしい。

問二　傍線部Ⅰ・Ⅱ・Ⅲから読み取れる春豪房の気持ちの組み合わせとして最も適当なものを選び、記号で答えよ。

ア　Ⅰ　思いやり　Ⅱ　安堵　Ⅲ　同情
イ　Ⅰ　同情　Ⅱ　満足　Ⅲ　後悔
ウ　Ⅰ　忖度（そんたく）　Ⅱ　安心　Ⅲ　共感
エ　Ⅰ　悲嘆　Ⅱ　不安　Ⅲ　失望

問三　傍線部②「かく（このように）」の指示内容を、三十字以内で答えよ。

問四　二重傍線部X「放生の功徳」とは、Bの文章でいうと具体的にはどういうことか。次の【　】部分を埋める形で答えよ。

【　　二十五字程度　　】、功徳を積むこと。

問五　傍線部③「おほかたその心を得ぬに」の解釈としてあてはまるものを選び、記号で答えよ。

ア　なんとなく「ちひさき尼」の言いたいことが分かってきて
イ　「にし」の主張のだいたいのところは理解できてきたが
ウ　夢を見て、目が覚めると何もいないことの意味が分からず
エ　炭櫃の辺りにいる面々がなぜ泣いているのか全く不明なところ

問六　傍線部④「それよりながくにしをば食はざりけり」について、このようにした理由を語り手はどのように考えているか、あてはまるも

先生　世界で統一した見解を持てないことが「脳死」の定義づけの難しさを物語っています。

生徒　難しいとしても、納得のいく判定をしてもらわないと困りますよ。

先生　そうですね。しかし、問題はそれだけではありません。医療技術の進歩によって定義を更新していかなければなりません。

生徒　「人」によって解釈が異なる、「時」によっても解釈が異なる、ということですね。

先生　だから、筆者は「死」の判断基準を［ａ　三字］して「生死」を強要することよりも、「［ｂ　八字］」の理念に基づいて「死」を判断していくことが大切だと考えています。

生徒　僕も賛成です。

先生　しかしながら、その考え方にも課題があります。実際に、死を判定するのは誰ですか？

生徒　医師です。

先生　そのとおり。医師も個人の身勝手な見解で「死」を判定するわけにはいきません。基準が必要になります。結局、［ｃ　四十字以内］のです。つまり、制度上、国や社会で「脳死」の定義を決めておく必要があるのです。

生徒　社会で死生観を共有するということは難しい問題なのですね。

三　**次の文章Ａ・Ｂを読んで、後の問いに答えよ。**

Ａ

東大寺の(注1)上人春豪房、伊勢の海いちしの浦にて、海人はまぐりをとりけるを見給ひて、Ⅰあはれみをなして、みな買ひとりて海に入れられにけり。Ⅱゆゆしき功徳つくりぬと思ひて、臥し給ひたる夜の夢に、はまぐりおほくあつまりて、①うれへて言ふやう、「われ(注2)畜生の身をうけて(注3)出離の期を知らず。たまたま(注4)二の宮の御前に参りて、すでに得脱すべかりつるを、上人よしなきあはれみをなし給ひて、また重苦の身となりて出離の縁を失ひ侍りぬる、悲しきかなや、悲しきかなや」といふと見て、夢さめにけり。上人、Ⅲ涕泣し給ふこと限りなかりけり。

(注5)主計の頭師員も、市に売りけるはまぐりを、月ごとに四十八買ひて、海にはなちにけるほどに、或る夜の夢に、畜生の報いをうけたるが、たまたま生死をはなれんとするを、②かくし給へば、なほもとの身にて苦しみをはなれぬよしを、(注6)あまどもがなげきて泣くと見て、それよりこの事とどめてけるとなん。Ｘ放生の功徳もことによるべきにこそ。

（注1）上人…徳の高い僧
（注2）畜生の身をうけて…輪廻転生して、はまぐりとなって畜生道に堕ちて
（注3）出離の期を知らず…はまぐりとしての生をいつになったら終えられるのかまるで分からなかった
（注4）二の宮…神社の名称
（注5）主計の頭…役所の長官の名称
（注6）あまども…はまぐりが変身した、魚介を捕る海人

Ｂ

宮内卿業光卿のもとに、(注7)盃酌の事ありけるに、(注8)炭櫃の辺りに、(注9)にしを

吸停止」をきっかけとした「脳の機能停止」であるということ。

エ　「脳死」は、「脳の機能停止」として解釈できるほど単純なものではなく、非常に不可解な死の現象であるということ。

オ　「脳死」は「脳の機能停止」を指しているのではなく、「脳の死」が「脳の機能停止」を指しているということ。

問六　傍線部④「ある経過を経て起こる現象」について、後の問いに答えよ。

（1）「ある経過」とは、どういうことか。最も適当なものを次の中から選び、記号で答えよ。

ア　脳以外の臓器が遅れて機能を停止させること。

イ　生命維持装置によって死がもたらされること。

ウ　個体によって時間差が生じて死に至ること。

エ　脳が人為的に機能停止に追い込まれること。

オ　時間を掛けて脳が機能を停止させること。

（2）「ある経過を経て起こる現象」は、人々にどのような影響をもたらしたと説明されているか。2「脳死を認める国、認めない国」全体の論旨を踏まえて、最も適当なものを次の中から選び、記号で答えよ。

ア　医療技術開発の必要性を認識させ、これまで制限がかけられていた臓器移植を認めるようになった。

イ　死に対する考え方を変えさせ、見せ掛けの生の状態を選択するしかなかった状況から解放された。

ウ　「死」に対する解釈の変更を余儀なくさせ、臨床現場にはなかった現象として世界に知れ渡った。

エ　「死」に関する判定を複雑化させ、立場によって判定結果に揺らぎが生まれるようになった。

オ　医療技術の進歩によって新たな課題を生じさせ、更なる医療技術開発の必要性を生じさせた。

（3）「ある経過を経て起こる現象」に対して、日本人はどのような反応をみせたか。具体的に述べられている箇所を段落2から十六字で抜き出し、最初と最後の五字を答えよ。

問七　傍線部⑤「社会的には脳死を公認しておらず」とあるが、日本の社会的な判断には、何が影響したと考えられるか。それにあてはまる語句を文中から十三字で抜き出して答えよ。

問八　空欄 a b c にあてはまる語を次の中から一つずつ選び、記号で答えよ。

ア　画期　イ　日常　ウ　社会　エ　感性　オ　実用

問九　傍線部⑥「脳死問題だけに起こることではない」とあるが、「脳死」においてどのようなことが起きたのか。その内容を六十字以内でまとめよ。

問十　次の会話文は、拓大一高の先生と生徒たちが本文の内容について振り返りを行ったものである。空欄にあてはまる語句をそれぞれ指定の字数で文中から抜き出して答えよ。ただし、cは最初と最後の五字を答えよ。

先生　本文では「脳死」の判定基準が国によって異なることが説明されています。

生徒　イギリスとアメリカ、そして、日本の三国で考え方が違うなんて驚きです。

しかし、このようなことは何も⑥脳死問題だけに起こることではない。歴史の中にもこれと似たことはあった。コペルニクスは一五四三年に死ぬ前に、天動説に対して地動説を立て、地球が太陽の周りを回ると主張したが、彼の説が正しいことを信じてもらえなかった。その後、一六〇九年にガリレオが望遠鏡を使って地動説が科学的に正しいことを証明したが、このときですら、天動説を信じていた教会は、地動説を受け入れず、宗教裁判を開いてガリレオを罰し、地動説を唱えないことを誓わせたのである。しかし、現在、天動説を信じるものは皆無である。このように、従来の考え方を変えるような新しい現象が生じた時には、学識経験者であっても、往々にして、理論の説明だけではなかなか納得しようとはしないものなのである。

（星野一正『医療の倫理』より）

問一　空欄 Ⅰ Ⅱ Ⅲ Ⅳ にあてはまる接続詞を次の中から一つずつ選び、記号で答えよ。

ア　ところで　イ　たとえば　ウ　ところが　エ　それゆえ
オ　あるいは

問二　次の一文は、文中から抜き出されたものである。その一文が当てはまる箇所の直前の七字を抜き出して答えよ。

同じ理由で生命倫理にかかわる事柄について法制化することには、私は原則的に反対である。

問三　傍線部①「脳の機能停止という項目が入っていない」とあるが、それはなぜか。[1]「心臓死・窒息死・脳幹死と脳死」全体の論旨を踏まえて最も適当なものを次の中から選び、記号で答えよ。

ア　死の判定をする上で「脳の機能停止」の判定をする必要性がなかったから。
イ　死の三徴候によって「脳の機能停止」を確認することができなかったから。
ウ　「脳の機能停止」が「人の死」として社会的に容認されているから。
エ　「脳の機能停止」を確認できるほど技術が進歩していなかったから。
オ　「脳の機能停止」は死の三徴候と直接的な関係がなかったから。

問四　傍線部②「末期患者の延命が可能になった」とあるが、それによってどんな変化がもたらされたと説明されているか。[1]「心臓死・窒息死・脳幹死と脳死」全体の論旨を踏まえて最も適当なものを次の中から選び、記号で答えよ。

ア　末期患者に対する延命治療の技術が急激に進歩した。
イ　「脳の機能停止」で死を判定する必要性が出てきた。
ウ　「脳の機能停止」が社会的に認められなくなった。
エ　「脳の機能停止」が死の徴候の項目から外された。
オ　医療技術が発達し、生命維持装置が開発された。

問五　傍線部③「ただ脳の死を意味しているのではない」とあるが、どういうことを説明しようとしているのか。最も適当なものを次の中から選び、記号で答えよ。

ア　「脳死」は、単に「脳の機能停止」を判定したものではなく、「脳の死」を死因とした「人の死」を判定したものであるということ。
イ　「脳死」は、単なる「脳の機能停止」ではなく、生命維持装置によって人為的に引き起こされた「脳の機能停止」であるということ。
ウ　「脳死」は、単純に「脳の機能停止」を指すだけでなく、「自発呼く、人の知能、感覚、思考や思想、人格や心の働きをする大脳の機能停止まで含めた脳全体の不可逆的な機能停止をした段階、つまり「全脳死」まで待って脳死とすると決めたアメリカのような国もある。わが国では、医学的な脳死の判定は全脳死によってするのが常であるが、現在、⑤社会的には脳死を公認しておらず、警察が延命治療という特殊な条件下でも脳死をもって死亡としないようにと医療の現場に意見を伝え医師の医療行為に介入したというような報道まである。脳死をした場合でも脳死を無視して三徴候によるいわゆる心臓死まで待て、という意見が後を絶たず、諸説入り乱れて、脳死臨調（臨時脳死及び臓器移植調査会、永井道雄会長）の最終結論待ちという風潮がある（一九九九年に「臓器の移植に関する法律」が成立し、わが国でも脳死が認められた。本書の記述は一九九一年現在のものである）。

私が医師になった一九四九年当時、臨床現場には脳死という現象はなかった。その後に脳死という現象が起こるようになったので、それまでは脳死について誰も知らなかったのである。すべての医療技術が科学技術の進歩向上につれて変わっていくように、死の判定の技術も医療技術の進歩によって変わらないとは誰もいえない。将来のことは誰も知らないのであるから。もし、脳死の判定法が[a]的に変わって、現在想像もできないような、簡便で誰にも判定結果が納得のいくような[b]的な方法で脳死を診断できるようになれば、一般の人々の死についての考え方も変わっていくかもしれない。つまり、医学・医療技術の変化によって、わが国の[c]的な死生観、生命観も急速に大きく変わる可能性を誰も否定できないわけである。それゆえ、死の現象などについての法制化は好ましくないと考える。ただし、リビング・ウイルなどのように、個人の意思の尊重を法的に保護する必要がある場合は、誰かの一つの意見そのものを法制化するのではなく、「個人の意思の尊重」自体を法制化するのであるから、事情は当然変わってくる。

[Ⅲ]、人の死として社会が容認する死の定義は、国や社会によって異なってしかるべきであり、医師は一般国民が選択して決めた死の定義に従って医学的に死の判定をせざるを得ない。このことを、医師はもちろん一般の人々もよく理解しておいていただきたい。

[Ⅳ]、脳死を人の死と認めない日本から留学した医師でも、イギリスに行けば脳幹死で脳死の診断をしなければならず、アメリカやカナダに行けば全脳死を基準として脳死の判定をしなければならなくなる。脳死を人の死と認めている諸外国に行って「日本では脳死を人の死と認めていないから、私は脳死の診断はしません」といったら、「ここは日本ではないのだから、嫌なら働かないでくれ」といわれ、馘（くび）になっても仕方がないのである。

生命維持装置の作用で、脳死後も一定期間、見せ掛けの生の状態を保ち続ける特殊な死の状態が脳死には見られる。そのため日本では理屈では割り切れない感情的な反応を起こす人も多く、また脳死の医学的な事実を理解できず誤解に基づく判断をしている人も多い。日本人独特ともいえる遺体観の影響により、遺体に対する従来からの観念から抜けきれず、感傷的、感情的に反応してしまい、理性的に判断できずに「脳死者を見て死んでいるとはとても思えない」、「脳死は死ではない」とか「脳死者の身体は死体ではない」と主張するようになるのであろう。このような個人の感情はデリケートで、他の人がどうしようもないことではあるが。

して死亡する機能死による個体死が、いわゆる「心臓死」である。

「窒息死」は、餅をのどに詰まらせたり、嘔吐したものを間違って吸い込んだりして、肺に空気を送り込む役目をしている気道が塞がり、気道を通って送られるべき空気が肺に入らず、そのため肺から体内に酸素を吸収できなくなり、脳に酸素欠乏が起こって死亡する個体死である。呼吸運動を司る呼吸中枢が存在する脳幹と呼ばれる脳の大切な部分が障害を受けると、呼吸中枢が働かなくなって呼吸運動が停止して、脳の酸素欠乏による個体死が起こる。これが病因論的にみた「脳幹死」である。

現在慣行とされている死の三徴候は、生命維持装置による延命治療をしていない場合の「心臓停止」、「自発呼吸停止」と「目の反射運動の消失」の三者をさし、①「脳の機能停止」という項目が入っていない。それは、いわゆる心臓死でも、窒息死でも、脳幹死でも、人間が死ぬということは、とりもなおさず体内で酸素欠乏に最も弱い「脳の機能停止」を意味しているからなのである。「脳の機能停止」の原因の違いによって心臓死・窒息死・脳幹死と医学的には区別されるが、いずれの死の状態も外見的には同じ「人の死」として社会的に容認されてきているのである。

[Ⅰ]、近年の医療技術の進歩によって、人工呼吸装置を含む生命維持装置につないで酸素を強制的に供給し続けることによって②末期患者の延命が可能となった。しかし、ある期間が過ぎると脳幹の呼吸中枢をはじめ脳の機能が停止してしまい、再び生き返ることのない時点である「不帰の点」（死の時点）を過ぎて死亡する。これを「脳死」という。

「脳死」と命名されている死は、③ただ脳の死を意味しているのではない。生命維持装置によって人為的に延命治療が行われているのにもかかわらず、脳が自然に不可逆的に機能停止したために呼吸中枢が働かなくなって自発呼吸がなくなり、脳組織全体に酸素欠乏が起こって死亡する特殊な条件下でのみ起こる新しい死の現象であり、生命維持装置を使用していない場合では起こらない個体死なのである。

[Ⅱ]、「脳死」と「脳の死」とをはっきりと区別して、これらの用語を、適切に使い分ける必要がある。さもないと、議論は混乱してしまうので、これは重要な点である。

脳死を含む死は瞬時に起こる現象ではなくて、④ある経過を経て起こる現象である。脳の機能失調が進み不可逆的に機能停止して再び働き出すことがない時点、つまり「不帰の点」に至り脳死した後でも、生命維持装置を継続して使用していると、脳組織よりも酸素消費量の少ない臓器や組織は、個人差はあるが、ある期間内それらの機能を維持することが可能である。人工呼吸装置によって酸素を含む気体が強制的かつリズミカルに気道内に送り込まれると、肺内圧が変化し、脳死者の肺が膨らんだり縮んだりする。その結果として、肺を内蔵している胸郭も拡張と収縮の繰り返しを強制され、自発呼吸と見間違うような胸郭運動を人為的に起こさせられるのである。また、酸素を十分に供給された血液が生命維持装置の機械により人為的に循環させられていれば、死んでいても、血中のヘモグロビンが色の悪いメタヘモグロビンにならないために、遺体の顔色が青ざめて生気がなくなることもなく、まだ生きているような顔色を保っている。個体差があり期間は一定していないが、脳死後いくばくかの時間の後に、心臓も動かなくなる。

[2] 脳死を認める国、認めない国

延命治療中に脳幹が不可逆的に機能停止した場合、つまり「脳幹死」をもって脳死と認めるイギリスのような国もあれば、脳幹死だけではな

【国語】（五〇分）〈満点：一〇〇点〉

【注意】本文からの抜き出し問題および記述問題については、句読点やかっこもそれぞれ一字に数えます。

一 次の各問いに答えよ。

問一 次の傍線部の漢字と同じ漢字を用いているものをそれぞれ後の選択肢から選び、記号で答えよ。

(1) ケイロウの日に祖母にプレゼントをする。
ア 学術雑誌に論文をケイサイする。
イ 球団が選手とケイヤクする。
ウ 犯人に、ケイバツを科する。
エ 恩師にケイイを示す。
オ 事件現場からチュウケイする。

(2) 化石燃料へのイゾンから脱する。
ア イレイサイを行った。
イ イヤクキンを払う。
ウ サクイのあとが明らかだ。
エ ライバルの出現にキョウイを感じる。
オ イガン退職を申し出る。

(3) 鍋の底の飯がコげる。
ア 雪のケッショウが美しい。
イ 貴族のショウゴウを与える。
ウ 目のショウテンが合わない。
エ 不完全ネンショウによるガス中毒。
オ 与野党の意見のショウトツが激しい。

(4) 彼女は年齢がフショウである。
ア キショウしてシャワーを浴びる。
イ ショウサイにわたる調査が行われた。
ウ 度重なる事故にケイショウが鳴らされる。
エ 課長にショウシンする。
オ 部屋のショウメイが暗い。

(5) 権力をコジする上司。
ア 新規のコキャクを獲得する。
イ 陸のコトウと呼ばれている地域。
ウ 経験者を優先してコヨウする。
エ 人物の特徴をコチョウして描く。
オ 貯水池がコカツする。

問二 次の傍線部の読みをひらがなで答えよ。

(1) 明日までの急ぎの対応を強いられる。
(2) 父の田舎に帰省する。
(3) 体を反り返らせる。
(4) 厳しい寒さが緩んだ。
(5) 当初の目標を完遂する。

二 次の文章を読んで、後の問いに答えよ。

1 心臓死・窒息死・脳幹死と脳死

生命維持治療をしていない場合に、心臓の機能停止によって血液が脳に行かなくなるために脳に酸素欠乏が起こり、その結果脳の機能が停止

MEMO

大切なことはメモしておこうネ！

T·G

2019年度

解 答 と 解 説

《2019年度の配点は解答欄に掲載してあります。》

＜数学解答＞

[1] (1) 108 (2) $-12xy^4$ (3) 2

[2] (1) $x=-1$ (2) $x=5\pm2\sqrt{7}$ (3) $x=\frac{7}{2}$, $y=-\frac{5}{2}$

[3] (1) $(a+3b)(a-5b)$ (2) 33 (3) (4, 3), (11, 5), (25, 6)

(4) ① $\frac{4}{60}x=\frac{16}{60}(x-9)$ ② 12

[4] (1) 3 (2) $y=-\frac{6}{11}x+\frac{12}{11}$ (3) $\left(\frac{1}{2}, \frac{11}{18}\right)$

[5] (1) $a=\frac{1}{4}$ (2) C(−6, 9) (3) 18

[6] (1) $3\sqrt{3}$ (2) $\frac{7\sqrt{3}}{6}$ [7] (1) $\frac{9}{2}$ (2) 154

○推定配点○

[1]・[2] 各5点×6 [3] (1)～(3) 各5点×3 (4) ① 3点 ② 2点

[4]～[7] 各5点×10 計100点

＜数学解説＞

[1] (数・式の計算，平方根)

(1) $6^2-34\div\left\{\left(\frac{1}{3}\right)^2-\left(\frac{1}{3}+\frac{1}{4}\right)\right\}=36-34\div\left(\frac{1}{9}-\frac{4+3}{12}\right)=36-34\div\left(\frac{1}{9}-\frac{7}{12}\right)=36-34\div\frac{4-21}{36}=$
$36-34\times\left(-\frac{36}{17}\right)=36+\frac{34\times36}{17}=36+72=108$

(2) $\left(-2xy^3\right)^3\times\left(\frac{1}{6}x^2y\right)\div\left(-\frac{1}{3}x^2y^3\right)^2=\left(-8x^3y^9\right)\times\left(\frac{x^2y}{6}\right)\div\left(\frac{x^4y^6}{9}\right)=-\frac{8x^3y^9\times x^2y\times9}{6\times x^4y^6}=$
$-\frac{8\times9x^5y^{10}}{6x^4y^6}=-12xy^4$

(3) $\frac{\sqrt{8}+\sqrt{28}}{\sqrt{32}}-\frac{\sqrt{7}-\sqrt{18}}{\sqrt{8}}=\frac{2\sqrt{2}+2\sqrt{7}}{4\sqrt{2}}-\frac{\sqrt{7}-3\sqrt{2}}{2\sqrt{2}}=\frac{\sqrt{2}+\sqrt{7}}{2\sqrt{2}}-\frac{\sqrt{7}-3\sqrt{2}}{2\sqrt{2}}=$
$\frac{\sqrt{2}+\sqrt{7}-\sqrt{7}+3\sqrt{2}}{2\sqrt{2}}=\frac{4\sqrt{2}}{2\sqrt{2}}=2$

[2] (一次方程式，二次方程式，連立方程式)

(1) $\frac{5x-1}{3}-\frac{3x+1}{4}=x-\frac{1-2x}{6}$ 両辺を12倍して $4(5x-1)-3(3x+1)=12x-2(1-2x)$
$20x-4-9x-3=12x-2+4x$ $-5x=5$ $x=-1$

(2) $3-(2x+3)(x+2)=3x(1-x)$ $3-(2x^2+7x+6)=3x-3x^2$ $3-2x^2-7x-6=3x-3x^2$
$x^2-10x-3=0$ $x=\frac{-(-10)\pm\sqrt{(-10)^2-4\times1\times(-3)}}{2\times1}=\frac{10\pm\sqrt{100+12}}{2}=\frac{10\pm4\sqrt{7}}{2}$ $x=5\pm$
$2\sqrt{7}$

基本 (3) $2(x+y)-(x-y)=-4$ $2x+2y-x+y=-4$ $x+3y=-4$…① $(x+y)+2(x-y)=13$ $x+y+2x-2y=13$ $3x-y=13$…② $9x-3y=39$…②×3 ①+②×3は $10x=35$ $x=\frac{7}{2}$ ①に代入すると$\frac{7}{2}+3y=-4$ $7+6y=-8$ $6y=-15$ $y=-\frac{5}{2}$

3 (因数分解，場合の数，整数方程式，方程式の文章題)

(1) $(a+4b)(a-6b)+9b^2=a^2-2ab-24b^2+9b^2=a^2-2ab-15b^2=(a+3b)(a-5b)$

(2) 112，113，114，121，123，124，131，132，134，141，142，143，211，213，214，231，234，241，243，311，312，314，321，324，341，342，411，412，413，421，423，431，432の33個

(3) $\frac{28}{m+3}=7-n$ $(m+3)(7-n)=28$ mが自然数なので，$m+3$も自然数(正の整数) このとき，$7-n$も自然数になるはず さらに，nは1以上6以下の自然数で，$7-n$も1以上6以下の自然数になる。2つの自然数の積が28になるのは，1×28，2×14，4×7であり，この時点で考えられるのは① $7-n=1$，$m+3=28$ ② $7-n=2$，$m+3=14$ ③ $7-n=4$，$m+3=7$ ①のとき$m=25$，$n=6$ ②のとき$m=11$，$n=5$ ③のとき$m=4$，$n=3$ 以上，(m, n)は3組あり，(25, 6)，(11, 5)，(4, 3)

(4) 母親がA君に追いつくまでに，A君と母親が同じ距離を進んだことを表す式を作ればよい。A君は時速4kmの速さでx分，母親は時速16kmの速さで$x-9$分進んでいるので，$\frac{4}{60}x=\frac{16}{60}(x-9)$ 両辺を60倍して$4x=16(x-9)$ $x=4(x-9)$ $x=4x-36$ $-3x=-36$ $x=12$

4 (図形と関数・グラフ)

(1) Aは直線ℓとmの交点なので，$\frac{6}{7}x+\frac{6}{7}=-3x+6$ $6x+6=-21x+42$ $27x=36$ $x=\frac{4}{3}$ $y=-3\times\frac{4}{3}+6=2$ $A\left(\frac{4}{3}, 2\right)$ Bは直線ℓとx軸$(y=0)$の交点なので，$\frac{6}{7}x+\frac{6}{7}=0$ $6x+6=0$ $x=-1$ B$(-1, 0)$ Cは直線mとx軸の交点なので，$-3x+6=0$ $x=2$ C$(2, 0)$ △ABCは，BCを底辺とみると$\frac{1}{2}\times(2+1)\times2=3$

(2) ABの中点をMとすると，直線CMが△ABCの面積を2等分する。$M\left\{\left(\frac{4}{3}-1\right)\div2, (2+0)\div2\right\}=M\left(\frac{1}{6}, 1\right)$ 求める直線の方程式を$y=mx+n$とおくと，Mを通ることから$\frac{1}{6}m+n=1$…① Cを通ることから$2m+n=0$…② ②－①は$\frac{11}{6}m=-1$ $m=-\frac{6}{11}$ ②に代入して$-\frac{12}{11}+n=0$ $n=\frac{12}{11}$ よって，$y=-\frac{6}{11}x+\frac{12}{11}$

やや難 (3) 求める中心Dは，DB＝DCであることからBCの垂直二等分線上にある。BCの中点は$x=(-1+2)\div2=\frac{1}{2}$ $x=\frac{1}{2}$…① また，DA＝DBでもあるので，ABの垂直二等分線上にある。ℓと垂直であることから，ABの垂直二等分線は$y=-\frac{7}{6}x+n$とおけるが，Mを通ることから$-\frac{7}{6}\times\frac{1}{6}+n=1$ $n=\frac{43}{36}$ $y=-\frac{7}{6}x+\frac{43}{36}$…② ①と②の交点がDになるので，$y=-\frac{7}{6}\times\frac{1}{2}+\frac{43}{36}=\frac{11}{18}$ $\left(\frac{1}{2}, \frac{11}{18}\right)$

5 (図形と関数・グラフ)

基本 (1) A(4, 4)がC_1上の点なので，$4^2a=4$ $a=\frac{1}{4}$ C_1は$y=\frac{1}{4}x^2$となる。

(2) AはC$_2$上の点でもあるので$4=\frac{b}{4}$　$b=16$　C$_2$は$y=\frac{16}{x}$である。C$_2$上でx座標，y座標がともに正の整数である点は(1, 16), (2, 8), (4, 4), (8, 2), (16, 1)の5点であるから，B(8, 2)となる。直線ABを$y=mx+n$とおくと，Aを通ることから$4m+n=4$…①　Bを通ることから$8m+n=2$…②　②−①は$4m=-2$　$m=-\frac{1}{2}$　①に代入すると$-2+n=4$　$n=6$　直線ABは$y=-\frac{1}{2}x+6$である。この直線とC$_1$の交点がA, Cなので，$\frac{1}{4}x^2=-\frac{1}{2}x+6$　$x^2+2x-24=0$　$(x+6)(x-4)=0$　$x=-6,\ 4$　Cの$x=-6$　$y=\frac{1}{4}\times(-6)^2=9$　C$(-6,\ 9)$

重要 (3) CHは$x=-6$　この直線上に点Pをとり，△OAC＝△PACにする。2つの三角形はACを底辺とすると底辺が共通なので，面積を等しくするためには，高さを等しくすればよい。AC//OPとすればよいので，OPは$y=-\frac{1}{2}x$　Pは$x=-6$なので，$y=-\frac{1}{2}\times(-6)=3$　P$(-6,\ 3)$　直線APを$y=mx+n$とおくと，Pを通ることから　$-6m+n=3$…①　Aを通ることから　$4m+n=4$…②　②−①は$10m=1$　$m=\frac{1}{10}$　②に代入すると$\frac{4}{10}+n=4$　$n=\frac{18}{5}$　$y=\frac{1}{10}x+\frac{18}{5}$　APとy軸の交点をQとするとQ$\left(0,\ \frac{18}{5}\right)$　△OAP＝△OPQ＋△OAQ$=\frac{1}{2}\times\frac{18}{5}\times6+\frac{1}{2}\times\frac{18}{5}\times4=18$

6 (平面図形の計量，三平方の定理，相似)

(1) △AFIは∠AIF＝90°，∠AFI＝60°，∠FAI＝30°の，辺の比$1:2:\sqrt{3}$の三角形なので，AF＝2よりFI＝1，AI$=\sqrt{3}$　△ACEは一辺がAE$=2\times$AI$=2\sqrt{3}$の正三角形である。△ACIは∠AIC＝90°，∠CAI＝60°，∠ACI＝30°の三角形で，AI$=\sqrt{3}$よりCI$=\sqrt{3}\times\sqrt{3}=3$　△ACE$=\frac{1}{2}\times$AE$\times$CI$=\frac{1}{2}\times2\sqrt{3}\times3=3\sqrt{3}$

重要 (2) △IHFは∠HIF＝90°，∠IFH＝30°，∠IHF＝60°の三角形で，FI＝1よりHI$=\frac{1}{\sqrt{3}}=\frac{\sqrt{3}}{3}$　AH＝AI−HI$=\sqrt{3}-\frac{\sqrt{3}}{3}=\frac{2\sqrt{3}}{3}$　△AGHは一辺がAH$=\frac{2\sqrt{3}}{3}$の正三角形である。△AGH∽△ACEであり，辺の比は$\frac{2\sqrt{3}}{3}:2\sqrt{3}=1:3$　面積の比は$1^2:3^2=1:9$になるので，△AGH$=\frac{1}{9}\times3\sqrt{3}=\frac{\sqrt{3}}{3}$　△ACI$=\frac{1}{2}\times$△ACE$=\frac{1}{2}\times3\sqrt{3}=\frac{3\sqrt{3}}{2}$　四角形GCIH＝△ACI−△AGH$=\frac{3\sqrt{3}}{2}-\frac{\sqrt{3}}{3}=\frac{7\sqrt{3}}{6}$

7 (空間図形の計量，相似)

(1) Eを通り，QPと平行な直線が，GHの延長，GFの延長と交わる点をK，Lとする。また，SQの延長とRPの延長の交点をJとすると，JはGCの延長上にあり，JQはGHの延長とKで交わり，JPはGFの延長とLで交わる。△CQPは∠QCP＝90°の直角二等辺三角形である。△GKLは∠KGL＝90°の直角二等辺三角形であり，GE$=6\sqrt{2}$よりGL＝GK＝12　CP//GLより△JCP∽△JGL JC：JG＝CP：GL　JC：(JC＋6)＝4：12＝1：3　JC＝3　JG//BFより　△JCP∽△RBP　であり，JC：RB＝CP：BP　3：RB＝4：(6−4)＝2：1　RB$=\frac{3}{2}$　RF$=6-\frac{3}{2}=\frac{9}{2}$

やや難 (2) 求める立体＝(三角錐J−GKL)−(三角錐J−CQP)−(三角錐S−HKE)−(三角錐R−FEL)
(三角錐J−CQP)＝△CQP×JC$\times\frac{1}{3}=\frac{1}{2}\times4\times4\times3\times\frac{1}{3}=8$　(三角錐S−HKE)＝(三角錐R−

FEL)＝△FEL×RF×$\frac{1}{3}$＝$\frac{1}{2}$×6×6×$\frac{9}{2}$×$\frac{1}{3}$＝27　(三角錐J－GKL)＝△GKL×JG×$\frac{1}{3}$＝$\frac{1}{2}$×12×12×9×$\frac{1}{3}$＝216　よって，216－8－27×2＝154

★ワンポイントアドバイス★

標準的な問題が中心だが，類題を解き慣れていないと，時間がかかり苦労するだろう。図形と関数・グラフの融合問題，図形の計量の問題は，数多く触れておく必要がある。

＜英語解答＞

Ⅰ　1 ア　2 ウ　3 ウ　4 ア　5 ア

Ⅱ　1 to hear　2 may be loved　3 rains heavily
4 most impressive ever　5 nothing

Ⅲ　1 記号 ウ　正しい形 reached　2 記号 ウ　正しい形 is
3 記号 ア　正しい形 went　4 記号 エ　正しい形 was
5 記号 エ　正しい形 is

Ⅳ　1 X キ　Y エ　2 X キ　Y カ　3 X イ　Y ウ
4 X キ　Y ウ　5 X ウ　Y カ

Ⅴ　1 ウ　2 ウ　3 ① オ　② ウ　③ カ

Ⅵ　問1 1 of　2 from　問2 ラム酒や布を売ることによって得られたお金で，より多くの奴隷がアフリカで買われて，プランテーションで売られた。　問3 ① caught
② rich　③ role　④ tax　⑤ independence　問4 オ
問5 (I) want her to talk [speak] with [to] him as soon as possible

Ⅶ　問1 (I am not) looking older every day(!)
問2 (That was because he) couldn't hear (what Larry) said(.)　問3 ウ
問4 イ　問5 colors [colours]　問6 ウ・エ

○推定配点○

Ⅰ 各1点×5　Ⅱ 各2点×5　Ⅲ 各2点×5　Ⅳ 各2点×5　Ⅴ 各2点×5
Ⅵ 問1・問3・問4 各3点×8　他 各4点×2　Ⅶ 問1・問2 各4点×2　他 各3点×5
計100点

＜英語解説＞

Ⅰ (単語のアクセント)

1. 第1音節を強く発音する。
2. 第3音節を強く発音する。
3. 第3音節を強く発音する。
4. 第1音節を強く発音する。
5. 第1音節を強く発音する。

Ⅱ (書き換え：不定詞，助動詞，受動態，比較)

1. 〈～ because ＋主語＋A〉「(主語)がAしたので～」から〈to ＋動詞の原形〉の形をとる不定詞の副詞的用法を用いた文への書き換え。be happy to ～「～してうれしい」
2. 能動態から受動態〈be動詞＋動詞の過去分詞形〉「～される」への書き換え。助動詞 may の後ろには動詞の原形がくるから，be動詞は原形の be を使う。
3. 天候を表す，they have ～ から it が主語の文への書き換え。天候・明暗・時間などを示す場合に，日本語には訳さない主語として it を使う。書き換え後の rain は「雨が降る」という意味の動詞。主語が3人称単数の it なので，rains とする。heavily は動詞 rains を修飾する副詞。
4. 現在完了を用いた〈主語＋ have [has]＋ never ＋動詞の過去分詞形＋ such ＋形容詞(原級)～〉から〈This is the ＋形容詞(最上級)～＋主語＋ have [has]＋ ever ＋動詞の過去分詞形〉「これは今まで最も～だ」への書き換え。
5. not anything = nothing で「何も～ない」の意味。

やや難 Ⅲ (正誤問題：関係代名詞，間接疑問文，現在完了，接続詞)

1. 〈reach ＋場所〉で「～に着く」の意味。前置詞 to が不要。
2. Do you think? と Which of these books is difficult for me? を1つにした間接疑問文である。後者の文は「どれが～ですか」のように疑問詞が主語になった疑問文なので，平叙文と同じ〈主格の疑問詞＋動詞〉という語順になる。「はい」「いいえ」ではなく，具体的な返事を求めている疑問文なので疑問詞(＋名詞)が文頭に出た形となっている。it が不要。
3. 〈have [has]＋動詞の過去分詞形〉の形をとる現在完了は，明らかに過去の一時点を示す語句 when「～するとき」とは一緒に使えない。ここでは過去形 went とするのが適切。
4. that 以下は，関係代名詞 which を用いて one of the buildings was a hospital と we could see it over there をつなげ，it が which に代わった文である。one of these buildings「これらのビルの1つ」は単数だから，過去のbe動詞は was を用いるのが適切。
5. if 以下は条件を示す副詞節なので，未来の内容でも中の動詞は現在時制を使う。ここでは will be ではなく is を用いるのが適切。

Ⅳ (語句整序：現在完了，関係代名詞，受動態，間接疑問文，進行形，比較)

重要 1. <u>I</u> haven't seen <u>you</u> for a long time(.) 「お久しぶりですね」，つまり「私は長い間あなたに会っていない」のであるから，for ～「～の間」を用いた継続の用法の現在完了の文にする。現在完了は〈have [has]＋動詞の過去分詞形〉の形。seen は see の過去分詞形。

やや難 2. The book <u>that</u> he wants <u>is</u> not in (the store.) 関係代名詞 that を用いて the book is not in the store と he wants it をつなげた文を作る。it が that に代わる。

3. (We didn't know) whose <u>name</u> was <u>called</u> by our teacher. by「～によって」があることから「先生によって誰の名前が呼ばれたのか」という受動態の文にする。受動態は〈be動詞＋動詞の過去分詞形〉の形。We didn't know. と Whose name was called by our teacher? を1つにした間接疑問文である。

重要 4. A lot of <u>excited</u> fans <u>were</u> singing outside (the stadium.) 「～していた」の意味になるのは〈be動詞＋―ing〉の形をとる過去進行形。excited は「興奮した」，exciting は「興奮させる(ような)」の意味。exciting が不要。

5. (Today) Keiko came to school <u>earliest</u> <u>of</u> (the five.) 「～の中で一番…だ」という意味になるのは，〈(the)＋形容詞・副詞の最上級＋ in [of] ～〉の形の最上級の文。通常，最上級を使った文では，後に名詞の単数形が来る比較の範囲を言う場合 in を，後に名詞の複数形が来る比較の相手を言う場合 of を使う。in が不要。

V　(会話文：語句補充)

1. A：君はエイミーの姉妹に違いない。／B：その通りよ。どうしてわかったの。／A：僕は彼女と同じクラスで，君は彼女にとても似ているよ。／B：みんながそう言うわ。
2. A：私は10ポンドのトマトを買ったの。／B：なぜそんなにたくさん。それで何をするの。／A：うん。特別なことは何も。あなたはそれらをいくつかどうですか。／B：いいえ，結構よ。私はトマトが大好きではないのよ。
3. A：北駅への道を教えてくれませんか。／B：良いですが，ここからはとても遠いですよ。歩いて1時間くらいかかります。／A：それは遠すぎます。①駅へのバスの便はありますか。／B：わかりません。タクシーに乗るべきだと思います。／A：わかりました。②タクシーでどれくらいかかりますか。／B：交通量次第です。／A：③今は交通量が多いとあなたは思いますか。／B：早朝なので，そんなに混まないと思います。

VI　(長文読解・論説文：語句補充，指示語，英文和訳，要旨把握，内容吟味，英作文)

(大意)　西インド諸島とアメリカの植民地にはプランテーションで働くための労働者が必要だった。金を支払う必要がなかったので，ヨーロッパ人とアメリカ人は労働をするための奴隷がほしかった。彼らは銃や布のようなものと奴隷を交換した。奴隷は，捕まえられ，売られて，砂糖や綿のプランテーションで働くために合衆国の南西部や西インド諸島に送られたアフリカ人だった。船はできるだけたくさんの奴隷でいっぱいだった。彼ら[1]の200万人がそこへ着く前に死んだ。奴隷は砂糖や糖蜜，綿のプランテーションと取引された。これらの物は，それから合衆国北部やヨーロッパへ持っていかれた。そこの工場で，ラム酒が糖蜜[2]から作られ，布が綿[2]から作られた。①これらを売ることによって得られたお金で，より多くの奴隷がアフリカで買われて，プランテーションで売られた。このヨーロッパとアフリカ，西インド諸島，合衆国との間の商取引は「三角貿易」と呼ばれた。16世紀の後期から19世紀の中期まで，ヨーロッパ人とアメリカ人は三角貿易から多くの金をもうけたが，アフリカの人々にとってはひどく悪かった。1733年，デンマークの西インド諸島セントジョン島に，自由になろうと決めた奴隷たちがいた。1733年11月23日の夜，奴隷たちは，セントジョン島の多くのデンマーク人やオランダ人，フランス人の入植者を殺した。入植者のほとんどがその島を去らなければならなかった。100年以上後の1848年にセントジョン島のアフリカ人奴隷はついに自由になった。三角貿易は世界の歴史を変えた。アフリカは1200万人を失った。ヨーロッパはたくさんの金をもうけ，それは産業革命を起こすのに役立った。そして，アフリカ人奴隷の到来はアメリカの人々や文化，音楽を変えた。三角貿易はイギリスの歴史をも変えた。1764年に，これらの植民地は西インド諸島からの砂糖に対し，イギリスに税を支払わなければならなくなった。入植者は税を支払いたくなかったので，イギリスから自由になろうと決めた。1776年，これらの植民地の13がアメリカ合衆国になった。

基本　問1　[1]　前置詞 of は〈名詞A of 名詞B〉で「BのA」と所属を表す。　[2]　be made from ～ で「～でできている」の意味。形状が変わっている場合，前置詞は from を使う。

問2　these は先行する文(の一部)の複数の内容を指している。ここでは直前の1文にある rum「ラム酒」と cloth「布」を指す。過去分詞とその修飾語 made from selling these things が money を修飾する分詞を使った文。「これらの物を売ることによって得られたお金」という意味になる。and は語と語，句と句，節と節などを文法上対等な関係でつなぐ。ここでは主語 more slaves に過去形の動詞 were と sold が and を挟んで続いていると考える。

問3

地域	出来事
アフリカ	アフリカの多くの人々が①捕まえられ，奴隷として他の国へ連れていかれた。
ヨーロッパ	三角貿易はヨーロッパを②裕福にし，産業革命の始まりの重要な③役を演じた。
アメリカ	アメリカ人の生活における様々な変化はアフリカの奴隷によって引き起こされた。イギリスの砂糖に対する④税の徴収は北アメリカの植民地の⑤独立を引き起こした。

① 第2段落第1文参照。 ② 第4段落第10文参照。 ③ 第4段落第10文参照。 ④ 最終段落第2文参照。 ⑤ 最終段落最後から2文目参照。

問4 ア）「ヨーロッパ人とアメリカ人は奴隷を売ることによって銃や布のようなものを得た」第1段落第2文・最終文参照。(×) 銃や布を与えて奴隷を得たのである。 イ）「アフリカの工場で作られたラム酒と布はアメリカやヨーロッパへ運ばれた」第4段落第3文参照。(×) アメリカやヨーロッパの工場で作られたのである。 ウ）「三角貿易は1600年代後期と1900年代中期の間に一般的になったが，実際には1500年以前に始まっていた」(×) 一般的になった，という記述はない。 エ）「全ての入植者は1733年11月23日の夜にセントジョン島から逃げなければならなかった」第7段落参照。(×) 入植者のほとんどは，である。 オ）「セントジョンの奴隷は1733年に自由を得ようとして，100年より多くかかって，ついに自由になった」第6段落最終文・第9段落参照。(○)

問5 「ジェームズ(以下J)：ジェーンがどこにいるか君は知っているかい。／デヴィッド(以下D)：ごめん，わからないな。どうしたんだい。／J：誰かが彼女に会いたがっているんだ。それで，僕は彼女にできるだけすぐに彼と話してもらいたい。／D：わかった。僕は今すぐに彼女に電話しよう」 as ～ as possible で「できるだけ～に」という意味(第3段落第1文)。〈want ＋A＋ to ＋動詞の原形〉で「Aに～してほしい」の意味(第1段落第2文)。

Ⅶ (長文読解・物語文：語句補充，英問英答，要旨把握，内容吟味)

(大意) その午後，私の家族はみんな具合が悪かった。私はひどい風邪をひいていた。兄弟のレスリーの耳はひどく痛かった。姉妹のマーゴには顔中に赤いニキビがあった。寒い天気は母の指を痛くした。兄弟のラリーだけが健康だったが，私たち全員を不愉快に感じた。始めたのはラリーだった。「なぜ僕たちはこのひどい国にいるんだい」窓の外の雨を見ながら，彼は言った。「僕たちを見ろよ。医者の病気の本から出てきた絵みたいだ。それに，お母さん，毎日より年老いて見えるよ」母は『初心者のためのインド料理』の本越しに彼をじっと見た。「①私は違うわ」と彼女は言って，読書に戻った。ラリーは続けた。「僕たちに必要なのは素晴らしい太陽だよ。同意しないかい，レス」②レスリーは片方の耳に手を当てた。「何て言ったんだい」と彼は尋ねた。「ほら，レスは聞こえないんだ，それからジェリーは」とラリーは言って，私を見た。「はっきりと話すことができない」「そうね」本当は彼の言うことを聞いていなかった母が言った。「今朝，友達のジョージから手紙をもらったんだ。彼は，コルフ島は素晴らしい，と言うよ。この家を売って荷物を詰めて，コルフへ行くのはどうだい」「だめよ」と母は言い，③ついに，インド料理の本を置き，ラリーの方に顔を向けた。「この家を売ることはできないわ」④しかし，結局，私たちは家を売り，イギリスの夏のひどさと縁を切った。私は犬のロジャーとイモ虫でいっぱいのビンを持っていった。 ＊＊＊ それから，私たちは湿った寒いイギリスを離れ，フランス，スイス，イタリアを通り過ぎた。ついにある晩，私たちは小さな船でイタリアの南部を出発し，コルフへと渡った。翌日早く，私たちは茶色い山，オリーブの木の緑，白い浜辺，海のほとりの金，赤，白い岩を見ることができた。私たちが上陸したとき，ラリーが彼の重い箱を船から運び下ろしている男たちへ注意深い目を向けながら，最初に船を離れた。レスリーが彼に続き，マーゴが来た。次に母が来たが，彼女はすぐにロジャーに最も近い街灯の柱の方へ引っ張られた。ラリーは私たちをホテルへ連れていく2台の素晴らしい古い馬車を見つけた。1方は私たち用で，もう1方は私たちのかばん用だった。彼は最初の馬車に乗り，見回した。私たちがホテルに着くと，見知らぬイギリスの犬に吠えるためにたくさんの野良犬が出てきた。ラリーは私たちの道の邪魔を取り除くために飛び降りた。彼の後で，レスリーとマーゴ，母，私が，吠えたり噛んだりしているロジャーをホテルに運び，私たちの後ろで素早く扉を閉めた。ホテルの支配人は顔に心配な様子を浮かべて私たちに近づいてきた。

問1　1つの語句が2つ以上の語句にどれも同じようにかかるとき，共通した要素を省略することができる。下線部①は〈主語＋be動詞〉であり，I は母のことである。下線部①の直前から〈主語＋be動詞〉の形で主語が母を指すものを探すと，直前の2文目に you're がある。省略されているのはその後に続く looking older every day である。

問2 「Q：レスリーはなぜ片方の耳に手を当てたのか。／A：それは，ラリーが何を<u>言った</u>のか，彼には<u>聞こえなかった</u>からだ」下線部②の直後の1文参照。

問3　ラリーが何かを言っても本に夢中で，「本越しに彼をじっと見た」(下線部①の直前の1文)り，すぐに「読書に戻った」(下線部①の1文)り，「本当は彼の言うことを聞いていなかった母」(下線部③の直前の4文目)が，「この家を売」(下線部③の直前の1文)る，という重大な発言を聞いて，本を置く気になったのである。

問4　空欄4の直前の母の発言には「家を売ることはできない」とあり，空欄4の直後部にはそれに対して予期される結果(ここでは家を売らない，という結果)とは反対の「家を売」るという内容がある。したがって，逆接の接続詞 but を用いるのが適切。

問5 「コルフ島へ近づくにつれて，私たちは様々な色の山や木，浜辺，岩を見ることができた」＊印以降の第1段落第4文参照。空欄の直前には different「様々な」があるので，color「色」の複数形 colors とするのが適切。

問6　ア）「筆者の家族が病気になったとき，ラリーは医師に本の絵を見せて彼に助言した」下線部①の直前の3文目参照。(×)　家族の状態を，医者の病気の本から出てきた絵みたいだ，と言ったのである。　イ）「筆者の家族はフランスやスイス，イタリア経由で旅をするための船に飽きた」＊印以降の第1段落第2文参照。(×)　船にはイタリアから乗ったのである。　ウ）「筆者は，母と2人の兄弟，1人の姉妹，1匹のペットの犬と一緒にコルフへ引っ越した」＊印以前の最終段落最終文・＊印以降の第2段落参照。(○)　エ）「ラリーは船から降りるのが最初だったのだが，彼の荷物を船から運び出している男たちを注意深く見た」＊印以降の第2段落第1文参照。(○)　オ）「港には筆者の家族を待っている2台の馬車がいて，ラリーは最初の馬車に，他の人たちは2番目のに乗った」＊印以降の第3段落第1文・第2文参照。(×)　2番目の馬車はかばん用だったのである。　カ）「ロジャーのせいで筆者の家族はホテルには困った状況で到着したが，ホテルの支配人はそれに全く気づかなかった」最後から2番目の段落参照。(×)　気づいたから心配な様子だったのである。

★ワンポイントアドバイス★

長文を読むときは，国語の読解問題を解く要領で指示語などの指す内容や，話の展開に注意するように心がけよう。

<国語解答>

一 問一 (1) エ (2) オ (3) ウ (4) イ (5) エ
問二 (1) し (2) きせい (3) そ (4) ゆる (5) かんすい

二 問一 Ⅰ ウ Ⅱ エ Ⅲ ア Ⅳ イ 問二 ないと考える。 問三 ア
問四 イ 問五 ア 問六 (1) ア (2) エ (3) 理屈では割～情的な反応
問七 日本人独特ともいえる遺体観 問八 a ア b オ c ウ
問九 (例) 脳死が新しい死の現象であるため，遺体に対する従来からの観念から抜けきれず，人々は医学的事実を受け入れられないということ。(60字)
問十 a 法制化 b 個人の意思の尊重 c 医師は一般～るを得ない

三 問一 1 うれえていうよう 2 ウ 問二 イ 問三 (例) 師員が，市で売っていたはまぐりを海に放してあげたこと。(27字) 問四 (例) 捕まえていたにしやはまぐりを放して助けてやることで(25字)，(功徳を積むこと。) 問五 エ 問六 ア
問七 イ

○推定配点○
一 各2点×10 二 問一 各1点×5 問八 各2点×3 問九 10点 他 各3点×11
三 問一 1 1点 問三・問四 各5点×2 他 各3点×5 計100点

<国語解説>

一 (漢字の読み書き)

基本 問一 (1) 「敬老」 ア 「掲載」 イ 「契約」 ウ 「刑罰」 エ 「敬意」 オ 「中継」。
(2) 「依存」 ア 「慰霊祭」 イ 「違約金」 ウ 「作為」 エ 「脅威」 オ 「依願」。
(3) 「焦げる」 ア 「結晶」 イ 「称号」 ウ 「焦点」 エ 「燃焼」 オ 「衝突」。
(4) 「不詳」 ア 「起床」 イ 「詳細」 ウ 「警鐘」 エ 「昇進」 オ 「照明」。
(5) 「誇示」 ア 「顧客」 イ 「孤島」 ウ 「雇用」 エ 「誇張」 オ 「枯渇」。

やや難 問二 (1)はむりにさせること。(2)の「省」を「しょう」と読まないこと。(3)は後ろの方に弓なりに曲げること。(4)の音読みは「カン」。熟語は「緩慢(かんまん)」など。(5)は最後までやりとげること。「遂」を「つい」と読まないこと。

二 (論説文－大意・要旨，内容吟味，文脈把握，接続語，脱文・脱語補充)

基本 問一 Ⅰは直前の内容と相反する内容が続いているのでウ，Ⅱは直前の内容を理由とした内容が続いているのでエ，Ⅲは直後から国や社会によって死の定義が異なる話題になっているのでア，Ⅳは直前の内容の具体例が続いているのでイ，がそれぞれあてはまる。

問二 設問の一文の「法制化」については②の「私が医師に」で始まる段落で述べており，医学・医療技術の変化によって死生観や生命観も急速に大きく変わる可能性を誰も否定できないので，死の現象などについての法制化は好ましくないと考える。→設問の一文→ただし，個人の意思の尊重を法的に保護する必要がある場合は一つの意見を法制化するのではなく，「個人の意思の尊重」自体を法制化するので，事情は変わってくる，という流れになる。

問三 ①直後で①の理由として，心臓死でも窒息死でも脳幹死でも人間が死ぬということは「脳の機能停止」を意味しているからであることを述べており，人間が死ぬことに「脳の機能停止」の判定をあえてする必要がないということなのでアが適当。「脳の機能停止」の判定が必要ないことを説明していない他の選択肢は不適当。

問四 医療技術の進歩による生命維持装置で②になったが，「脳死」は生命維持装置で延命治療が

行われているにもかかわらず起こる新しい死の現象であり，生命維持装置を使用していない場合では起こらない個体死であることを述べている。②によって新しい死の現象である「脳死」が起こることで「脳の機能停止」の判定が必要になってきたということなのでイが適当。②による「脳死」が「脳の機能停止」の判定が必要になってきたことを説明していない他の選択肢は不適当。

やや難 問五　③前で述べているように「脳の機能停止」の原因の違いによる心臓死・窒息死・脳幹死はいずれも「人の死」として容認されているが，「脳死」も脳が機能停止したために死亡する特殊な条件下でのみ起こる新しい死の現象であることを③のように述べているのでアが適当。「脳死」は「脳の死」を原因とした「人の死」であることを説明していない他の選択肢は不適当。

重要 問六　(1)　④以降で，脳死した後も脳以外の臓器や組織はある期間内機能を維持することが可能で，脳死後いくばくかの時間の後に動かなくなることを述べているのでアが適当。脳死から遅れて他の臓器が動かなくなることを説明していない他の選択肢は不適当。　(2)　④は脳死を含む死の現象のことで，2の冒頭の段落や「 Ⅳ 」で始まる段落で，国によって脳死の基準が異なることを述べているのでエが適当。アの「認識させ」，イの「解放された」，オの「必要性を生じさせた」は述べていないので不適当。国によって脳死の基準が異なることを説明していないウも不適当。　(3)　「生命維持装置の作用で」で始まる段落で，脳死後の状態に対し日本では「理屈では割り切れない感情的な反応」を起こす人も多いことを述べているので，この部分の最初と最後の五字を答える。

問七　問六(3)でも考察したように，日本人は脳死に対して感情的な反応を起こす人が多く，その影響として「日本人独特ともいえる遺体観(13字)」があることを述べているので，この部分を抜き出す。

問八　aそれまでになかっためざましいさまという意味でア，bは実際に役に立つという意味でオ，cはわが国の一般の人々の考え方なのでウ，がそれぞれあてはまる。

やや難 問九　⑥直後で，コペルニクスやガリレオが主張する地動説のような新しい現象が生じた時，天動説のような従来の考え方を変えるのは理論の説明だけでは学識経験者であっても納得しないことを述べている。このことを踏まえて，地動説→脳死が新しい死の現象である，天動説→遺体に対する従来からの観念，理論の説明だけでは納得しない→人々は医学的事実を理解できず受け入れられない，と置き換えて説明していく。

重要 問十　2の「私が医師に」で始まる段落で，死の現象などについての「法制化」は好ましくないが，「個人の意思の尊重」を法的に保護する場合は事情は当然変わってくると述べているのでaは「法制化(3字)」，bは「個人の意思の尊重(8字)」がそれぞれあてはまる。2の「 Ⅲ 」で始まる段落で，死の定義は国や社会によって異なってしかるべきであり「医師は一般国民が選択して決めた死の定義に従って医学的に死の判定をせざるを得ない(39字)」と述べているので，cはこの部分の最初と最後の五字を答える。

三　(古文－主題，情景・心情，内容吟味，文脈把握，指示語，仮名遣い，口語訳)

〈口語訳〉　A　東大寺の上人春豪房が，伊勢の海の一志の浦で，海人がはまぐりを採っているのをご覧になって，気の毒に思われて，(はまぐりを)すべて買い取って，海にお入れになった。(上人は)すばらしい功徳をほどこしたと思って，お休みになられた夜の夢に，はまぐりが多く集まって，嘆いて言うには，「私は輪廻転生して，はまぐりとなって畜生道に堕ちてはまぐりとしての生をいつになったら終えられるのかまるで分かりませんでした。たまたま二の宮神社の御前に参って，すでにこの輪廻から脱することができるところでしたが，上人がつまらない慈悲の心を起こされて，また(輪廻の)苦しみを重ねる身になってはまぐりとしての生を終える縁を失ってしまいました，ああ悲しい，ああ悲しい」と言う夢を見て，眼がさめた。上人は，このうえなくお泣きになった。

主計の頭の師員も，市で売っているはまぐりを，毎月四十八買って，海に放していたが，ある夜の夢に，輪廻転生して，はまぐりとなって畜生道に堕ちる報いを受けましたが，たまたま(はまぐりとしての)生を終えようとしていたのに，このようになさったので，やはりもとの身で苦しみから離れることができませんということを，はまぐりが変身した，魚介を捕る海人たちが嘆いて泣くのを見て，それ以来この事をやめたということだ。放生の功徳も時と場合によるべきである。

B　宮内卿業光のもとで，酒盛りがあって，炭櫃のあたりに，にしをたくさん置いていたが，亭主は，酒に酔って，その炭櫃を枕にして寝た。その夜の夢に，大勢の小さな尼が，炭櫃の辺りに並んで，皆泣き悲しんで，何事かを訴える。驚いて見たが，何もない。また寝入ると，さっきと同じような夢を見る。こうしたことが何度も続いたが，(なぜ泣いているのか)全くわからないまま，明け方になって，また見上げて見ると，にしの中に，何人かの小さな尼が混じっているのが，実際に見えて，すぐにいなくなった。(業光は)驚いて，それ以後しばらくはにしを食べなくなった。

また，右近大夫信光という者は，はまぐりについて同様の夢を見て，(はまぐりを)食べずにすべて放生したという。にし・はまぐりは，実際に生きているのを食べていらしたのだから，このように夢にも見たのだ。かわいそうなことだ。

基本　問一　1　歴史的仮名遣いの語頭以外の「は行」は現代仮名遣いでは「わ行」に,「ア段＋う」は「オ段＋う」になるので「うれへていふやう」→「うれえていうよう」となる。

2 「はまぐり」は「……上人がつまらない慈悲の心(はまぐりを気の毒に思って海に放したこと)を起こされて，また(輪廻の)苦しみを重ねる身になってはまぐりとしての生を終える縁を失ってしまいました，ああ悲しい」と嘆いているのでウがあてはまる。

問二　Ⅰは海人に採られたはまぐりを気の毒に思ってということなので「同情」，Ⅱははまぐりを海に放したことをすばらしい功徳をほどこしたと思っているので「満足」，Ⅲは余計なことをしてはまぐりの輪廻転生をさまたげたことで泣いているので「後悔」が読み取れるので，イが適当。

問三　②は，師員が市で売っているはまぐりを海に放していたことを指し，師員がこのようにしたのではまぐりはもとの身で苦しみから離れることができない，ということである。

やや難　問四　Bで，右近大夫信光が，食べようと思っていたはまぐりやにしを食べずに放生したことを述べているので「捕まえていたにしやはまぐりを放して助けてやることで(25字)，(功徳を積むこと。)」というような形で説明する。

重要　問五　③の「おほかた」は後に打消しの「得ぬ」をともなっていることから「全く～ない」という意味,「その心」は炭櫃の辺りで小さな尼たちが泣いている理由ということなので，エが適当。

重要　問六　④後で，宮内卿業光も右近大夫信光も実際に生きているにし・はまぐりを食べていたことで，同じ夢を見て放生したことを述べているのでアが適当。最後の段落内容を踏まえていない他の選択肢はあてはまらない。

やや難　問七　はまぐりの主張は，Aでは放生されることで輪廻から脱することができなくなることを嘆き悲しみ，Bでは生きたまま食べられることを悲しみ，そのことで放生されているのでイが適当。ア，カはABともに誤り。ウ，エのAは誤りでBは正しい。オのAは正しくBは誤り。

★ワンポイントアドバイス★

論説文では，本文で繰り返し登場するキーワードを筆者がどのような意味で捉えているかを読み取ることが重要だ。

大切なことはメモしておこうネ！

解答用紙集

○月×日 △曜日 天気(合格日和)

◆ご利用のみなさまへ
＊解答用紙の公表を行っていない学校につきましては、弊社の責任において、解答用紙を制作いたしました。
＊編集上の理由により一部縮小掲載した解答用紙がございます。
＊編集上の理由により一部実物と異なる形式の解答用紙がございます。

人間の最も偉大な力とは、その一番の弱点を克服したところから生まれてくるものである。 ――カール・ヒルティ――

東京学参株式会社

拓殖大学第一高等学校　2024年度

◇数学◇

※ 137%に拡大していただくと，解答欄は実物大になります。

1	(1)	
	(2)	
	(3)	

4	(1)	
	(2)	
	(3)	

2	(1)	$x=$
	(2)	$x=$
	(3)	$x=$　　　，$y=$

5	(1)	B (　　　,　　　)
	(2)	
	(3)	：　：

3	(1)	
	(2)	
	(3)	
	(4)	

6	(1)	
	(2)	
	(3)	

7	(1)	
	(2)	

拓殖大学第一高等学校　　2024年度

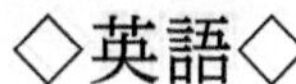

※ 145%に拡大していただくと，解答欄は実物大になります。

I

A	1		2		3		4	
B	1		2		3		4	

II

1		2		3		4		5	
6		7		8		9		10	

III

	記号	正しい形		記号	正しい形
1			2		
3			4		
5					

IV

	X	Y		X	Y
1			2		
3			4		
5					

V

問1	A	B		C		D	
問2		問3		問4		問5	
問6		問7					

VI

問1	
問2	フォラステロ種は、
問3	問4
問5	A　　B　　C　　D
問6	This poem (　　) (　　) (　　) (　　) (　　) that one.
問7	

拓殖大学第一高等学校　2024年度

※141%に拡大していただくと、解答欄は実物大になります

◇国語◇

一

(1)		(2)		(3)		(4)		(5)	
(6)		(7)	し	(8)		(9)		(10)	

二

問一	
問二	
問三	(1) (2) B　C
問四	
問五	
問六	
問七	D　E
問八	
問九	

三

問一	
問二	②　⑤
問三	
問四	
問五	
問六	〜
問七	
問八	
問九	
問十	

拓殖大学第一高等学校　2023年度

◇数学◇

※ 139％に拡大していただくと，解答欄は実物大になります。

1	(1)	
	(2)	
	(3)	

2	(1)	$x=$
	(2)	$x=$
	(3)	$x=$　　，$y=$

3	(1)	
	(2)	
	(3)	
	(4)	

4	(1)	A（　　，　　）
	(2)	
	(3)	

5	(1)	D（　　，　　）
	(2)	P（　　，　　）
	(3)	Q（　　，　　）

6	(1)	
	(2)	

7	(1)	
	(2)	

※ 143%に拡大していただくと，解答欄は実物大になります。

I

1		2		3		4		5	

II

1		2		3		4		5	
6		7		8		9		10	

III

	記号	正しい形		記号	正しい形
1			2		
3			4		
5					

IV

	X	Y		X	Y		X	Y
1			2			3		
4			5					

V

問1	【1】		【2】		【3】		【4】	
問2			問3					
問4			問5					
問6								

VI

問1		問2	
問3		問4	

問5 （20）

問6 (　　) (　　) (　　) (　　) (　　) (　　) get (　　) at six.

問7		

◇国語◇

拓殖大学第一高等学校　2023年度

※147％に拡大していただくと、解答欄は実物大になります

一

問一　(1)　(2)　(3)　(4)　(5)

問二　(1)　(2)　(3)　(4)　(5)　う

二

問一　Ⅰ　Ⅱ　Ⅲ

問二

問三　②　③

問四　始め　終わり

問五

問六　A　B

問七　1 始め　終わり　2 始め　終わり

問八

問九

問十

問十一　自分の渡したチョコレートは

問十二

三

問一

問二

問三　X　Y

問四　計画。

問五

問六

問七

問八

拓殖大学第一高等学校　2022年度

◇数学◇

※ 139%に拡大していただくと，解答欄は実物大になります。

1	(1)	
	(2)	
	(3)	

2	(1)	$x=$
	(2)	$x=$
	(3)	$x=$　　　, $y=$

3	(1)	
	(2)	
	(3)	
	(4)	

4	(1)	C (　　　,　　　)
	(2)	

5	(1)	$y=$
	(2)	$x=$
	(3)	$x=$

6	(1)	
	(2)	

7	(1)	：
	(2)	倍

拓殖大学第一高等学校　2022年度　◇英語◇

※ 143%に拡大していただくと，解答欄は実物大になります。

I

1		2		3		4		5	

II

1		2		3		4		5	
6		7		8		9		10	

III

	記号	正しい形		記号	正しい形
1			2		
3			4		
5					

IV

	X	Y		X	Y		X	Y
1			2			3		
4			5					

V

問1					
問2					
問3		問4		問5	
問6	ア		イ		
問7					
問8	It (　) (　) (　) (　) (　) read the book.				

VI

問1		問2		問3	
問4	A	B		C	
問5		問6		問7	

拓殖大学第一高等学校　２０２２年度

※１４７％に拡大していただくと、解答欄は実物大になります

◇国語◇

一

問一	(1)		(2)		(3)		(4)		(5)	
問二	(1)		(2)		(3)					
	(4)		(5)							

二

問一	
問二	
問三	
問四	〜
問五	〜
問六	
問七	甲 / 乙
問八	
問九	a / b / c / d

三

問一	1 / 2
問二	
問三	
問四	
問五	
問六	
問七	
問八	

拓殖大学第一高等学校　2021年度

◇数学◇

※ 139%に拡大していただくと，解答欄は実物大になります。

1	(1)	
	(2)	
	(3)	

2	(1)	$x=$
	(2)	$x=$
	(3)	$x=$　　　，$y=$

3	(1)	
	(2)	
	(3)	
	(4)	

4	(1)		
	(2)	ア	
		イ	

5	(1)	個
	(2)	
	(3)	C（　　　，　　　）

6	(1)	ℓ：
		m：
	(2)	：

7	(1)	：
	(2)	：　　：
	(3)	：

拓殖大学第一高等学校　2021年度

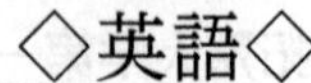

※ 147%に拡大していただくと，解答欄は実物大になります。

Ⅰ

1		2		3		4		5	

Ⅱ

1		2	
3		4	
5			

Ⅲ

	記号	正しい形		記号	正しい形
1			2		
3			4		
5					

Ⅳ

	X	Y		X	Y		X	Y
1			2			3		
4			5					

Ⅴ

1		2		3	①	②	③

Ⅵ

問1		問2	
問3			
問4			
問5			
問6	(　)(　) in (　)(　)(　)(　) Mike.		
問7			

Ⅶ

問1		問2	
問3		問4	
問5	(　)(　)～(　)(　)		
問6			

拓殖大学第一高等学校　２０２１年度

※１３７%に拡大していただくと、解答欄は実物大になります

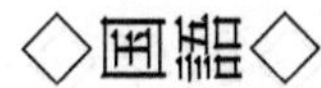

一

問一	1		2		3	
	4		5			
問二	1		2		3	
	4		5			

二

問一	
問二	Ⅰ　　Ⅱ
問三	A　　B
問四	
問五	(i)　　(ii)
問六	
問七	
問八	
問九	
問十	(i)　　(ii)

三

問一	
問二	
問三	
問四	
問五	
問六	
問七	
問八	

拓殖大学第一高等学校　2020年度

◇数学◇

※142％に拡大していただくと，解答欄は実物大になります。

1	(1)	
	(2)	
	(3)	

2	(1)	$x=$
	(2)	$x=$
	(3)	$x=$　　　，$y=$

3	(1)		
	(2)		
	(3)	ア	イ
	(4)	ア	
		イ	
		ウ	
		エ	
		オ	

4	(1)	
	(2)	

5	(1)	
	(2)	$a=$

6	(1)	：
	(2)	：

7	(1)	
	(2)	
	(3)	

拓殖大学第一高等学校　2020年度　◇英語◇

※164％に拡大していただくと，解答欄は実物大になります。

Ⅰ

Ⅱ

1			2					
3				4				
5								

Ⅲ

	記号	正しい形		記号	正しい形
1			2		
3			4		
5					

Ⅳ

	X	Y		X	Y		X	Y
1			2			3		
4			5					

Ⅴ

1		2		3		4		5	

Ⅵ

問1		問2	
問3	ア		イ
問4			
問5			
問6		問7	

問8 But (　　) (　　) for you (　　) (　　)
(　　) (　　) interesting.

Ⅶ

問1	ア		イ						
問2		問3		問4		問5		問6	
問7		問8							

2020年度　拓殖大学第一高等学校

◇国語◇

※151%に拡大していただくと、解答欄は実物大になります。

一

問一　①　②　③

問二　④　⑤　⑥　⑦　⑧

問三　⑨　⑩

二

問一

問二

問三

問四　～

問五

問六

問七

問八　→　→　→

問九

問十　1　2　3

問十一　(1)　a　～　こと　b　～　こと　(2)　こと

三

問一

問二

問三

問四

問五　～

問六

問七

問八

問九

拓殖大学第一高等学校　2019年度

◇数学◇

※この解答用紙は139％に拡大していただくと，実物大になります。

1	(1)	
	(2)	
	(3)	

2	(1)	$x=$
	(2)	$x=$
	(3)	$x=$　　　，$y=$

3	(1)	
	(2)	
	(3)	
	(4)	①
		②

4	(1)	
	(2)	
	(3)	(　　　，　　　)

5	(1)	$a=$
	(2)	C (　　　，　　　)
	(3)	

6	(1)	
	(2)	

7	(1)	
	(2)	

拓殖大学第一高等学校　2019年度　◇英語◇

※この解答用紙は147%に拡大していただくと，実物大になります。

Ⅰ

1		2		3		4		5	

Ⅱ

1			2			
3			4			
5						

Ⅲ

	記号	正しい形		記号	正しい形
1			2		
3			4		
5					

Ⅳ

	X	Y		X	Y		X	Y
1			2			3		
4			5					

Ⅴ

1		2		3	①		②		③	

Ⅵ

問1	1		2			
問2						
問3	①		②		③	
	④		⑤			
問4						
問5	I(　　)(　　)(　　)(　　)(　　) (　　)(　　)(　　)(　　)(　　).					

Ⅶ

問1	I am not (　　)(　　)(　　)(　　)!				
問2	That was because he (　　)(　　) what Larry (　　).				
問3		問4		問5	c
問6					

◇国語◇

拓殖大学第一高等学校　２０１９年度

※この解答用紙は１３９％に拡大していただくと、実物大になります。

一

問一	(1)		(2)		(3)		(4)		(5)	
問二	(1)		(2)		(3)					
	(4)		(5)							

二

問一	Ⅰ　Ⅱ　Ⅲ　Ⅳ
問二	
問三	
問四	
問五	
問六	(1)　(2)　(3)　〜
問七	
問八	a　b　c
問九	
問十	a　b　c　〜

三

問一	1　2
問二	
問三	
問四	←二十五字　、功徳を積むこと。
問五	
問六	
問七	

~公立高校志望の皆様に愛されるロングセラーシリーズ~

公立高校入試シリーズ

・全国の都道府県公立高校入試問題から良問を厳選
※実力錬成編には独自問題も!
・見やすい紙面、わかりやすい解説

数学

合格のために必要な点数をゲット

目標得点別・公立入試の数学 基礎編

- 効率的に対策できる! 30・50・70点の目標得点別の章立て
- web解説には豊富な例題167問!
- 実力確認用の総まとめテストつき

定価:1,210円(本体1,100円+税10%)/ISBN:978-4-8141-2558-6

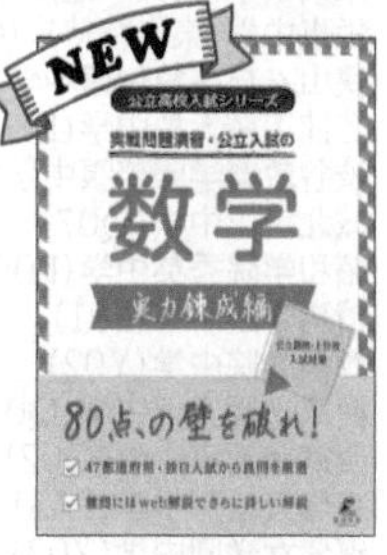

応用問題の頻出パターンをつかんで80点の壁を破る!

実戦問題演習・公立入試の数学 実力錬成編

- 応用問題の頻出パターンを網羅
- 難問にはweb解説で追加解説を掲載
- 実力確認用の総まとめテストつき

定価:1,540円(本体1,400円+税10%)/ISBN:978-4-8141-2560-9

英語

「なんとなく」ではなく確実に長文読解・英作文が解ける

実戦問題演習・公立入試の英語 基礎編

- 解き方がわかる! 問題内にヒント入り
- ステップアップ式で確かな実力がつく

定価:1,100円(本体1,000円+税10%)/ISBN:978-4-8141-2123-6

公立難関・上位校合格のためのゆるがぬ実戦力を身につける

実戦問題演習・公立入試の英語 実力錬成編

- 総合読解・英作文問題へのアプローチ手法がつかめる
- 文法、構文、表現を一つひとつ詳しく解説

定価:1,320円(本体1,200円+税10%)/ISBN:978-4-8141-2169-4

理科

短期間で弱点補強・総仕上げ

実戦問題演習・公立入試の理科

- 解き方のコツがつかめる! 豊富なヒント入り
- 基礎~思考・表現を問う問題まで重要項目を網羅

定価:1,045円(本体950円+税10%)
ISBN:978-4-8141-0454-3

社会

弱点補強・総合力で社会が武器になる

実戦問題演習・公立入試の社会

- 基礎から学び弱点を克服! 豊富なヒント入り
- 分野別総合・分野複合の融合などあらゆる問題形式を網羅
※時事用語集を弊社HPで無料配信

定価:1,045円(本体950円+税10%)
ISBN:978-4-8141-0455-0

国語

最後まで解ききれる力をつける

形式別演習・公立入試の国語

- 解き方がわかる! 問題内にヒント入り
- 基礎~標準レベルの問題で確かな基礎力を築く
- 実力確認用の総合テストつき

定価:1,045円(本体950円+税10%)
ISBN:978-4-8141-0453-6

〈ダウンロードコンテンツについて〉

本問題集のダウンロードコンテンツ、弊社ホームページで配信しております。現在ご利用いただけるのは「2025年度受験用」に対応したもので、**2025年3月末日**までダウンロード可能です。弊社ホームページにアクセスの上、ご利用ください。

※配信期間が終了いたしますと、ご利用いただけませんのでご了承ください。

高校別入試過去問題シリーズ

拓殖大学第一高等学校　2025年度

ISBN978-4-8141-2938-6

[発行所] 東京学参株式会社

〒153-0043　東京都目黒区東山2-6-4

書籍の内容についてのお問い合わせは右のQRコードから　⇒ 

※書籍の内容についてのお電話でのお問い合わせ、本書の内容を超えたご質問には対応できませんのでご了承ください。

2024年7月11日　初版